湖南师范大学知识产权文库

本书获得湖南师范大学湖南省高等学校"双一流"学科建设项目、湖南省社科基金"对美贸易企业防范专利主张实体诉讼的策略研究"（16YBA261）和湖南师范大学博士科研启动项目"新兴大国技术创新中的知识产权管理制度研究"（2017BQ25）的资助。

技术标准化垄断行为的法律规制研究

罗蓉蓉 著

知识产权出版社
全国百佳图书出版单位

图书在版编目（CIP）数据

技术标准化垄断行为的法律规制研究／罗蓉蓉著.—北京：知识产权出版社，2019.3
ISBN 978-7-5130-6144-5

Ⅰ.①技… Ⅱ.①罗… Ⅲ.①技术标准—反垄断法—研究—中国 Ⅳ.①D922.294.4

中国版本图书馆 CIP 数据核字（2019）第 040430 号

责任编辑：刘　睿　刘　江　　　　　责任校对：王　岩
文字编辑：褚宏霞　　　　　　　　　责任印制：刘译文

技术标准化垄断行为的法律规制研究
Jishu Biaozhunhua Longduan Xingwei de Falü Guizhi Yanjiu
罗蓉蓉　著

出版发行：**知识产权出版社** 有限责任公司	网　　址：http：//www.ipph.cn
社　　址：北京市海淀区气象路 50 号院	邮　　编：100081
责编电话：010-82000860 转 8344	责编邮箱：liujiang@ cnipr.com
发行电话：010-82000860 转 8101/8102	发行传真：010-82000893/82005070/82000270
印　　刷：保定市中画美凯印刷有限公司	经　　销：各大网上书店、新华书店及相关专业书店
开　　本：720mm×960mm　1/16	印　　张：18
版　　次：2019 年 3 月第一版	印　　次：2019 年 3 月第一次印刷
字　　数：270 千字	定　　价：72.00 元
ISBN 978-7-5130-6144-5	

前　　言

　　知识经济时代，"技术专利化—专利标准化—标准垄断化"模式已成为欧美发达国家抢占世界经济领导地位的新策略，技术标准亦已成为国家竞争力的代表。技术标准化过程是一个多方竞争、博弈、妥协的过程，在促进创新和发展的同时，也赋予标准必要专利权人一定的市场垄断力。"权利不受限制，便容易滥用"。DVD事件以来，国外技术标准专利权利人借"标准"对我国企业肆意掠夺的现象频频发生。溯其根源，我国对技术标准化垄断现象认识不够，相关法律制度极不完善。因此，如何正确认识技术标准化垄断行为并进行法律判定，以及如何在兼顾效率与发展的基础上，构建技术标准化垄断法律规制制度，为国内外企业实施技术标准提供良好的法律环境，是对知识经济时代出现的垄断新问题的积极回应。

　　技术标准化主要包括技术标准的制定和实施活动，其发展历程反映其本质是为了更好地增进社会福利。实现"社会整体效率"和"利益均衡"是对技术标准化垄断行为进行规制的整体目标。通过分析技术标准化活动对竞争的积极影响和消极影响，剖析技术标准化垄断产生的背景、根源，发现技术标准化垄断的症结所在，回答技术标准化垄断是什么的问题，有助于我们正视技术标准化垄断行为。

　　本书通过分析技术标准化中垄断行为对竞争秩序的破坏及对消费者权益的侵害，论证对技术标准化垄断行为进行规制的正当性基础。美国反托拉斯法和欧盟竞争法一直是各国反垄断立法和执法的重要蓝本，借鉴欧美在这一领域的反垄断规则，在比较分析的基础上，明确技术标准化领域的反垄断规制仍需遵循合理原则分析方法，综合衡量其垄断行为对竞争的正负效应，以判定是否违法。主要判定标准是考察标准专利权人是否滥用标准赋予其的垄断力并获得超过专利本身的价值，从而破坏专利权人和标准实施者之间的利益平衡，阻碍创新和发展。由于技术标准化活动涉及多方利益主体甚至一国政治、经济，对其垄断行为的效果分析更为复杂，需要运用具体问题具体分析的辩证思想，立足于技术标准化的本质，坚持以利益平衡原则作为规制的基本原则。

反垄断法是对技术标准化垄断行为进行规制的最重要、最核心的法律。首要问题是垄断行为的违法判定，也是开展反垄断执法的必要步骤。从微观的角度对该领域中的经典判例加以剖析，揭示法院在类似案例中的不同法律适用，从而归纳出技术标准化垄断行为的主要类型及其违法判定要件，将为执法中的"垄断违法认定"提供参考依据，也使得反垄断规制中最大的难题迎刃而解。

技术标准化垄断产生于国外、泛滥于国内，分析转型阶段中国企业应对技术标准化垄断遇到的困境，将为构建合适的法律规制制度奠定基础。转型时期中国市场不成熟又逐步走向开放，我国企业对国际标准化垄断的防范意识较弱且抵御能力差、相关法律缺位。我国企业主要处于国际技术标准的接受和采用阶段，国外专利权人利用标准化对我国实施垄断是最主要的危害表现。因此，我国既需要运用反垄断法对国外技术标准专利权人的垄断行为予以惩罚，还需要以高效、低成本消除垄断后果为当前要务，此外还需考虑培育我国标准走向世界。因此，针对技术标准化垄断在我国的主要问题，本书探讨建立以反垄断法为基础规制路径、专利法和标准化法为辅助规制路径，兼顾完善标准制定组织的专利政策和管理政策的多方位、多层次的法律规制体系，为我国企业面临的技术标准化困境提供保障和支持，同时对国内外企业加以约束和提供指引。

目　　录

绪　　言

一、本书研究的目的与范围

"经济发展的本质在于创新"。❶ 进入知识经济时代，技术标准已经成为影响产业竞争力的重要因素。❷ 随着一些国家开始制定国家技术标准战略并展开标准竞争，跨国企业早已绞尽脑汁思考着如何最大限度地发挥标准所能带来的利益。技术标准作为一种"准"公共产品，具有公益性。专利技术作为一种私人产品，受到知识产权法的法定保护，享有一定的垄断性。当在公共领域纳入私权产品时，必然会产生一定的冲突。然而，进入新经济时代，技术标准中包含专利已成为无法避免的趋势，利益的诱惑促使专利技术的持有人利用技术标准的制定和实施过程，滥用知识产权法赋予的合法垄断权。其在获取垄断利润的同时，最终侵害到消费者利益。作为一个新兴的发展中国家，我国企业在接受国外标准和国际标准的过程中，为此付出了惨重的代价。"思科诉华为案"让我国企业认识了"技术标准"，而20世纪90年代末开始的DVD案则是"血的教训"，其后数年内，我国企业仍然频频为采用国外或国际技术标准缴纳"高额许可费"，却无应对之策。究其根源，我国在这方面的理论研究远远不足。对外，国外标准制定组织的成员挥舞着"专利大棒"，利用技术标准制定和许可实施垄断行为，我国没有相应的法律予以救济；对内，我国企业自主创新能力不足，尚未形成以企业为主导的

---

❶ ［美］约瑟夫·熊彼特著，何畏译：《创新发展理论》，商务印书馆1990年版，第290页。

❷ 龚艳萍、周亚杰："技术标准对产业国际竞争力的影响——基于中国电子信息产业的实证分析"，载《国际经贸探索》2008年第4期，第15页。

技术标准制定体系，更无法在国际标准的制定中占据有利地位，国内标准化制定组织在标准制定和实施中也面临诸多法律问题，极有可能将会面临国外的反垄断指控。因而，研究技术标准化垄断行为的法律规制，尤其是反垄断法规制的相关理论，可以为立法机关在技术标准领域的反垄断立法提供启示，并为反垄断执法部门提供可操作性规则。同时，可以为我国企业在接受和使用国外技术标准遭遇反垄断侵害时提供法律保障，并为我国企业参与国际标准的制定、逐步推进本国技术标准制定活动走上国际化，提供法律理论参考，为避免反垄断纠纷提供法律支持。

"技术标准是指一种或一系列具有一定强制性要求或指导性功能，内容含有细节性技术要求和有关技术方案的文件，其目的是让相关的产品或服务达到一定的安全要求或市场进入的要求。"❶ 其具有开放性和兼容性。而技术标准化则指通过技术标准的制定和实施等一系列活动，推动技术标准在更广范围内使用，以及更好地服务社会生产、便利人们生活。诚然，社会生活各个领域都需要技术标准。然而，当"一流企业卖标准，二流企业卖专利，三流企业卖产品"成为最流行的商业模式时，就意味着技术标准与专利有着无法分割的关系。当前，与专利联系最紧密的领域当数信息技术标准领域。纵观世界各主要标准化组织，标准化活动最活跃的领域同样是信息技术领域，甚至任何新兴产业的发展都无法离开信息技术。因此，本书对技术标准中垄断的研究主要以信息技术标准领域中的垄断行为为基本研究对象，所考察的案例也多来自这一领域。

随着全球经济一体化的发展，一国需要发展，产品便需要走向世界，产品的国际化需要以技术标准的国际化为基础。放眼望去，国际技术标准主要是以欧美发达国家企业为主要成员的标准制定组织的舞台，我国企业在现阶段标准化战役中，主要是遭遇国外标准专利权人的侵害。因此，本书所研究的技术标准中的垄断以国际技术标准化活动为立足点，主要研究国际标准化组织或标准联盟组织的标准化活动及成员所涉垄断行为。

此外，任何理论研究都必须都来源于实践，技术标准化垄断行为在我国

---

❶ 张平、马晓：《标准化与知识产权战略》，知识产权出版社2002年版，第14页。

虽有发生，但真正诉诸法律的并不多。相比之下，技术标准化垄断行为在欧美已经引起反垄断执法机构的高度重视，而且在众多的案例中出现，因此，本书所讨论的垄断行为主要以基于欧美技术标准化垄断行为的规制实践中已出现的垄断类型为研究对象，并以现有法律理论和相关立法进行规制，故无法穷尽每一种可能发生的垄断行为。至于技术标准化垄断今后出现更多的表现形式，相关法律规制肯定需要做出相应的调整。

最后，本书主要就以下几个方面展开研究。

第一，技术标准化垄断的基本知识。通过对技术标准化的概念及历史嬗变的分析，明确技术标准化已成为竞争的工具。进一步分析技术标准及各自的形成机理，剖析出技术标准化活动在本质上就是一项促进创新发展、增进消费者福利的公共活动，其具有公益性和开放性，技术标准是一项"准"公共产品。因此，知识经济时代的技术标准化活动应该以社会整体利益和实现相关利益主体的利益均衡作为出发点，这也是技术标准化的应然地位。接着，进一步分析技术标准化给竞争带来的双重影响，而其最典型的消极影响便是引发技术标准化垄断。当然，技术标准化垄断的产生还有着其特定的背景和原因，技术标准与专利的结合是其特定的背景，而法律、经济和制度各方原因促使技术标准化垄断的产生。

第二，技术标准化垄断判定的核心范畴和基本规则。首先解决为什么要对技术标准化垄断行为进行规制的问题，此乃反垄断所追求的竞争秩序价值和保护消费者权益价值的需要。这也决定反垄断法是技术标准化垄断行为规制的核心法律。从本质上来看，技术标准化中的垄断行为多是标准必要专利权人的滥用行为，这种滥用又与标准必要专利权人的披露义务及其作出的公平、合理、非歧视（fair, reasonable, and non-discriminatory terms, FRAND）许可承诺有着千丝万缕的关系。因此，标准必要专利及其权利人、技术标准化中的相关市场、标准专利权人的垄断力、标准专利权人的 FRAND 许可承诺是展开反垄断规制之前要界定的核心概念。美国的反垄断法是世界上最早的反垄断法，其成熟的反垄断立法及大量的司法判例为各国反垄断执法提供了重要参考。欧盟竞争法体系严密、判例丰富，同样是各国竞争法立法的理想模板。而在技术标准领域，世界上最先进的技术标准几乎均由这些地区的专利巨头企业把持，因此，欧美对技术标准化垄断行为规制的基本原则以及相关立法是我们展开反垄断法分析的重要借鉴。

第三，技术标准化垄断行为的违法构成要件。此主要解决如何运用反垄断法对技术标准化中垄断行为进行分析的问题。反垄断法无疑是规制垄断行为最适当的法律，然而，反垄断违法构成要件的确定一直是反垄断分析中的难点。以欧美司法判例为研究基础，对技术标准化中已出现的典型的垄断行为进行归纳，在对各案例中的法律适用展开分析的基础上，深入思考这些案例中反垄断分析的合理性与不足，并尝试探析和梳理各种垄断行为的违法要件。

第四，转型时期中国应对技术标准化垄断的困境。此主要是分析技术标准化垄断在中国的危害表现。目前，我国的市场经济仍处于不成熟的阶段，尚未形成完全的市场经济，因此，转型市场经济下，我国并未形成以"市场为主导"的技术标准化活动。而我国又处于与世界的逐步融合阶段，开放的市场为国外技术标准化专利权人在我国实施垄断提供了契机。转型时期，受制于我国经济的影响，我国企业频频遭遇国际技术标准专利权人的垄断侵害，在对外贸易中面临重重障碍。这些障碍的形成一方面是由于企业自身不足，如对技术标准化垄断的判断意识不强、自身力量弱小无力抵抗等；另一方面，我国与技术标准化相关的法律缺失更是造成企业面临重重困境的主要原因。包括《标准化法》虽经修订仍有不足、《专利法》规定有限且过于原则、2008 年的《反垄断法》基本对技术标准化垄断毫无涉及，而 2014 年出台的《禁止滥用知识产权限制、排除竞争的规定（征求意见稿）》虽然在本书写作过程中已经出台，其中有涉及技术标准化垄断的规定，但仔细分析发现仍有许多问题有待完善。这些都是技术标准化垄断在中国得以发展甚至蔓延的重要原因，也导致中国企业在国际贸易中面临重重困境，在国际标准化活动中也是毫无立足之地。

第五，技术标准化垄断行为规制的法律路径及制度完善。此主要是构建并完善在我国如何对技术标准化垄断进行规制的法律体系问题。基于目前我国企业主要以接受国际技术标准为主，自主制定的标准有一定的发展，但尚未占据国际技术标准制定的领先地位，因此，在现阶段，仍以对国内企业提供充分的法律保障为主，法律制度完善方面不仅要强调对垄断行为的严格规制，更要注重低成本、高效率消除垄断行为的不良影响，并尽量杜绝其再次发生。当然，同时也是为国内外企业在技术标准化活动中提供指引。因而提出，我国需要建立以反垄断法为基础规制路径、专利法和标准化法为辅助规制路径的三位一体的法律规制模式，同时完善标准化组织的专利政策和管理政策进行事先预防，发挥事后规制制度与事前预防制度相结合的综合效应。

二、国内外研究现状

（一）国内研究现状

自 20 世纪末，"思科诉华为案"的专利侵权官司以及"DVD 事件"的持续发酵，国内学者就开始密切关注知识产权垄断问题。王先林教授（2001）的《知识产权与反垄断法》❶是较早对知识产权领域的反垄断问题进行系统研究的学者，最早提出知识产权是一种合法的垄断权，但是滥用知识产权的行为应该受到反垄断法的规制。张平教授等（2002）的《标准化与知识产权战略》❷从知识产权战略的角度对技术标准进行了分析。这两本教材应该算是阐述知识产权与垄断问题的最重要的参考书籍。在两位教授的引导下，近年国内学者在技术标准与垄断方面的研究成果也颇为丰富。主要研究集中在以下几个方面。

（1）技术标准与知识产权的关系研究。张平、马晓对技术标准方面的研究颇多，指出标准是公共产品，具有公权性，而技术特别是专利具有私权属性，因此标准和专利融合必然会产生冲突。❸曹艳梅分析了技术标准与知识

---

❶　王先林：《知识产权与反垄断法》，法律出版社 2001 年版。
❷　张平、马晓：《标准化与知识产权战略》，知识产权出版社 2002 年版。
❸　张平、马晓：《冲突与共赢：技术标准中的私权保护》，北京大学出版社 2011 年版，第 1~11 页。

产权结合的特点及作用机理；❶ 张海东从网络效应视角阐述了技术标准与知识产权融合的动因与模式；❷ 蒲芳分析了技术标准与知识产权结合的主客观原因；❸ 宋河发等从 7 个方面讨论了技术标准与知识产权的不同之处；❹ 徐元探讨了知识产权与技术标准结合产生的法律问题，并提出通过国际协调、政策约束和法律规制加以解决；❺ 彭志刚分析了技术标准的经济功能，并剖析了其对知识产权许可的影响。❻ 这一部分的研究注意到了技术标准对经济发展的作用，如促进创新，但是由于专利与标准的结合，又可能会产生一些法律问题。遗憾的是，学者们并没有系统地研究技术标准垄断产生的根源以及其所处的特定历史背景。

（2）与技术标准相关的专利问题研究。这是近些年法学研究的热点。其中又可以分为三大方面。第一，关于技术标准与专利的冲突及其衍生的法律问题。如杨帆对技术标准中的专利问题研究、❼ 徐曾沧在 WTO 背景下研究技术标准中专利并入的法律问题、❽ 郭济环的博士论文阐述了标准与专利的融合、冲突与协调，❾ 以及李嘉从国际贸易角度来分析专利标准化问题。❿ 这几篇博士论文较系统地阐述了技术标准与专利的关系，以及可能产生的法

---

❶ 曹艳梅："技术性贸易壁垒发展的新趋势——技术标准与知识产权相结合"，载《世界标准化与质量管理》2008 年第 2 期，第 41~42 页。

❷ 张海东："技术标准与知识产权的融合动因与模式研究——基于网络效应的视角"，载《财贸经济》2008 年第 6 期，第 53~57 页。

❸ 蒲芳："技术标准和知识产权的结合"，载《商场现代化》2009 年第 2 期（总第 563 期），第 293~294 页。

❹ 宋河发、穆荣平、曹鸿星："技术标准与知识产权关联及其检验方法研究"，载《科学学研究》2009 年第 2 期，第 235 页。

❺ 徐元："知识产权与技术标准相结合的趋势、法律问题与解决途径"，载《当代经济管理》2010 年第 10 期，第 77~82 页。

❻ 彭志刚："技术标准的功能评析——以知识产权许可为例"，载《科技与法律》2006 年第 2 期，第 41~46 页。

❼ 杨帆：《技术标准中的专利问题研究》，中国政法大学博士学位论文 2006 年。

❽ 徐曾沧：《WTO 背景下技术标准中专利并入的法律问题研究》，华东政法大学博士学位论文 2008 年。

❾ 郭济环：《标准与专利的融合、冲突与协调》，中国政法大学博士学位论文 2011 年。

❿ 李嘉：《国际贸易中的专利标准化问题及其法律规制》，华东政法大学博士学位论文 2012 年。

律问题，并提出一些对策。朱晓薇等以美国的判例描述了专利与技术标准的冲突；❶ 郭炬等认为专利与技术标准是相互渗透的，并对技术创新有重要影响。❷ 第二，关于专利许可问题的研究。杨异、王学先从知识产权法的角度对拒绝许可和强制许可提出了完善建议；❸ 刘利从知识产权管理的角度分析了国际标准下的专利许可特性；❹ 宁立志等从反垄断法的角度对专利许可中可能涉及的回馈授权、不争执条款、搭售等限制竞争条款及专利联营进行了全面细致的分析；❺ 江清云、单晓光从微观经济学的角度分析了反垄断政策在专利许可协议上的适用。❻ 第三，关于技术标准中必要专利的研究。必要专利是技术标准化中核心概念之一，也有部分学者对此展开了专门的研究。何隽提出了构建技术标准中必要专利的评估机制；❼ 王学先、杨异讨论了技术标准中必要专利的认定标准；❽ 马海生认为技术标准中必要专利的认定不应考虑商业因素，并提出由标准化组织对必要专利进行认定是最佳选择；❾ 那英介绍了国际标准化组织采用专利的规则，以及要判断必要专利的有效性和

❶　朱晓薇、朱雪忠："专利与技术标准的冲突及对策"，载《科研管理》2003 年第 1 期，第 140~144 页。

❷　郭炬、陈为旭："专利与技术标准相互渗透对技术创新的影响"，载《福建教育学院学报》2011 年第 2 期，第 46~49 页。

❸　杨异、王学先："技术标准中专利许可的法律问题研究"，载《学术论坛》2010 年第 10 期，第 101~104 页。

❹　刘利："国际标准下的专利许可特性分析"，载《科学学与科学技术管理》2010 年第 6 期，第 16~22 页。

❺　宁立志、陈珊："回馈授权的竞争法分析"，载《法学评论》2007 年第 6 期，第 25~34 页；宁立志、李文谦："不争执条款的反垄断法分析"，载《法学研究》2007 年第 6 期，第 63~75 页；宁立志："专利搭售许可的反垄断法分析"，载《上海交通大学学报（哲学社会科学版）》2010 年第 4 期，第 5~13 页；宁立志、胡贞珍："从美国法例看专利联营的反垄断法规制"，载《环球法律评论》2006 年第 4 期，第 469~477 页。

❻　江清云、单晓光："欧美知识产权领域中的反垄断诉讼及其经济分析"，载《比较法研究》2008 年第 2 期，第 66~76 页。

❼　何隽："技术标准中必要专利的独立评估机制"，载《科技与法律》2011 年第 3 期，第 39~42 页。

❽　王学先、杨异："技术标准中必要专利的认定"，载《沈阳农业大学学报（社会科学版）》2010 年第 4 期，第 504~507 页。

❾　马海生："技术标准中的'必要专利'问题研究"，载《知识产权》2009 年第 2 期，第 35~39 页。

不可替代性；❶ 何隽针对学者对必要专利研究中普遍存在的问题，再次阐述了对必要专利定义和判定标准的观点。❷ 学者们这一部分的研究理清了标准与专利的关系，也反映出技术标准化过程中最重要的问题便是专利问题，而专利权的行使主要是专利许可行为，所以学者们关于专利许可的研究可以为我们对技术标准化垄断行为的反垄断规制提供一些反垄断分析思路。当然，一般的专利许可与技术标准化中的必要专利许可还是有一些不同，尽管学者对必要专利有所研究，但标准的动态发展，需要我们对必要专利给予进一步的思考。

（3）标准化与垄断的关系研究。近年来，一些学者也逐渐研究技术标准与竞争、垄断以及相关法律的关系。鲁篱是最早对标准化垄断开展研究的学者，其认为技术标准化可以促进竞争、增进消费者福利，但是会带来限制竞争的问题。❸ 王为农对技术标准作出了经典分类，并指出技术标准化会引发垄断。❹ 之后，王为农、黄芳又分析了企业联合组织滥用标准的具体行为。❺ 吕明瑜认为技术标准对市场竞争的影响是双向的，并提出需在反垄断法中对技术标准垄断进行单独控制。❻ 黄勇教授等也关注了技术标准化中可能存在的垄断问题，❼ 丁道勤等对"专利挟持"问题进行了阐述，❽ 王记恒、❾ 罗静❿对技术标准中信息不披露行为提出了法律规制。王晓晔教授也专文阐述

---

❶ 那英："技术标准中的必要专利研究"，载《知识产权》2010 年第 6 期，第 41~45 页。

❷ 何隽："技术标准中必要专利问题再研究"，载《知识产权》2011 年第 2 期，第 101~105 页。

❸ 鲁篱：《行业协会经济自治权研究》，法律出版社 2003 年版，第 279~299 页。

❹ 王为农："'技术标准化'引发的垄断与反垄断法律问题"，载《中南大学学报（社会科学版）》2004 年第 1 期，第 101~106 页。

❺ 王为农、黄芳："企业联合组织滥用技术标准的反垄断规制问题"，载《浙江社会科学》2005 年第 3 期，第 91~97 页。

❻ 吕明瑜："技术标准垄断的法律控制"，载《法学家》2009 年第 1 期，第 48~62 页。

❼ 黄勇、李慧颖："技术标准制定及实施中的反垄断法问题分析"，载《信息技术与标准化》2009 年第 3 期，第 58~61 页。

❽ 丁道勤、杨晓娇："标准化中的专利挟持问题研究"，载《法律科学》2011 年第 4 期，第 128~137 页。

❾ 王记恒："技术标准中专利信息不披露行为的反垄断法规制"，载《科技与法律》2010 年第 4 期，第 62~67 页。

❿ 罗静："技术标准制定过程中的信息披露行为及法律规制——以竞争法为视角"，载《财经理论与实践》2008 年第 5 期，第 121~124 页。

了技术标准、知识产权与反垄断法的关系。❶ 袁小荣分析了技术标准反垄断的特征。❷ 王睿、韩颖梅提出技术标准反垄断审查的侧重点。❸ 上述学者都是从反垄断法的角度来思考技术标准化，而且多是关注技术标准制定阶段的行为。另一部分学者从专利权制度方面对技术标准中专利权人的行为也展开了思考，如汪莉分析了技术标准化中的专利权滥用行为。❹ 刘淑华认为应该通过专利法和反垄断法对专利权滥用进行限制。❺ 通过对这些学者研究成果的分析，有助于我们厘清技术标准垄断与专利权滥用的界限，以寻找更好的法律救济途径。而对这一问题的研究中，最全面的还是吴太轩博士于2011年出版的国内目前为止唯一一本专门针对技术标准化的反垄断法规制研究的专著。❻ 该书介绍了技术标准化中常见的垄断行为，并从反垄断立法和执法角度提出规制建议，很值得我们学习。整体而言，学者们关注到技术标准化中部分典型的垄断行为，但并不很全面，正如笔者在注释中对吴太轩博士著作的看法一样，目前学界对技术标准化垄断行为认识还不够全面，反垄断规

---

❶ 王晓晔："技术标准、知识产权与反垄断法"，载《电子知识产权》2011年第4期，第37~38页。

❷ 袁小荣："技术标准反垄断的特征及其对我国的启示——从微软垄断案说起"，载《广西政法管理干部学院学报》2007年第5期，第100~105页。

❸ 王睿、韩颖梅："论技术标准在我国的反垄断法规制"，载《黑龙江政法干部管理学院学报》2012年第4期，第80~83页。

❹ 汪莉："标准化中专利权滥用行为的法律规制"，载《知识产权》2011年第6期，第67~70页。

❺ 刘淑华："标准专利权滥用的法律限制"，载《知识产权》2006年第1期，第46~52页。

❻ 吴太轩：《技术标准化的反垄断法规制》，法律出版社2011年版，第1~211页。该书介绍了技术标准化中常见的垄断行为，并从反垄断立法和执法角度提出规制建议，很值得学习。然而笔者在读完之后，感觉该书关于技术标准垄断行为的反垄断违法判定要件阐述还不是很深入，可以进一步挖掘，且时隔几年，信息技术标准领域瞬息万变，一些常见垄断表现得更为突出，也出现一些新的垄断行为，需进一步对其加以关注与分析。至于该书中提出的反垄断规制制度也可进一步研究。此外最重要的原因是，我国2009年修改了《专利法》，2013年出台了《国家标准涉及专利的管理规定（暂行）》，2014年出台了《禁止滥用知识产权排除、限制限制竞争行为的规定（征求意见稿）》等相关法律法规，这些法规虽然使得技术标准化垄断行为规制有了更多的法律依据，但是均存在过于原则且可操作性不强的问题。因此，笔者选择该相关选题，但尝试从更新的、更全面的角度对技术标准化垄断提出一些法律规制建议。

制还缺乏有效的判定标准，反垄断法规制措施也还有待进一步的研究。

（4）标准与专利冲突的解决途径研究。大多数学者认为技术标准中的专利冲突可以从反垄断法和知识产权法两个方面解决，其中对标准制定组织的知识产权政策研究颇多。季任天、王明卓讨论了技术标准中专利披露原则的基本要求；❶ 丁蔚提出应采用强制性的或者采取鼓励措施的自愿"事前披露"政策；❷ 刘强指出 RAND 中的"合理原则"要区分专利技术与技术标准在产品需求中的贡献，"非歧视原则"要注意与反垄断法的关系，同时尊重专利权人的应得收益；❸ 马海生对 26 家标准化组织进行实证分析，阐述了FRAND 许可的含义及其声明的效力；❹ 蒋洋提出专利套牢问题会影响标准化进程，并从标准制定组织的知识产权角度提出解决措施；❺ 牛晓培提出通过标准制定过程中的专利信息披露来解决技术标准化中的垄断问题；❻ 王晓晔教授通过德国联邦法院的判例分析了强制许可制度对技术标准拒绝许可行为的适用。❼ 技术标准化中的垄断问题并不是某一项法律即可解决的，无论是反垄断法还是标准化组织的知识产权法，都可能只解决其中的一个问题。可见，学界的研究缺乏法律的综合规制，再者由于几个有关技术标准化活动的法律出台刚不久，所以目前学界结合这些法律来讨论技术标准化垄断问题的文章甚少。

---

❶ 季任天、王明卓："技术标准中的专利披露原则"，载《法治研究》2008 年第 12 期，第 8~10 页。

❷ 丁蔚："标准化中知识产权的'事前披露'政策"，载《电子知识产权》2007 年第 10 期，第 16~18 页。

❸ 刘强："技术标准专利许可中的合理非歧视原则"，载《中南大学学报（社会科学版）》2011 年第 2 期，第 83~88 页。

❹ 马海生："标准化组织的 FRAND 许可政策实证分析"，载《电子知识产权》2009 年第 2 期，第 35~39 页。

❺ 蒋洋："技术标准的建立与专利套牢问题探析"，载《电子知识产权》2012 年第 6 期，第 43~49 页。

❻ 牛晓培："技术标准中的知识产权垄断和反垄断问题"，载《标准科学》2009 年第 1 期，第 47~52 页。

❼ 王晓晔："与技术标准相关的知识产权强制许可"，载《当代法学》2008 年第 5 期，第 14~20 页。

（二）国外研究现状

国外学者对技术标准化中垄断问题的研究始于 20 世纪 90 年代，并逐渐形成三个方面的研究重点。

（1）技术标准化活动与竞争的关系。美国著名的反垄断学者马克·A. 莱姆利（Mark A. Lemley）（1996）很早就开始关注反垄断与信息标准化的关系。❶ 莫林·A. 奥鲁克（Maureen A. O'Rourke）（1998）提出在知识产权和反垄断法之间存在一种微妙的平衡。❷ 另一著名的反垄断学者卡尔·夏皮罗（Carl Shapiro）（1999）同样提出人类进入网络经济时代，信息技术标准是促进创新的主要推动力，同时也会引发垄断，❸ 之后（2001）又提出标准制定活动与共谋存在界限，应合理区分。❹ 赫伯特·霍温坎普（Herbert Hovenkamp）（2006）、❺ 马克·A. 莱姆利（2007）❻ 注意到标准制定活动能够推动技术进步，但专利被包含到标准之后，专利权人则可能滥用标准创造的垄断力，实施反竞争的行为。杰拉尔德·马苏迪（Gerald F. Masoudi）（2006）认为拥有强大的知识产权以及知识产权许可自由可以促进创新，但是并不自动享有垄断力，发生垄断时，竞争法应该优先适用。❼

❶　Mark A. Lemley，"Antitrust and the Internet Standardization Problem"，28 *Conn. L. Rev*（1996）：1041.

❷　Maureen A. O'Rourke，"Striking A Delicate Balance：Intellectual Property，Antitrust，Contract，and Standardization in theComputer Industry"，12 *Harv. J. Law & Tec*（1998）：1.

❸　Carl Shapiro & Hal R. Varian，*Information Rules：A Strategic Guide to the Network Economy*，Harvard Business Review Press，1999.

❹　Carl Shapiro，"Setting Compatibility Standards：Cooperation or Collusion？"，in *Expanding the Bounds of Intellectual Property*（Rochelle Dreyfuss，Diane L. Zimmerman & Harry First eds.，2001）.

❺　Herbert Hovenkamp，*Antitrust Law：An Analysis of Antitrust Principles and Their Application*，Aspen Publishers，2006：100.

❻　Mark A. Lemley，"A New Balance Between IP and Antitrust"，*Southwestern Journal of Law and Trade in the Americas*，Vol. 13.（2007），p. 237. Stanford Law and Economics Olin Working Paper No. 340.

❼　Gerald F. Masoudi，"Intellectual Property and Competition：Four Principles for Encouraging Innovation"，Address Before the Digital Americas 2006 Meeting，Intellectual Property and Innovation in the Digital World（Apr. 11，2006），available at http：//www. usdoj. gov/atr/public/speeches/215645. pdf.

（2）技术标准化中的限制竞争问题研究。欧美是技术标准化活动最活跃的地区，其专利权的保护程度也高于其他地区。进入知识经济时代之后，专利权人很快嗅到专利技术纳入标准所能带来的巨大利益，因此专利权人与反垄断执法机构的较量由此开始，而学者们的研究也是不断跟进。在技术标准引起的限制竞争问题上，国外学者对技术标准化中垄断行为研究较多。主要分为两类。

第一，具体探讨技术标准化可能引起的垄断行为类型。约瑟夫·法雷尔（Joseph Farrell）等分析了标准制定与专利锁定问题；❶ 乔治·S. 卡里（George S. Cary）等通过案例分析了标准化中专利权人不披露专利信息、不遵守公平合理非歧视承诺以及拒绝许可等垄断行为；❷ 罗伯特·A. 斯基托（Robert A. Skitol）和肯尼思·沃罗拉西（Kenneth M. Vorrasi）以"Rambus诉FTC案"分析了标准制定中的专利劫持问题；❸ 达米安·格瑞丁（Damien Geradin）、米格尔·拉托（Miguel Rato）对标准制定中可能导致的专利锁定、许可费叠加问题展开了讨论，以分析其是否会导致剥削性滥用行为；❹ 马克·A. 莱姆利研究了多个标准制定组织（Standards setting organizations, SSOs）的知识产权政策，认为 SSOs 的知识产权政策同样应该受到反垄断法的限制；❺ 马克·A. 莱姆利和卡尔·夏皮罗阐述了专利劫持和许可费叠加问题。❻ 由此可以看出，国外学者现阶段对技术标准化中垄断行为多围绕专利劫持问题，具体表现为标准专利权人的不披露行为和虚假的 FRAND 承诺行

❶ Joseph Farrell, Johh Hayes, Carl Shapiro, Theresa Sullivan, "Standard Setting, Patents, and hold-up", 74 *Antitrust L. J.* (2007): 603-670.

❷ George S. Cary, Mark W. Nelson, Steven J. Kaiser, Alex R. Sistla, "The Cse for Antitrust Law to Police the Patent Holdup Problem in Standard Setting", 77 *Antitrust L. J.* (2011): 913.

❸ Robert A. Skitol, Kenneth M. Vorrasi, "Patent Holdup in Standards Development: Life After Rambus V. FTC", 23 *Antitrust ABA* (2009): 26.

❹ Damien Geradin & Miguel Rato, "Can Standard-Setting Lead to Exploitative Abuse? A Dissonant View on Patent Hold-up, Royalty-Stacking and the Meaning of FRAND", *EUR COMPETITION J.* (2007): 3.

❺ Mark A. Lemley, "Intellectual Property Rights and Standard-Setting Organizations", 90 *CAL. L. REV.* (2002).

❻ Mark Lemley & Carl Shapiro, "Patent Holdup and Royalty Stacking", 85 *TEX. L. REV.* (2007).

为，以及对标准许可费的叠加问题谈论也比较多，对技术标准专利权人的拒绝许可、超高定价等行为反而关注较少。

第二，如何避免这些垄断行为的发生以及提供适当的救济。达米安·格瑞丁提出要注意标准化和技术创新之间的平衡，对事前许可以及对创新者激励的适当方法作出了思考；❶ 约瑟夫·斯科特·米勒（Joseph Scott Miller）提出标准专利权人转让专利时，其 RAND 承诺义务附随转让给第三人，以防止专利锁定问题；❷ 卢克·M. 弗罗布（Luke M. Froeb）等认为标准中必要专利技术许可可能会导致专利劫持，建议采用事后损害救济的方式来代替事前的许可协商；❸ 珍妮丝·M. 穆勒（Janice M. Mueller）认为当标准专利权人滥用标准时，如果是故意地不披露必要专利以及随后不遵守 FRAND 承诺的，法院可以适用专利滥用理论拒绝此类专利权的实施。❹ 这些研究可以为研究技术标准化垄断行为提供丰富的判例素材，其分析方法也是我们很好的思路源泉，非常值得我国反垄断立法和执法机构作为参考的资料。然而，毕竟欧美的反垄断法立法和执法经验与我国还是存在不同，例如欧美学者多提倡的事前许可制度对于我国企业现在面临的垄断行为似乎并没有多大作用。因此，在对这些研究素材进行消化的基础上，还需要结合我国技术标准化以及反垄断立法和执法实践进行分析。

（3）标准化组织的知识产权政策研究。马克·A. 莱姆利是这一问题研究的先行者，其首先指出 SSOs 知识产权政策的缺失是标准化中垄断行为产生的关键，进而提出 SSOs 知识产权政策的框架和主要内容，并引导学者

---

❶　Damien Geradin， "Standardization and Technological Innovation： Some Reflections on Ex-ante Licensing， FRAND， and the Proper Means to Reward Innovators"， 29 *World Competition* （2006）.

❷　Joseph Scott Miller， "Standard Setting， Patents， and Access Lock-In： Rand Licensing and the Theory of the Firm"， *Indiana Law Review*， Vol. 40， （2006）.

❸　Luke M. Froeb， Bernhard Ganglmair and Gregory J. Werden， "Patent Hold Up and Antitrust： How a Well-Intentioned Rule Could Retard Innovation"， *Vanderbilt Law and Economics Research Paper* No. 11-3， December 3， 2010.

❹　Janice M. Mueller， "Patent Misuse Through the Capture of Industry Standards"， *Berkeley Technology Law Journal*， Vol. 17 （2002）.

形成以专利信息披露制度和专利许可制度两个研究重点。❶ 在许可政策方面，丹尼尔·G. 斯旺森（Daniel G. Swanson）和威廉·鲍莫尔（William J. Baumol）提出合理的许可费应该根据专利纳入标准前的竞争状态来确定；❷ 乔治·L. 孔特雷拉斯（Jorge L. Contreras）对电气和电子工程师协会（Institute of Electrical and Electronics Engineers，IEEE）的事前许可披露政策进行了实证研究，并指出事前许可披露并不会产生美国司法部和反托拉斯所担心的垄断以及对专利权人的积极性的抑制作用；❸ 其进一步认为事前披露政策能够很好地解决许可费叠加问题，并且减少 FRAND 许可承诺纠纷；❹ 安·莱恩-法（Anne Layne-Farrar）等从经济学的角度对事前许可政策进行了分析。❺

（三）研究现状述评和趋势分析

国外研究已形成理论雏形，国外反垄断执法实践也为技术标准化中的垄断行为提供了一些经典判例，其反垄断行政救济程序已经相对完善。目前国外学者更多关注的是如何建立合理科学的标准制定组织中的知识产权政策，并使其具有可操作性，从而从源头上防止垄断行为的发生。此外国外学者的研究都是处于标准制定者的角色来考虑问题，很少从标准实施者的位置来考虑标准化中的垄断问题的解决。国内研究在借鉴国外成果的基础上，对技术标准化与垄断行为的关系、表现形式及救济的研究已取得一定的成果，尚处于宏观、粗略研究阶段，存在以下不足。

---

❶ Mark A. Lemley, "Intellectual Property Rights and Standard-Setting Organizations", 90 *CAL. L. REV.* (2002).

❷ Daniel G. Swanson & William J. Baumol, "Reasonable and Nondiscriminatory (RAND) Royalties, Standards Selection, and Control of Market Power", 73 *ANTITRUST L. J.* (2005): 10–17.

❸ Jorge L. Contreras, "An Empirical Study of the Effects of Ex Ante Licensing Disclosure Policies on the Development of Voluntary Technical Standards National Institute of Standards and Technology", *Natronal Instrtute of Standards and Technology*, No. GCR 11–934 (2011).

❹ Jorge L. Contreras, "Technical Standards and Ex Ante Disclosure: Results and Analysis of an Empirical Study", *Jurimetrics*, Vol. 53, No. 1, 2013.

❺ Anne Layne-Farrar, Gerard Llobet & A. Jorge Padilla, "Preventing Patent Hold Up: An Economic Assessment of Ex Ante Licensing Negotiations in Standard Setting", 37 *AIPLA Q. J.* (2009).

（1）技术标准化中垄断行为的研究深度不够。部分学者归纳了标准化中可能产生的垄断行为的类型，提出应该适用反垄断法。但对这些行为的反垄断违法构成要件缺乏全面、深入研究，尚未细化形成体系，使得反垄断规制缺乏可操作性，无法为政府的立法提供有价值的理论参考。此外，关于专利披露政策和许可政策的研究，同样存在这方面的问题，这使得现有研究都有待深入。

（2）未能构建立足我国国情的技术标准化垄断行为的法律规制体系。一方面，没有足够重视我国企业现在面临的技术标准化困境。在现有救济途径的研究中，部分学者提倡建立合理的知识产权政策，部分学者提倡建立反垄断制度。我国企业在技术标准化中，面临内忧外患，对外要积极回应国外企业的垄断侵害，对内要防范国外企业的指控，尤其在目前阶段主要是遭遇国外的技术标准垄断。因此，我国对技术标准化中的垄断仍应该以反垄断法规制为主，至于标准化组织的制度完善只能是辅助作用。另一方面，以前的研究多是从理论上构建技术标准中垄断的规制制度，大多表现为一些制度构想。这主要是由于国家相关法律迟迟没有出台，所以学者的研究缺乏实践检验，自然也就无法构建相对完整的法律规制体系。

因此，立足我国现实和法律，构建并完善技术标准化中垄断行为的法律规制体系是本书要解决的主要任务。

三、研究的理论意义与实践价值

（一）理论层面

技术标准化中的垄断问题，属于知识产权与反垄断法的交叉问题。本选题直接指向当前反垄断法学的研究热点，拟在基本理论上有所发展、研究方法上有所改进、研究成果上有所创新，为企业、消费者在技术标准化中面临的困境提供有效的理论参考。

（1）丰富并完善反垄断法学理论，对知识经济时代出现的新的垄断问题进行回应，填补我国反垄断法在技术标准领域的理论不足。技术标准中包含专利，是知识经济时代的必然产物。技术标准化中的垄断行为，将出现新的法律表现形式、产生新的法律特征，必须有与之相适应的新垄断分析方法和救济方法对其回应。因此，研究技术标准化中的垄断问题，特别是将法学基本理论中"利益平衡原则"运用到这一领域，对技术标准化中垄断行为的认定及法律规制，对确立知识产权和反垄断法之间的合理界限，提供具体有效、可操作性的理论指导，这将推动反垄断法学在知识经济时代发展到一个新的层次。

（2）推动知识产权与反垄断交叉学科的深入研究。现有的研究已经明确滥用知识产权限制竞争，将受到反垄断法的规制。然而，大多研究集中在专利许可中的垄断问题上。涉及的利益主体范围较为狭窄，反垄断进行规制相对容易。本书选择技术标准化过程中的垄断问题作为研究对象，不仅涉及专利权人与被许可人的利益，还涉及多国企业、政府或者标准化组织等多方主体的利益，其影响更广泛，更多的还涉及一国的知识产权政策和标准战略的推进。因此，将综合运用法学、经济学、社会学、国家宏观政策等多学科、多领域的理论和研究方法，对这一涉及政治、经济、法律跨学科领域的问题进行综合研究，可以为知识产权和反垄断学科的交叉问题研究提供新的研究方法，并产生创新性的研究成果。

（3）丰富技术标准化中垄断行为的法律规制体系，为技术标准化垄断的法律规制拓展新思路。目前学者的研究多集中于通过反垄断法对技术标准化中垄断行为展开规制。然而，反垄断法毕竟是事后救济措施，且反垄断法实践中也存在不少困难，对技术标准中垄断的救济作用可能有限。因此，在完善反垄断法相关规制理论的基础上，还需要充分利用我国现有的其他法律，如专利法、标准化法来加以规制，因此，本书的研究将有助于专利法、标准化法相关理论的完善，而对标准化组织相关政策的研究，也可以为完善我国标准化活动提供理论参考。总之，通过构建以反垄断法为核心，专利法、标准化法为辅，兼顾完善标准化组织的专利政策和管理政策，将使技术标准化垄断的规制理论更加丰富和完善。

（二）应用价值

自 20 世纪 90 年代以来，"技术专利化—专利标准化—标准垄断化"模式已经逐渐成为各国抢占经济领导地位的新策略。然而在这次竞争中，我国一直处于落后挨打的地位。在接受外国标准和国际标准中，我国企业为此付出了惨重的代价，2002 年的 DVD 事件，让我们开始关注技术标准化中的垄断问题，但研究也仅仅停留在对该领域的垄断行为的初步认识上，无法为我国企业提供有效的法律指导。此后，我国仍然饱受国外专利巨头企业的欺负。2008 年《反垄断法》的出台，这种挨打的情景似乎也无多大的改善。直到 2013 年 10 月 28 日广东省高级人民法院对"华为诉美国交互数字集团案"的判决宣告以及于 2014 年年初"国家发改委对美国高通的垄断行为"的调查，再到 2014 年 4 月我国商务部批准的"微软收购诺基亚附条件批准案"，这些案件引起的社会广泛关注，无不表明技术标准垄断已经进入我们生活中。同时，我们可以发现国家对技术标准化领域中的垄断已经非常重视，而且有了一定的法律储备，一些相关法规的相继出台也验证了这一点。当然，"华为诉美国交互数字集团案"中我国企业打了个大胜战，但是其所反映出的诸多理论问题，仍有待进一步研究，而且也不是每一个中国企业都有华为那样的实力和财力。要想不受欺负，需要国家有强大和完善的法律作为支持。随着国家对技术标准的战略地位的重视，我国于 2008 年发布《知识产权战略纲要》，提出将技术标准提升到重要战略地位，2012 年 1 月，我国的 4G 标准提案（TD-LTE-Advanced）成为 IMT-Advanced（俗称 4G）国际标准，标志着我国技术标准已经走向世界。因此，无论是为满足我国企业积极防御的法律需要而言，还是为我国企业积极进军国际市场提供法律指导和支持而言，对技术标准中的法律问题特别是可能引发的垄断行为予以足够重视并提供法律指导，以及完善相关配套法律法规，已成为一个十分紧迫的问题。因此，研究技术标准化中的垄断问题，作为知识经济时代重要的时代命题，对解决我国企业现阶段面临的标准困境，以及对贯彻落实我国的知识产权战略和标准战略具有重要的现实意义和参考价值。

（1）我国仍处于主要接受和使用国外技术标准的阶段，决定了我们必须有相对完善的法律为我国企业在技术标准化中可能遭遇的垄断侵害提供法律指导和参考意见，使我国企业清楚国外企业的哪些行为是合法的，哪些行为是不合法的，能够积极地对垄断侵害作出正确反应，从而改变传统被动挨打的局面。

（2）研究技术标准化中的垄断问题，将为政府制定相应法律提供理论参考，有利于完善国家立法机关在这一领域的反垄断立法，并促使国家的知识产权政策和标准政策法律化。同时，将改变公众运用传统的合同法、专利法予以救济的观念，正确认识并运用反垄断法这一有效的法律工具以及灵活选择其他法律理论，从多方位、多层面维护自身权益，力求以最小的成本获得最大的效益。

（3）为企业正确认识我国标准战略和积极加入技术标准的制定，提供正确的指导。国外企业利用标准获取垄断利润，给我国企业造成很大的诱惑以及使其产生错误的认识，歪曲理解了我国正在推行的标准战略的真实内涵。在本书中，将对技术标准化活动进行正确定位，明确其是为了更好地促进技术的传播，而不是作为垄断的工具，要实现社会整体利益的提升，以及实现各相关利益主体的利益均衡。进一步研究对垄断行为的规制，让企业正确认识到推广技术标准战略是为了提升国家原始性创新能力。

（4）为我国制定的国际标准的顺利实施保驾护航。希冀通过对技术标准化中的垄断问题的具体研究，为我国正在加速推进的国际标准的制定和实施活动提供理论参照，为极易招致的国外企业的反垄断指控提供保障，以提高我国技术标准实施的效率和促进我国技术的顺利推广。

四、研究方法和研究思路

（一）研究方法

本书拟采取以下研究方法。

（1）综合分析法。技术标准化中垄断问题是知识产权和反垄断法学科的交叉研究，此外还涉及一国的标准战略等宏观政策，因此需要综合运用政治学、经济学、法学等多学科的知识，厘清如何在一国的标准战略框架下，防止技术标准化中垄断现象的产生，如何在兼顾效率与发展的基础上，为国内外企业实施技术标准提供良好的法律环境。

（2）原理分析法。技术标准化中的垄断问题归根结底是一个反垄断法上的问题，因此传统的反垄断法理论对垄断行为的认定和规制仍是根本。在传统的反垄断理论中，对于特定领域的垄断问题，需要根据具体情形具体分析的基本原理，立足技术标准的根本特性，以利益平衡原则作为指导，在推动我国标准战略实施的前提下，构建适当的规制制度。

（3）比较分析法。技术标准化是一个国际性的问题，且我国在这一领域尚处于落后地位。在法律规制制度方面，我国需要通过比较其他国家在这一领域的法律适用，为我国在这一领域的反垄断立法和执法提供借鉴。同时技术标准实施主要涉及专利许可问题，不同国家对专利许可的态度可能有所不同，通过这些基本理论的比较将为相关理论在我国的适用提供有益的借鉴。在标准化组织的制度建设上，同样需要对国外技术标准化组织的管理、制度建设进行比较分析。

（4）实证分析法。通过案例分析、访谈、调研、数据收集、统计分析等方式掌握翔实的实证资料。通过对国外典型案例的分析，归纳出技术标准化中垄断行为的具体类型。通过访谈、调研，总结出我国企业在接受国外标准时所遇到的困难，以及在技术标准制定中所遇到的障碍。通过访问一些著名的国际性标准制定组织的官方网站，对其知识产权管理制度进行分析，借鉴其优点，改进其不足。

（二）研究思路

本选题的研究遵循"是什么—为什么—如何规制"的基本研究思路，研究思路图如 0-1 所示。

第一，通过简单介绍技术标准及标准化的基本知识之后，明确知识经济时代技术标准化活动应然地位，剖析技术标准化中垄断行为产生的历史背景和法律、经济、制度根源。

第二，阐述技术标准垄断行为的反垄断规制的理论正当性，厘清技术标准化垄断判定的核心概念，然后比较研究欧美反垄断对技术标准化垄断的相关立法和基本规制原则，从而明确我国进行反垄断规制的基本规则和思路。

第三，通过研究国外技术标准化领域的典型案例，分析垄断行为的表现

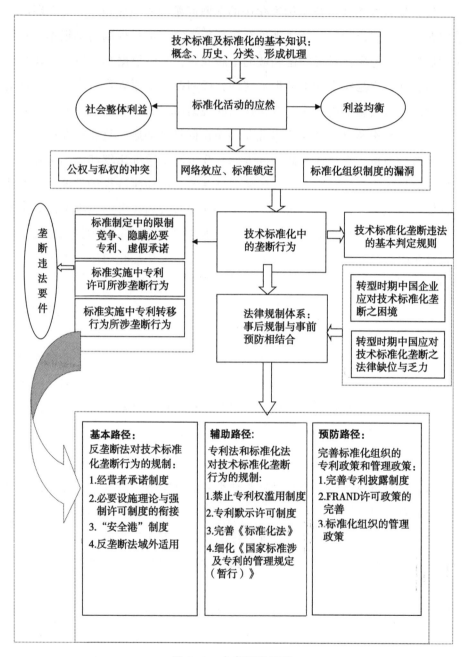

图 0-1　本书研究思路

形式及违法构成要件，确立反垄断规制的基本原则和方法。垄断行为的违法认定也是对这些行为进行规制的前提。

第四，通过调查我国企业的技术标准化现状，可知转型时期我国尚未形成以市场为主导的技术标准化模式，因此企业对国际技术标准化垄断的防范意识薄弱，自身抵御能力不足。同时，我国相关法律也存在严重的缺位以及规制乏力，其结果是导致我国在应对技术标准化垄断时困境重重。因此，国家应该有相对完善的法律对技术标准化垄断予以规范，同时也可以为企业提供保护，并进一步引导企业的技术标准化活动，使其规范发展。

第五，构建技术标准化中垄断行为的规制制度，明确在我国应建立事后救济为主，事前预防为辅的救济体系。以反垄断法对技术标准化垄断行为的规制作为基本路径，专利法和标准化法作为辅助路径，并通过完善和规范标准制定组织的政策和制度，对技术标准化垄断进行积极预防。

五、本书的创新之处

本书在于对技术标准化中的垄断问题有一个相对完整的认识，致力于提炼技术标准化中垄断行为的类型并对其违法性进行判定，并旨在为我国企业在国际技术标准化进程中遇到的困境建立一套综合救济体系。本书将要研究的问题其他学者已有少许涉及，但都不够细致深入，本书期望在两个方面有所创新突破。

（1）从微观角度剖析技术标准化中典型垄断行为的违法构成要件，将为技术标准化中垄断行为的反垄断执法提供可操作性的制度标准。

（2）立足中国国情、针对转型时期技术标准化垄断在中国的问题，深入研究技术标准化垄断行为的规制制度，尝试在我国建立一套以反垄断规制为核心，其他法律和政策为辅的综合性的救济体系，同时在强调事后规制的同时，也要重视事前预防制度的完善。总之，技术标准化垄断法律规制体系要体现出对垄断行为的惩罚与再预防相结合的功能，以实现最终的利益平衡。

第一章　技术标准化与垄断

对于每一个使用手机的人而言，即使你没有随身携带配套的充电器，但是只要有符合接口标准的充电类产品，你都能随时随地地用上手机。这便是技术标准给我们生活带来的便捷性。必须承认，进入信息时代以后，我们的生活便离不开技术标准了。关于技术标准的概念学界讨论也较多，然而，为何技术标准从"一项纯技术活动"演变成"竞争的工具"？本章在重温学界关于技术标准的概念基础上，结合技术标准化的历史演变，阐明技术标准化活动已不仅仅是一项技术活动，而是与竞争有着多重复杂的关系。时代的变迁赋予技术标准化垄断存在的可能性，然其本质决定技术标准化活动以实现社会整体利益和利益均衡为宗旨。因此，技术标准化与垄断便结下了不解之缘。

第一节　技术标准和技术标准化

一、技术标准化的概念及历史嬗变

1. 技术标准的概念

简单地讲，标准，泛指为实现一定范围内的秩序提供规则和指导原则的文件。在不同的社会阶段、不同的国家和不同的组织，其定义大同小异。例如，盖拉德（Gaillard）1934 年对技术标准的定义是："技术标准是通过口头、书面、图示、模型、样品、物理方式建立的规则，在一定时期内，用于定义、设计或确定计量单位、物体、行动、过程、方法、实践、功能、义

务、责任、行为、态度、概念、观念或者它们之间的结合，目的在于通过为
生产者、经销商、消费者、使用者、技术人员以及其他有关团体提供共同的
认知平台，以提升生产、处置、管制和（或）使用商品/服务的经济性以及
效率"。❶ 国际标准化组织（International Organization for Standardization，ISO）
和国际电工委员会（International Electro Technical Commission，IEC）将其定
义为："基于协商一致并得到一个公认的机构批准，为实现一定范围内的最
佳秩序，对活动或者它们的结果规定共同并反复使用的规则、指导原则或特
性的文件"。❷而欧洲电信标准化协会（European Telecommunications Standards
Institute，ETSI）基本也采用这种概念。❸ 可见在早期及标准化组织中，技术
标准被视为一种统一的规范，能够重复使用，通过设置具体的指标参数，对
人们的生产等活动发挥指导作用。学者的观点也基本类似，如赫伯特·霍温
坎普（2002）将标准界定为"旨在为一项产品和程序提供通常设计的任何
一套技术规范"。❹ 维托里奥·奇萨（Vittorio Chiesa）等（2002）认为，"标
准是对生产者规定的一套技术规范，这种规范可以是隐含的也可以是正式的
协议，还可以表现为与外部规范制定权力机关的规定一致"。❺ 国内学者张
建华（2004）认为，"技术标准是指一种或一系列内容含有细节性技术要求
和有关技术方案的文件"。❻ 可见，21 世纪之前，技术标准强调对产品或服
务中的技术事项提出具体的技术要求。而进入信息时代，技术标准不仅包括

❶ 毕勋磊："技术标准的影响与形成的述评"，载《技术经济与管理研究》2013 年第 1
期，第 37 页。
❷ ISO/IEC Guide 2：1996，definition 3.2，http：//www.iso.org/iso/home/standards.htm；
ISO/IEC. The consumer and standards：Guidance and principles for consumer participation in standards
development（2003），http：//www.iso.org/iso/standardsandconsumer.pdf，2014-03-25.
❸ http：//www.etsi.org/standards/what-are-standards，2014-03-25.
❹ Herbert Hovenkamp，IP and Antitrust：An Analysis of Antitrust Principles Applied to Intellec-
tual Property Law § 35.1a，at 35-3（2002 & Supp.2009），Theresa R. Stadheim，Rambus，N-
Data，and the FTC：Creating efficient incentives in patent holders and optimizing consumer welfare in
standards setting organizations，*ALB. L. J. SCI. & TECH.* Vol.19.2（2009）：486.
❺ Vittorio Chiesa，Raffaella Manzini，Giovanni Toletti，"Standard-setting processes：Evidence
from two case studies"，*R&D Management*，2002，32（5）：431-450.
❻ 张建华、吴立建："关于技术标准的法律思考"，载《山西大学学报（哲学社会科学
版）》2004 年第 3 期，第 80 页。

技术要求，技术解决方案也被涵括在内。因此，也就不难理解为什么人们谈及标准时，自然将其与技术标准等同起来。诚然，两者不是一个概念，但是现实发展已使得两者模糊起来。这从侧面也反映出技术标准已经融入生活的每一个角落，其将对人们生产生活产生重要影响。

"1983 年我国 GB3935《标准化基本术语》和《中华人民共和国标准化条文解释》中定义'标准化'为：在经济、技术、科学及管理等社会实践中，对重复性事物和概念，通过指定、发布和实施标准，达到统一，以获得最佳秩序和社会效益的过程。"❶ 可见，技术标准化主要包括技术标准的制定和实施活动。

2. 技术标准化的历史嬗变

（1）古代标准化：统一化生产要求需要。

古代标准化始于原始社会，立法于秦朝。古代猿人开始制造并使用工具，便有了"标准"的萌芽。新石器时代，陕西考古发现的大量石器和陶器证明，古人制造的器具，都有一整套相对固定的工艺流程，进而通过选择最优良器具作为"样品"，这些"样品"便具有今天意义上的"标准"含义。文字的出现，代表着人类对不同符号的统一认识。黄帝的"设五量"、禹的"左准绳""右规矩"都蕴含了"标准"含义。秦始皇的"统一度量衡、货币、兵器"等活动，将标准扩大到社会各领域，并通过"工律""田律""仓律""金币律"等立法活动制定详细的标准。可见，中国古代标准化活动旨在确立统一规格、便于统一化生产，其倡导的"统一、简单、优化、专业化"的理念，对后世的社会生产产生极大影响。

（2）近代工业社会标准化：互换性生产要求需要。

古代中国是一个以农业为主的封建国家，标准化蕴含的"专业化"思想并没有在农业经济中发挥巨大的效应。真正意义上的"标准化"与资本主义国家的工业革命紧密相连。工业化大生产使得标准化成为一种常态的社会活动。1798 年，伊莱·惠特尼（Whitney）在时任美国总统杰弗逊面前的一大

---

❶ 罗海林："论产品标准制定的消费者参与机制——兼谈《标准化法》的修改"，载《绵阳师范学院学报》2009 年第 3 期，第 47 页。

堆散装零件中装配步枪。随后这种先生产"互换性零件"、再进行组装的生产方式开辟了美国工业生产的新时代,伊莱·惠特尼也被誉为"标准化之父"。随着世界工业化进程的加快,各国都开始重视技术行业的标准化行为,并成立了国家标准化组织,致力于国内技术行业的标准制定,如英国标准协会、美国工程标准委员会等。其旨在提供互换性产品的标准化活动,推动了社会专业化的深度发展,也促进了西方发达国家的专业化工业发展。

（3）知识经济时代的标准化活动：竞争工具与利益之争。

随着科学技术的发展,人类进入知识经济时代。1996 年世界经济合作与发展组织对"知识经济"定义为,"以知识和信息的生产、分配、传播和应用为基础的经济"。❶ 根据斯坦福大学学者的研究,"知识经济是以知识密集型活动为基础开展生产和服务,有助于加快技术和科学发展的步伐的经济。知识经济的核心在于更多依赖知识能力而不是依赖物理产品和自然资源。"❷ 在农业经济、工业经济时代,社会经济增长的主要要素是自然资源和劳动力等物质原料,而进入知识经济时代,知识成为经济增长的主要推力。知识、信息等智力资源的拥有者在社会中处于支配地位,知识和信息的多少及其开发、利用程度的高低,决定着经济主体在市场上的竞争优势,全球竞争演变为知识和信息的竞争。❸ 知识经济呈现以下特征：以知识和信息为主要生产要素；以高新技术产业为支柱产业；以创新为原动力；是经济全球化的经济。❹ 而知识经济时代最典型的表现形式便是网络经济。网络经济是随着网络和信息通信技术的迅速发展而出现的新经济形态,它建立在计算机网络基础之上,以现代信息技术为核心,既包括高新技术产业,也包括现代信息技术运用到传统经济中所带来的传统经济的信息化。因此,网络经济是以计算机信息技术为基础的所有的经济活动。在网络经济市场中,网络经

---

❶ 世界经济合作与发展组织（OECD）编,杨宏进、薛澜译：《以知识为基础的经济》,机械工业出版社 1997 年版,第 17~26 页。

❷ Walter W. Powell, Kaisa Snellman, "The Knowledge Economy", http：//web. stanford. edu/group/song/papers/powell_ snellman.pdf.

❸ 吕明瑜：《知识产权垄断的法律控制》,法律出版社 2013 年版,第 8 页。

❹ 罗玉中主编：《知识经济与法律》,北京大学出版社 2001 年版,第 58 页。

济外部性是其典型特征，又称为网络效应。卡茨（katz）和夏皮罗（Shapiro）1985 年在《网络外部性、竞争和兼容性》中首次对网络外部性和网络效应进行了讨论。"网络外部性指的是消费者消费某物品的效用会随着消费该物品的其他消费者的数量的增加而增加，即消费呈现出正反馈或规模报酬递增的现象。"❶其包括直接网络效应和间接网络效应。当使用一种产品的用户越多，使用该产品的其他用户的效应将会增加，为直接网络效应。当使用一种硬件产品的用户越多，会导致与硬件兼容的软件系统的需求量的增加，反过来软件供应量的增加会促使用户采用这种兼容的硬件，为间接网络效应。间接网络效应中的正反馈效应的形成，在很大程度上取决于产品的兼容性。满足"兼容性"要求的技术标准在网络经济中变得格外重要。传统工业中，技术标准以满足产品和服务的统一生产，提升专业化程度为目标。网络经济中，专利技术在技术标准中的比重越来越大，技术标准在提供统一规范、实现互换的基础上，有了更深层次的内涵。对于企业而言，拥有技术标准便拥有不断增加的消费者数量，相应更容易占据该领域的经济领导地位。即使无法拥有一项标准，企业在技术标准中所含专利数量越多，也意味着该企业有着更广阔的市场和更丰厚的利润。技术标准已成为企业掌握经济话语权的重要基础，这势必刺激企业之间对标准的追逐和竞争。技术标准化活动不仅仅是一项单纯的技术活动，已成为提升国家、企业竞争力的重要竞争工具，更成为一场利益之争。

二、技术标准的分类及形成机理

根据标准制定主体及产生程序不同，技术标准呈现出事实标准和法定标准之分。事实标准包括两类：❷ 一种是单个企业或少数具有垄断地位在市场竞争过程中，由于自身的产品优势、加上消费者的偏好所形成的垄断优势地位，从而使自己的产品成为标准，学者通称其为"私有标准"，典型的如微

---

❶ 鲜于波、梅琳："网络外部性下的标准博弈——标准扩散和竞争理论综述"，载《产业经济评论》2006 年第 2 辑，第 100 页。

❷ 张平、马骁："技术标准与知识产权的关系"，载《科技与法律》2003 年第 2 期，第 110 页。

软的 Windows 操作系统和英特尔（Intel）的微处理器。另一种是几个或几十个企业将各自的技术联合起来，利用互补优势而形成的标准体系，典型的如 DVD 3C、6C 联盟。由于这些企业形成的标准化联盟没有官方的授权，是企业间纯粹的市场行为，又称为私有标准化组织。下面将简单介绍每一种技术标准的形成机理及相关利益主体。

1. 法定标准

法定标准由官方或官方授权的标准化组织的积极倡导主持而产生。典型的法定标准化组织如国际标准化组织（ISO）、国际电工委员会（IEC）、欧洲电信标准委员会（ETSI）、美国标准协会（ANSI）及各国的标准制定机构。随着世界技术竞争的逐步升级，标准战争不可避免地打响。为了避免一个产品领域内出现杂乱无章的众多数量的标准，一些政府、区域性或国际性标准化组织便挑起了技术标准的制定任务。在它们的倡导下，经过法定程序，将从成千上万的技术中选择组成一套技术标准所必要的技术，这些技术又被称为"标准必要技术"。这些必要技术的选择至关重要，对标准的推广以及专利权人都将产生极大的影响。其缘由在于法定标准制定和实施中，涉及的利益主体最众多、复杂。主要的利益主体包括：法定标准化组织、标准制定者（特别是"标准必要专利权利人"）、标准未来的实施者（遵循标准的生产企业）以及下游的销售企业、消费者。

首先，法定标准化组织多具有公益性质。标准化组织成立的初衷是为社会提供一套较优的技术规则，便利产品的互联互通，提高社会总效率。这也使得技术标准具有"准"公共产品的特性。因此，标准化组织应该是中立和独立的。

其次，标准必要专利权利人更关注标准收益。标准必要专利权利人由于持有对制定标准所必不可少的技术，因此在标准制定中有着重要作用。而其参与标准制定的动机将直接影响技术标准的质量和实施。参与标准制定的专利权人可能包括三类主体：开发技术并使用该技术制造产品的专利权人、单纯开发技术并通过专利授权获利的专利权人以及通过风险投资购买专利并通过专利许可和转让获利的专利权人。❶ 第一类专利权人热衷参与标准制定，多寄希望技术标准采纳自己技术以及获得其他专利权人的互惠许可，从而降低自己生产标准产品的成本，并顺其自然促进产品推广，其主要获利途径是扩大标准产品的销量。该类专利权人更愿意标准是开放性的，同时不大倾向索要过高的许可费。第二类、第三类主体是以专利许可为主要盈利模式的专利权人，其将技术纳入标准，更多的是希望借标准获取超额的许可利润，如果不能得到心理预期的许可费，这两类专利权人参与标准制定的积极性不会太高，甚至标准制定之后，会产生诸多许可费纠纷。因此，各类主体参与标准制定的目的不同，将会直接影响标准的制定过程以及标准的授权开放程度。后两类专利权人还可能想办法提高许可费收入，从而引发一些法律问题。

最后，标准实施者更关注标准效益（包括标准实施成本和销售标准产品的收益）。对于标准实施者而言，获取专利授权的方式越简单、费用越低廉，其收益将越大。因此，标准实施者更加关注技术标准的开放性和授权方式。此外，标准实施者一旦对某一标准投入后，更希望该标准成为业内唯一的标准，这也会反过来扩大标准的影响范围。标准实施者获取标准的方式越简单，费用越低廉，标准产品的销售商、消费者也将获利更多。销售者可以以较低的价格获取遵循标准的产品，从而扩大市场份额，而消费者也能够以较低成本获得标准产品。所以，在法定技术标准化中，标准化组织能否设立合理的程序保证标准的开放、自由和易获得，至关重要。而在选择必要标准专利时，也需要考虑到标准制定参与者的各自经营模式。

法定的技术标准的形成机理如图 1-1 所示。

2. 单一的事实标准

单一的事实标准是市场选择和竞争的自然结果，其形成需要满足几个条件：构成标准的优势技术在技术上有独特性，是其他技术无法比拟或者超越的；该优势技术具有先占优势，在其周围已经聚集了一大群忠实用户；该技

---

❶ 张平、赵启斌：《冲突与共赢：技术标准中的私权保护》，北京大学出版社 2011 年版，第 8 页。

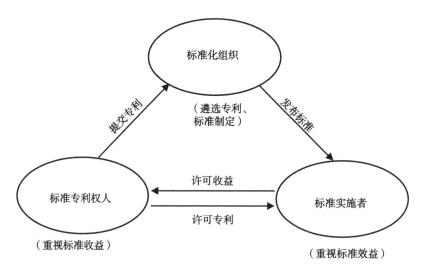

图 1-1 法定的技术标准的形成机理

术的市场份额逐渐形成事实上的垄断地位。然而，某一个企业要形成一个单一的事实标准并维持这种地位并不是一桩易事。在信息技术发展的历史上，最著名的单一事实标准也仅有微软的操作系统和英特尔的微处理器。其整个形成过程主要依赖于市场的自由竞争，成功秘诀是其本身独特的技术特性，以及消费者的偏好，又恰恰处于新技术的创始之初，可谓占据"天时、地利、人和"。在单一的事实标准的形成过程中，相关利益主体包括该标准技术的权利人和标准的所有实施者。如果说，法定标准的实施中，一方面可以通过标准化组织的专利政策对专利权人的许可行为进行约束；另一方面标准必要专利权人相互之间的制约，可以约束专利权人不能任意妄为地索取许可费，从而维持标准专利权人与标准实施者处于相对公平的境地。但是，在单一的事实标准中，专利权人和标准实施者的地位本身就是不平等的，这种平衡根本无法出现，其结果便是专利权人可以随意索要许可费，而标准实施者则饱受压迫。例如，微软对其操作系统与浏览器的捆绑销售行为，各国制造商毫无还击之力，这也说明专利权人与标准实施者之间的实质不公平。而这一切的终结，也只能是各国政府通过反垄断法予以规制，如自 1998 年美国司法部对微软滥用其操作系统领域的垄断地位提起反垄断指控之后，微软便被反垄断诉讼缠上了，到 2004 年，几乎进入高潮，欧盟、日本、韩国、我国台湾地区的反垄断机构都相继对其提起诉讼，结果自然是有利于消费者的。微软案也被称为消费者的胜利。

单一事实标准的形成机理如图 1-2 所示。

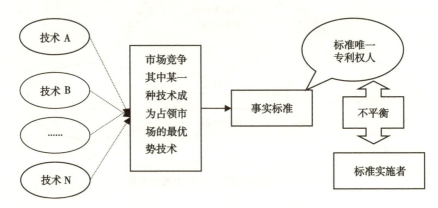

图 1-2　单一事实标准的形成机理

3. 联合的事实标准

联合的事实标准是企业联合的主动行为与市场选择的共同结果。几个或者几十个企业联合要将他们的技术形成一项标准，必须满足几个条件：这些技术是互补性的；相互联合技术的优势更为明显，超过市场上其他的替代技术；这些技术已经各自拥有一定的消费者；企业对这些技术进行了大量投入、转产不经济。通过利用技术联合起来的优势，再借助市场的自由淘汰选择过程，使该技术成为行业内的一项标准，是联合的事实标准的形成机理。当然，企业们积极运作也是非常重要的。然而，与单一的事实标准不同，联合的事实标准中的技术并不是独一无二的，市场上依然有替代技术。因此，联合的事实标准不可能在市场上形成绝对的垄断，但可以形成寡头垄断，它是集部分市场先占优势和市场运作的共同作用。在联合的事实标准中，标准由几个或几十个专利权人共同制定，而且这些专利权人都是互补性的专利权人，他们具有共同的目的，通过技术标准化从而获得更多的利润，因此其主要形成过程为："技术联合—技术标准—标准专利许可"，从而获得大量的许可费。在这里，专利权人之间的利益是一致的，但他们与标准实施者不是处于一个同等的地位，DVD 3C、6C 联盟是最典型的联合的事实标准。该案例说明，企业联合形成事实标准后，实施这些标准的企业只能任人鱼肉。

联合的事实标准的形成机理如图 1-3 所示。

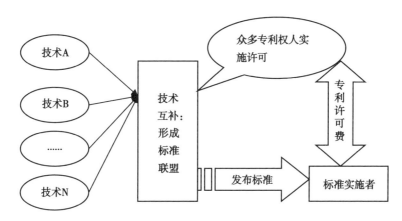

图 1-3 联合的事实标准的形成机理

4. 法定标准、单一的事实标准以及联合的事实标准的发展趋势

第一，单一事实标准逐渐消尽，法定技术标准备受青睐。在技术创新不断迸发的时代，要形成单一的事实标准已不太可能。微软操作系统得益于其先占优势，归功于当时技术不太发达。当今技术发展已经进入一个高速阶段，科技创新思想不断涌现。例如，在移动通信操作系统中，微软的 Windows 系统、谷歌的安卓系统（Android）、苹果的 IOS 系统各占几亩地，而安卓有占据更多市场的趋势，所以微软无时不感受到威胁，并将安卓系统视为竞争对手，而"微软与诺基亚的合作"在一定程度上就是对安卓的回击。此外，现代技术更新换代速度之快，导致科技创新的产生离不开旧技术的支撑，这也使得某一项技术成为单一事实标准的难度加大。

与此相反，一些国际标准化组织的活动越来越频繁，企业对国际性标准的需求也不断加强。对于企业而言，产品"走出去"能获得更大的市场。其一，为了使自己的产品能更好地与国际社会接轨，各国企业在采纳产品标准的时候，都会尽可能选择发达国家和地区的标准，欧美标准自然是首选，或者直接采纳国际性标准，这样可以减少产品进入国际市场的障碍。而尤以官方的标准制定组织或官方授权组织制定的法定标准更受青睐。其二，官方或者官方授权的标准化组织能够集结世界各国或者区域内最先进的技术，而且具有较大的号召力，其逐渐科学化的标准制定程序也使得技术标准将更加公正和科学，这反过来也推动企业愿意选择国际标准，促进法定标准制定活动的发展。

第二，联合的事实标准呈增多趋势，并部分积极转化为法定技术标准。现代科学技术的发展使得一项技术产品中必须包含成千上万项专利，导致单个企业制定单一的事实标准变得困难。而在法定标准过度迟延的产业，制定法定标准需要的周期也很长。有学者认为法定标准的制定周期平均在 4 年左右，克罗迪（Kolodiej）估计平均 5 年。❶ 因此，这为一些掌握一定技术优势的专利权人建立企业间联合的事实标准提供了机会。例如，为适应电子信息技术飞速发展的需要，自 20 世纪 90 年代后期，涌现出互联网工程任务组（The Internet Engineering Task Force，IETF）、万维网联盟（World Wide Web Consortium，W3C）、结构化信息标准推进组织（Organization for the Advancement of Structured Information Standards，OASIS）、对象管理组织（Object Management Group，OMG）、DVD 论坛等上百个联盟性标准组织。❷ 这些标准主要由国际跨国企业主导、全球企业广泛参与、标准研究周期短、标准文本更新快，因此容易为生产企业接受。事实标准另一突出特点是在市场竞争中，谁的技术更能为消费者带来方便，且成本低廉，谁的技术就更容易占领市场。具有同等优势的企业，很容易联合起来，形成"强强联合"的局面。由于在长期的实践中，生产者的产品已经选择了这种技术，且消费者也适应了这种技术，通常具有这种优势的技术就更容易形成联合的事实标准。当联合的事实标准进一步提高技术水平，并得到国际社会的广泛认可后，便可能转化为国际性的标准。例如，由日本 IDEC 株式会社、Woodhead 株式会社、株式会社 Digital、日本电气株式会社、三菱电机株式会社推广的开放现场总线

---

❶ 梁志文、李卫军："钢丝绳上的平衡——论事实标准和知识产权"，载《电子知识产权》2004 年第 1 期，第 26 页。

❷ 吴志刚："电子信息领域国际标准化发展趋势"，载《信息技术与标准化》2012 年第 8 期，第 59~60 页。

CC-Link，是开放式控制与通信网络技术，广泛应用于工厂自动化（Factory Automation，FA）领域，是一项日本的事实标准，近年在亚洲地区的应用迅速扩大并成为亚洲地区的事实标准，2006 年该标准在 ISO 国际标准审议中获得全体赞成投票，被批准为 ISO 国际标准（ISO 15745-5），并相继获得国际电工委员会和国际半导体产业协会的批准。❶ CC-Link 成功转化为一项国际性的法定技术标准，实现事实标准向国际标准的飞跃。

综上，目前最活跃的一些标准化活动多与信息技术领域相关，因此，下文若无特别提出，均以信息技术领域中的技术标准为例。单一事实标准的历史已经过去，而国际标准化组织的活动越加频繁，联合事实标准也在朝其靠拢，因此，下文所研究的技术标准化活动，都是以国际性或者联盟的标准化组织的标准制定和标准实施为研究对象。

三、技术标准化的应然考量：社会整体利益与利益均衡

知识经济时代，技术标准是协调技术产品在全世界范围内实现兼容与共享的必然需要。技术标准为相关技术产品的生产提供了一套规则，推进技术传播和提高社会总效率，使得世界更加畅通。而技术标准的形成过程，是各方利益主体协商一致，但又互相妥协与博弈的产物。热衷于标准制定活动的各企业，最终目的仍是获得更多利润，但不同的利益主体在标准化中的利益需求各有差异。因此，技术标准化权利人的终极目标是利益之争，这可能使得技术标准化活动被"利用"甚至"异化"，因此，知识经济时代，需要对技术标准化活动做出正确定位。回顾历史，从秦始皇统一度量衡，到工业时代的标准化生产，技术标准化活动都反映出一个共同的目的：提高社会生产力，增进社会公众福利。可见，技术标准化活动都以社会公共利益为基本出发点。知识经济时代，社会文明程度更高，技术标准化活动更应该以"社会本位"为基本立足点。技术标准化活动主要涉及技术标准中专利权人和标准

---

❶ "源于亚洲面向世界标准的现场总线 - CC_ Link 推广中心专访"，载 http：//www. gongkong.com/Common/Details.aspx？Type = news&Id = 200712241411D448FAD，2013 年 12 月 7 日访问。

实施者之间的利益冲突，而专利权人和专利实施者都是社会公众的组成部分，任何一方的利益都应该受到适当的保护，因此，技术标准化活动在实现其技术职能（为产品生产提供一定的技术方案，给予适当的指导）的同时，必须以实现社会整体利益和实现相关利益主体的利益均衡为宗旨，才能实现社会效益最大化。而对技术标准化活动进行科学、正确的定位，也是本书对技术标准化垄断展开分析的逻辑起点。

1. 技术标准化活动必须以社会整体利益为出发点

一项技术标准是否有生命，是否能得到社会的认可及广泛实施，其必须代表先进生产力的发展，必须以社会整体利益为出发点。技术标准制定和实施活动，本质上都应该为了更好地促进社会科学技术的发展和传播，从而实现社会总福利的提高。移动通信的 1G、2G、3G，乃至 4G 标准的制定，在技术层面上都体现出一个特点，这些移动通信标准使得我们今天的社会通信更加发达，一部小小的手机已经可以解决工作、生活中的大部分问题。而其在社会效应方面，这一代代移动通信标准代表了通信领域生产力的发展。所以，技术标准化活动要得到社会的认可以及得以广泛实施，必须以促进社会生产力为标准。如果其过程中存在阻碍生产力发展的情况，一项技术标准将很难得以实施。比如，各标准化组织都有类似的规定，如在标准制定中专利权人有隐瞒必要专利的情况，一旦发现，一项标准草案可能会被束之高阁或者暂停实施。同样，我国标准化委员会也明确规定，如果发现标准涉及相关专利，且专利权人未做出专利实施许可声明，标准化委员会将要求专利权人做出申明，如果拒绝，将会退回处理。❶ 标准化组织之所以这样规定，其根本在于若专利权人没有对其专利许可做出声明，便可以"绑架"标准对所有的标准实施者索要高额许可费，而最终转嫁到消费者身上。因此，宁愿放弃将该项标准推向更高技术层面的机会，也不能因此而损害社会整体福利。

2. 技术标准化活动必须以实现相关主体的利益均衡为出发点

技术标准中含有专利是科技发展的必然，也是社会进步的代表。纵然技

---

❶ 张莹、陈尚瑜："对技术标准与专利技术融合的相关政策分析"，载《认证技术》2012 年第 7 期，第 47 页。

术标准中包含专利可能会给我们带来一些消极影响，事实既已如此，我们所能做的就是尽量减轻它的消极影响。如前所论，技术标准化的消极影响归根结底表现在两方面：阻碍创新和破坏竞争。而这些影响的根源在于技术标准化中各方主体的利益不均衡。专利权人对其拥有的专利享有专有权，没有得到专利权人的授权，其他人无权使用该专利。专利权人也可以通过许可费收回其创新成本。因此，专利权人在专利纳入标准之前，在社会上依然有众多竞争者的时候，其可以获得的专利许可费是其专利的本身价值所在。一旦专利并入技术标准中，所有实施技术标准的人都必须使用该技术，技术标准中专利权人可以获得的许可费随之增加。这一过程，我们可以将其看作由于技术优势而在标准专利选择过程中获胜，其专利本身的价值增值，这也是专利权人应得的回报。作为标准实施者，由于生产遵循标准的产品而使得产品的销路得以扩大，产品适用范围更广，其利益也可以增加。因此，其需要为使用标准支付一定的代价。在这个过程中，技术标准中专利权人和标准实施者的利益是均衡的。也就是说，专利权人和标准实施者的利益均衡时，技术标准化活动是积极的；反之，如果专利权人获得的利益超出了其专利本身价值所能获得的利益，那么该技术标准化活动则是消极的。因此，技术标准化活动必须以实现相关主体的利益均衡为出发点。

第二节　技术标准化对竞争的双重影响

技术标准对社会经济无疑具有非常重要的促进作用，有助于社会竞争。然而，技术标准化所能带来的巨额利益，也可能会诱使标准利益主体实施一些破坏竞争的行为。美国司法部在《反托拉斯和知识产权：促进创新和竞争》报告中指出，"行业标准被广泛认为是现代经济的引擎，因为他们能够使公司的生产成本更低，以及对消费者更加有价值"。❶然而，技术标准化

---

❶ U. S. Dep't of Justice & Fed, Trade Comm'n, Antitrust Enforcement and Intellectual Property Rights: Promoting Innovation and Competition, 6 - 7 (2007), in www. usdoj. gov/atr/public/hearings/ip/22265. pdf [hereinafter DOJ/FTC Report].

活动是各方利益主体妥协的产物，其所代表的竞争内涵，也表明其在促进经济发展的同时，不可避免地对竞争造成消极影响。

一、技术标准化对竞争的积极影响

1. 技术标准化有助于实现产品的互联互通，促进产品间的公平竞争

技术标准化是应产品的互联互通的要求而产生的。为了实现各产品之间的配套，为了实现新旧产品的兼容，需要有统一的标准进行协调，而技术标准保证了来自多个供应商的产品是可兼容、可操作的。亚当·斯密曾经指出："消费是一切生产的唯一目的，生产者的利益，只有在能促进消费者的利益时，才应加以注意。"❶ 技术标准使得生产者能够更好地满足消费者需求，使得生产更加高效，生活更加便利。此外，技术标准可以为消费者选择提供指引。在众多技术产品中，技术的专业性使得生产者与消费者处于信息不对等的境地，技术标准可以帮助消费者做出相对正确的选择，从而增进消费者福利，反过来也促使生产者加强产品其他方面的竞争。

2. 技术标准有利于实现技术的优胜劣汰，并促进先进技术推广

首先，技术标准化过程本身就是一个技术选择的过程。联合的事实标准来源于市场中技术本身的竞争，而法定技术标准制定过程也是技术竞争的过程，能够成为一定领域的标准在一定程度上代表了该行业内优秀技术的集成。因此，标准制定能够使先进技术脱颖而出，而将较差的技术从市场中淘汰出去。在统一标准制定过程中，参与标准制定的企业的技术优势得到互补及提高，从而为整个行业的技术革新提供了便利，其必然结果是社会整体效益的提升。❷ 其次，技术标准化促进技术的推广。作为一项先进技术的持有人，其自身单独进行技术推广，可能会遭遇生产商不接受的情况，因为生产商无法判断该项技术可以带来的经济收益。然而，通过标准化过程、经过专家们选择出来的技术，很容易得到生产商们的接受，生产商也愿意采用标准

---

❶ ［英］亚当·斯密著，郭大力、王亚南译：《国民财富的性质和原因》，商务印书馆1974年版，第227页。

❷ 罗蓉蓉：《美国反托拉斯法对行业协会限制竞争行为的规制研究》，中南大学硕士学位论文2006年，第18~20页。

技术，这在一定程度上能大大促进先进技术的推广和传播，从而促进社会技术整体水平的提高。

3. 技术标准化推动企业不断实现技术创新，从而提高社会整体科技竞争水平

技术标准化能为企业带来的利润，使得任何一家企业都希望拥有使自己技术纳入标准的机会。所谓"三流企业做产品，二流企业做技术，一流企业做标准"，这个规则任何一家企业都心知肚明。然而，要使自己的技术成为标准的一部分，除了运气和运作之外，企业技术创新至为重要。没有技术优势，无法得到生产者和消费者的认可，则难以有机会成为标准的一部分。因此，无论是提高标准制定中的技术竞争力，还是标准制定后，后来者希望挤入下一代标准，都必须加强自身技术创新。以我国移动通信业的发展历程为例，20 世纪 80 年代，第一代移动通信标准制定时期，我国企业完全没有参与。1989 年第二代移动通信标准 GSM 制定之后，我国企业完全没有话语权，只能追随国际标准，从事第二代移动标准产品的制造，并开始产生像华为、中兴这样全球著名的移动终端设备生产商。此时，我国一些企业已认识到具有自主知识产权标准的重要性，并不断加大技术研发和投入。终于，在第三代移动通信发展阶段，我国研究机构和企业不仅很早就参与国际标准制定和研究开发，力图使自己的技术纳入国际 3G 标准中，并提出具有自主知识产权的 TD-SCDMA 国际标准。2012 年 1 月，我国具有完全自主知识产权的 TD-LTE 成为与 FDD-LTE 并驾齐驱的第四代移动通信国际标准。❶ 我国的 TD-LTE 之所以能够成为移动通信 4G 标准，在于我国企业和研发机构后来者居上，不断加大研究和创新。我国企业从提交 TD-SCDMA 标准开始，一直致力围绕 TD-SCDMA 在智能天线、联合检测、接力切换、上行同步、动态信道分配等关键技术以及 HSDPA 等增强技术的研发，并申请了大量国内外专利。在 TD-LTE 阶段，我国企业在 TDD 方式、智能天线增强技术、

---

❶ "移动通信技术的发展历程"，载 http://finance.people.com.cn/n/2013/1203/c70392-23733182.html，2013 年 12 月 3 日。

MIMO 融合模式等方面又继续创新和拓展专利。❶ 标准化推动我国企业不断加强技术创新，并且很快地提升了我国在通信领域中的整体技术水平。

4. 技术标准化促使企业加强技术合作与竞争，从而提升国家综合竞争力

首先，技术标准化促进生产型企业之间的竞争。一个行业一旦采用一项标准，便使得所有产品具有同等的技术水平。那么，生产型企业之间要想获得更多的消费者和占领更广阔的市场，必须加强产品质量和服务的竞争，这能提高企业的竞争意识。其次，技术标准化活动已逐渐演变为国际性活动。国际技术标准化进程的加快，可以促使各国国内企业的合作与联合。单个企业很难与实力雄厚的跨国公司竞争，因此国内企业必须联合和协作。比如，我国 TD-SCDMA 和 TD-LTE 标准的制定，将国内通信领域的巨头集聚在一起，并且与高校、研究院所联合起来，具体包括中国信息通信研究院、中国通信标准化协会、大唐、普天、中兴通讯、华为、展讯、各运营商等，这才成就了 TD-LTE，从而也奠定了我国在世界移动通信领域的领先地位。

5. 技术标准化将提升世界各国的竞争意识，并导致世界经济、科技新格局的形成

众所周知，欧美大国是信息时代的标准大国，几乎占领了各个领域的标准话语权，从而使得世界其他国家都沦为他们低成本的代工厂。而随着世界各国对技术标准化重要性的认识加强，各国各地区都开始抢占标准的制定权，而要实现这一点，又必须发展自己的技术。例如，近年来，我国台湾地区不仅与国际同步研发出全球微波互联接入（Worldwide Interoperability for Microwave Access, WiMAX）关键技术，更在全球微波互联接入论坛（WiMAX Foru）董事会中占有一席之地。联发科等也和三星电子（Samsung）、英特尔（Intel）等国际大厂平起平坐，携手抢进 802.16m 技术标准制定。❷ 随着各

---

❶ "标准引领是移动通信产业创新发展的前提"，载《中国电子报》2014 年 1 月 8 日第 6 版。

❷ "4G 时代来了 TD-LTE 声势大壮，亚洲抢夺标准制定发球权"，载 http://labs.chinamobile.com/news/54883，2014 年 5 月 4 日访问。

国各地区在国际标准化工作的参与度提高，将使得国际标准化工作朝更加公平、自由的方向发展，从而影响世界经济、科技格局的变化。

二、技术标准化对竞争的消极影响

技术标准化纵然使世界各国企业的竞争意识增强，企业创新意识和创新能力得到提升，社会生产更加便利，人们生活更加便捷，整体而言，对社会发展具有明显的积极作用。但是，标准竞争终究是利益之争，是国与国之间实力的竞争，既涉及国家的产业发展，也涉及各个企业的切身利益。因此，技术标准在推广和实施中，可能会对竞争产生消极影响。

1. 技术标准化会减少对标准中专利权人的创新动力，阻碍技术的进一步创新

首先，标准制定过程是一个技术选择、技术竞争的过程，选入标准的技术所有者将成为胜利者。因此，标准一旦确立后，标准专利权人将可以依靠标准获取利润，还可以节约大量的技术推广投入，因而容易丧失专利创新的动力。如果说市场自由竞争是创新的天然推动器，那么标准化就可能是创新的抑制器。当标准专利权利人成功将技术纳入标准后，墨守成规、坐等渔翁之利便成为企业的发展常态。其次，技术标准专利权人一旦成为现有标准的受益者，它所考虑的将不再是依靠创新技术获得市场优势，而会将重心转移到如何保持现有的市场优势上。那么，一方面，标准专利权人可能会减少对现有技术的研发投入，努力保持现有技术的优势。另一方面，它不再致力于标准进步，不会关注该项标准是否跟得上时代的需求，甚至想方设法阻止市场上出现新的技术。最后，在这个专利制度发展成熟的时代，任何一项新技术的出现可能都需要旧技术的铺垫，无法避开前技术中的专利权。对于致力于新一代技术标准的制定者而言，即使他们愿意开发新技术，进一步提高技术的性能，提升技术的竞争优势，也需要与旧标准兼容，毫无疑问需要现有标准中专利权人的专利。但是，现有标准专利权人很可能为了维持现有技术的优势和防止新标准的出现，阻碍后来者的技术创新，从而影响到整个社会的技术创新。

2. 技术标准化活动可能减少消费者福利，减少社会总福利

首先，原则上，一项标准的产生是市场选择的过程，或者代表了一定时期行业内先进的技术水平，能够更好地满足兼容性和互操作性的需求。但是，任何一项技术都不是独一无二的，都有可能存在替代技术。标准制定过程，其实就是替代性技术之间的选择过程。由于技术的复杂性和专业性，以及消费者在一定时期内对某一技术的偏好，甚至企业们对技术和市场的运作，都可能使得最后形成的标准并不一定代表的就是该技术领域内最优的技术。那么，其一，如果该项标准中所含技术本身就不是最优技术，那么消费者最终得到的产品也就难以保证其最优性。其二，如果一项标准中还可能纳入了一些非必要技术，那么就可能增加标准实施者的许可成本，而这些许可成本最终又会转移到消费者身上，从而影响消费者福利。其次，标准竞争使得一个行业内可能不仅仅是一项标准，尤其是在没有法定标准的行业，存在众多联合的事实标准的情况下，企业对标准的选择至关重要。因为，企业一旦选择了一项标准，随之需要对设备、人力、技术等方面加以投入，这些成本一旦投入，若发现标准选择不对，要进行转产也极为困难，从而使企业受损。这会导致社会总效率降低，以及社会总福利减少。

3. 技术标准化可能破坏国际社会的公平竞争秩序，阻碍国际的公平竞争

首先，技术标准化对一国的影响是重大的。技术标准壁垒已经成为国际贸易壁垒的主要形式之一。所谓技术标准壁垒，是指以专利技术为基础，通过认证体系和技术法规的形式建立自己的技术标准，阻挡国外商品流入，以达到保护国内市场的目的。❶ 我国温州企业遭遇的"打火机 CR 标准"事件，❷ 其实质就是欧洲国家利用技术标准阻碍我国打火机出口贸易的手段。通过技术标准化设置较高门槛，将直接影响一国的出口贸易，以及与此相关的产业发展。其次，技术标准化活动还可能使各国企业处于不平等的竞争地位。技术标准实施中最关键的问题是许可费的收取。标准专利权利人对标准

---

❶ 冯晓青：《企业知识产权战略》，知识产权出版社 2006 年版，第 176 页。
❷ "残酷的'标准'之争——温州打火机应对欧盟'CR'法案"，载 http://finance.sina.com.cn/g/20020421/198307.html，2018 年 6 月 21 日访问。

实施企业收取的许可费的高低，对于生产型企业至关重要。例如，一些标准化组织中的成员就可能对不同的成员收取不同的许可费，这使得各国的生产企业处于不平等的竞争地位，从而影响国际的公平竞争。

4. 技术标准化可能破坏公平自由的竞争秩序，导致垄断

技术标准化能够带来的巨额利润，促使企业不断创新技术，力争使自己的技术纳入标准。然而，一旦标准制定，标准专利权人所关注的就是如何从现有标准中获取最大利润，因此在技术标准化过程中，参与标准的制定者很容易实施一些垄断行为。首先，标准制定组织成员在相互协商的过程中，很容易就生产原料和工序流程信息进行交换，可能引发价格垄断。虽然大多数标准化组织都禁止成员在标准制定过程中就许可费进行协商，即禁止许可费的事先协商，但是有些时候在所难免。如果在标准制定过程中有涉及固定许可费的行为，可能就会构成限制竞争的垄断行为，从而危害市场竞争秩序。其次，标准锁定效应（Standard lock-in effect）可以为标准专利权人带来丰厚的许可费。但专利权人往往不满足于此，在标准制定之前，他们会想方设法地使技术纳入标准，一旦标准制定，他们可能会凭借标准必要专利权利人的地位，想方设法获取高额利润，例如隐瞒一些纳入标准中的专利信息，事后索要高额的许可费；或者想办法将非必要专利纳入标准等行为，都可能会产生限制竞争的后果。再次，在标准实施中涉及专利许可时，标准必要专利权可能凭借自己的优势地位，索要高额的许可费，或者对不同的被许可人索要不同的许可费，甚至为了排挤竞争者，拒绝许可等行为，这些都可能破坏标准实施中的竞争秩序。最后，在标准实施中涉及专利转移时，有的标准专利权人为了逃避标准制定组织的许可政策的约束，将自己的专利转让给其他人，甚至是转移给一些"专利流氓"，或者与之一起实施排挤竞争对手、破坏竞争的行为。程富恩教授认为："经济活动中的人是自私的，即追求自身利益是驱策人的经济行为的根本动机。同时，经济活动中的人是理性的，具有完备或较完备的知识和计算能力，能视市场和自身状况而使所追求的个人

利益最大化。"❶ 因此，标准所能为专利权人带来的巨额利益，促使他们利用标准化过程不断追求个人利益最大化，从事损害竞争的行为。

综上所述，科技的发展使得技术标准化成为社会发展的必要，而技术标准化反过来又推动科技创新的进一步发展，并激发社会竞争活力，提高消费者福利，提升社会整体福利。但是，受到各国经济贸易政策的影响，技术标准化可能成为国际经济贸易发展的壁垒，从而破坏国际竞争秩序。此外，受到经济利润的驱动，技术标准化不单单是各国科技实力的竞争，更是各专利权人的利润之源。如何利用标准获取更多的利润，成为大多数技术标准制定者的首要目标。技术标准过程的协商性、标准中必要专利权利人的特殊地位，都为专利权人实施垄断提供了可能和便利，产生了破坏市场竞争秩序的后果。这些垄断行为若不能得到控制，势必会影响到消费者福利和社会整体利益，甚至会导致国际贸易纠纷的加剧。信息技术的高速发展，是希望能为人们带来更多的利益，若技术标准变成私人牟利的工具或者成为国际竞争的障碍，将与标准化发展的历史轨迹背道而驰，势必会导致社会的倒退。鉴于此，技术标准化具有明显的促进竞争和抑制竞争的双面效应，运用反垄断法对其进行规制，必须对这些竞争效应进行综合衡量。

第三节　技术标准化垄断的产生及原因分析

技术标准化活动是社会发展的必然产物。尤其进入知识经济时代，技术标准活动在给人类带来巨大福利的同时，也不可避免地带来了一些消极影响，典型的如技术标准化中会产生垄断。可见，技术标准化垄断并不是与生俱来的，技术标准与专利的结合，是技术标准化垄断产生的特定背景。而对利润的追逐是技术标准化垄断产生的直接诱因，但是技术标准化垄断的产生仍有着特定的法律、经济和制度的原因。

---

❶ 程恩富："现代马克思主义政治经济学的四大理论假设"，载《中国社会科学》2007年第 1 期，第 22~23 页。

一、垄断的产生背景：技术标准与专利的结合

技术标准与专利结合并不是天然而成。技术标准与专利从对立到融合，是社会发展的必然结果。

1. 技术标准与专利结合的必然性

专利制度从诞生那一天开始，便被誉为"为天才之火添加利益之薪"。这意味着专利制度将为天才的创新提供更多的保护，这也使得专利制度成为各国技术所有人不得不予以重视的重要原因。专利制度能够为专利权人带来的好处无须再论，进入到知识经济时代，随着世界各国对标准、专利和创新的认识不断增加，各国愈加重视专利的申请和运营。专利迅速发展趋势导致技术标准与专利结合的必然性。

第一，专利数量逐渐增长、专利分布呈扩展趋势，导致专利与标准结合更加紧密。

随着国际经济一体化的发展，国际专利申请逐渐普遍。其中，以向美国和欧洲申请专利保护居多，主要原因是这两个地区的专利保护法律相对完善，世界经济最发达的企业聚集于此，同时代表世界先进技术的风向标，也是国际技术标准的主要诞生地。在这些地区申请专利，不但可以使自己的技术走向世界，也更容易使自己的技术被选入标准。另外，专利分布由欧美大国向亚洲大国分散。尤其是中、日、韩三国，其专利申请量已逐渐占据世界申请量的半壁江山，这说明未来技术标准制定的主导权将会在欧美和亚洲地区形成三足鼎立的局面。这也意味着未来的专利之战不会停歇，而标准战争会更加激烈。此外，无论是发达国家还是发展中国家，都已积极参与到世界标准的制定中，借标准实施垄断行为的打击力度将会增大。反之，专利与标准结合只会更加紧密。

第二，专利许可成为专利商业化的主要模式，许可利益激励专利与标准结合。

专利以技术发明为基础，专利制度从产生开始，就赋予了专利权人两种权利：专利权人的使用权，即自己使用专利，直接制造专利产品并推向市场

获取利润；另一种权利是赋予专利权人的转让权和许可权。允许其通过将专利有偿许可给他人使用或转让给他人而获得收益，其中以专利许可为主要模式。这是专利市场化的两种途径。

专利制度产生之初，大部分的专利权人几乎都偏好将专利用于自己的生产，提高自己产品的性能和质量，增强自身产品的竞争优势，从而从较优的产品中获得利润。然而，专利投入产品制造，需要巨大的成本投入，还要承担新产品制造销售的风险，如果不投入制造，将之束之高阁，又需要定时缴纳专利年费，得不偿失。此外，很多小发明权人，自己并无制造生产的能力，专利年费更是一笔不小的开支。随着专利制度的成熟及科学技术的迅猛发展，专利许可逐渐成为专利市场化的最主要、最常见的形式。许多著名的大公司都纷纷将专利许可作为自己的主要收益来源之一。如美国的高通公司，曾致力于无线通信领域的技术创新，以 CDMA 技术为大家所熟知，最初主要以技术创新和发展上下游产业链，囊括电信运营、基站、手机终端、电信运营商、设备商、技术开发商、终端设备所有业务，从而成为移动通信领域的高技术创新企业，并得到电信运营商的认可。而当其核心专利成为移动通信的 3G、4G 标准无法绕开的基础专利的时候，专利授权许可已经成为其获得收益的更重要的途径。根据高通公布的财务报告，2012 年高通总营收 191 亿美元，其中专利授权费收入达 60 亿美元，占比达 31.4%。2013 年前三个季度，高通单授权许可业务就创造了税前 15 亿美元的收益，❶这被其他企业羡慕不已。其他的一些老牌的技术兼生产型企业，曾经多以它们生产的产品品牌为消费者所知晓，而今天专利许可都成为其主要的生存方式。据悉，仅仅以专利许可费收入为限，不包括专利转让等费用，IBM 公司在 2013 年获得超过 10 亿美元；爱立信在 2013 年是 16 亿美元，2012 年是 10 亿美元，2011 年是 9.6 亿美元；诺基亚公司在 2012 年是 12.8 亿美元，2011 年是 6.88 亿美元。❷可见，专利许可可以为专利权人带来更加稳定、可观的

---

❶ 魏政军："'4G 专利大户，高通遭反垄断调查'，载 http://tech.sina.com.cn/t/2013-12-23/09569031632.shtml，2013 年 12 月 23 日。

❷ 高原："专利为王的时代"，载《法治周末》2014 年 4 月 2 日。

收益，这更促使一些以专利许可为主要运营模式的专利许可公司的出现。比如著名的专利集合公司——美国高智公司（Intellectual Ventures，IV），是目前世界上最大的专利许可公司，手中握有 3 万多件专利，自己并不直接从事专利发明和专利制造，而是通过以较低的价格在全世界范围内大量收购专利，然后形成自己的专利组合，最终以专利许可或专利侵权诉讼方式获得许可费。2011 年，高智公司的专利许可收入就超过 10 亿美元。这类公司的出现，将为技术标准中纳入专利增添诸多新的麻烦，但同时也刺激了更多的标准许可专利的产生。

第三，国家标准化战略和知识产权战略导向的必然结果。

知识创新是国家竞争力的核心要素。❶ 国家标准化战略和知识产权战略是企业知识创新的重要推动力。美国在 20 世纪 90 年代初就开始着手新世纪的标准化战略，于 1998 年 9 月完成美国的国家标准化战略的制定任务。1998 年 10 月，欧洲标准化委员会（CEN）和欧洲电工标准化委员会（CENEIEC）发布 CEN2010 年标准化战略和 CENEIEC2010 年标准化战略。❷ 1999 年 10 月，欧盟通过了欧洲理事会（欧洲标准化战略）决议。日本早在 2000 年 4 月就在其"国家产业技术战略（总体战略）"提出，把标准化作为通向新技术与市场的工具。这些国家和地区的标准化战略有一个共同点：立足国际标准，高度重视国际竞争力与占领国际标准的密切关系。标准化战略推动着这些国家的经济、科技进一步发展，也成为美、欧、日至今仍占据世界经济大国前列的主要原因。

20 世纪，我国在国际标准中毫无发言权。21 世纪初，DVD 案、思科诉华为案，使我国政府开始注意到标准化对一国产业的重大影响力，并且清楚地认识到技术竞争已转化为标准竞争。我国从 2005 年启动知识产权战略的制定工作，并于 2008 年 6 月 5 日发布《国家知识产权战略纲要》。目前我国正在积极推进《国际标准化战略纲要》的制定，将标准化战略的推进与我国

---

❶ 中国科学技术发展战略研究院：《国家创新指数报告 2013》，科学技术文献出版社 2014 年版，第 6 页。

❷ "欧盟、美国、日本的标准化战略"，载《中国科技财富》2009 年第 8 期，第 59 页。

的产业转型、经济发展相联系。实践方面，在我国政府的主导下，由中央企业大唐电信集团主导开发的 TD-LTE-Advanced 技术已被成功纳入国际移动通信 4G 标准，且已与十多个国家和地区签订了合作协议，这大大提升了我国移动通信技术的国际影响力，对提升我国的国家竞争力有十分重要的意义。因此，各国家的标准化战略都积极促进本国标准成为国际标准，然后抢占行业领域内的话语权，这一政策导向也促使专利与技术标准的结合。

2. 技术标准与专利结合的必要性

第一，专利已构成技术标准的必要基础。其一，技术标准自身发展的需要使得选择专利纳入标准非常必要。技术标准产生之初，标准化组织都是尽可能选择非专利技术，目的为防止专利权人借专利对标准的实施造成威胁。在技术不是很发达的时代，技术标准只要能为所在行业提供一定的性能、质量、工艺或程序等的指标即可，而且专利技术不多，标准化组织选择一种非技术标准还存在可能。但是，随着科技的发展，技术标准中包含各种技术方案已成为一种常态，很多时候，技术标准本身就是一种技术方案，这使得标准制定组织在选择标准技术时无法避开专利。如国际标准化组织、国际电工委员会、国际电信联盟都认可技术标准中可以包含专利。其二，产品的复杂性使得技术标准必须包含无数专利。随着专利申请的不断增加，伴随科技产品复杂性、兼容性要求愈来愈高，标准产品内所涉及的技术越来越细，而且很多技术相互之间是互补的。在国外，学者将其称为"专利丛林"❶ 现象。专利丛林现象将专利权人捆绑在一起，同样，对于规范这种产品生产的技术标准而言，技术标准中纳入数项专利则在所难免。在信息和电信领域几乎所有具有市场潜力的主要技术都受到专利保护。❷

第二，技术标准的更新换代需要更多专利，且无法绕开在先专利。专利

---

❶ 专利丛林，是指一项产品由无数项相互补充的技术所构成，这些技术之间是非竞争性的，任何一种技术对该项产品而言，都是必不可少的。见 Carl Shapiro，"Navigating the Patent Thicket: Cross Licenses, Patent Pools and Standard-Setting", in 1 *Innovation Policy and the Economy* 119-26（Adam B. Jaffe，Josh Lerner & Scott Stern eds.，2001）。

❷ 徐元："知识产权与技术标准相结合的趋势及原因分析"，载《发展研究》2010 年第 10 期，第 90 页。

权人在专利期限内享有合法的垄断权，一旦过了法定保护期，专利将变成公共产品，任何人都可以免费使用，但是技术更新之快使得人们根本无法等到专利过期。以移动通信为例，最早人们只满足于能够移动通话即可，然后发展为希望能够通过移动通信工具上网，再发展到人们希望能够随时随地在世界的任何一个角落，只要有无线网域，便可以随时上网浏览新闻、观看视频娱乐等功能。需求的发展激励着人们不断开发新的技术，提出新的标准，这也促使技术标准的发展迅速甚至跑步前进。比如，20 世纪 80 年代初提出的第一代移动通信系统（1G），主要基于蜂窝结构组网，直接使用模拟语音调制技术，不同国家有自己的系统。到了 1996 年，欧洲电信标准协会提出"GSMPhase2+"标准，包含与全速率完全兼容的增强型话音编解码技术、智能天线技术、自适应语音编码（AMR）技术、GPRs/EDGE 技术等。而 3G 技术于 21 世纪初提出，以智能信号处理技术为特征，支持话音和多媒体数据通信，提供高速数据、慢速图像与电视图像等。而随着通信技术日新月异的变化，为了解决 3G 技术的频谱和支持的速率较慢的问题，出现以正交频分复用（OFDM）为技术核心的 4G 标准。然而，任何一代新的标准提出，都需要以之前标准中所含有的专利技术为基础。

第三，技术标准自身的竞争促使其必须选择较优专利技术。其一，技术标准体现了一定社会阶段的技术水平，从上述移动通信的发展也可以看出，技术标准的发展需要满足人们不断增长的多方面、多层次的需求，人们的需求越高，对标准技术水平的要求会相应提高。因此，一项技术标准要促进社会发展，必须使用社会上已有的先进技术，而不能是较差的技术。其二，技术标准制定的过程，本身就是一个技术选择的过程，技术标准要体现其先进性、优越性，能够在与其他的技术标准竞赛中拔得头筹，能够得到人们的青睐，自然需要先进的专利技术作为支撑。因此，有学者提出，在技术标准中排除专利的直接结果是不利于提高强制性技术标准的技术水平，造成的一个危险就是使技术标准被锁定在较低的技术水平上，阻碍技术进步。❶ 其三，

❶ 王秀梅："准公共产品中纳入私权——论标准中的知识产权问题"，载《WTO 经济导刊》2006 年第 12 期，第 70 页。

随着"产品竞争—技术竞争—专利竞争—标准竞争"模式的不断发展，技术标准间的竞争已愈演愈烈。标准竞争的本质就是技术竞争。竞争力发展的需要也促使技术标准与较优专利结合。其四，一项技术标准的价值取决于其推广程度和接受程度。其本身的技术优势是其被广泛接受的主要决定因素，而提升技术标准价值的一个重要方面是包含先进专利。

第四，技术标准是实现专利效益最大化的最佳途径。其一，技术标准可以帮助专利突破其期限、地域限制。比如，我国之前采用的2G、3G标准都是采纳欧美大国的标准制定组织所制定的标准，而这些标准的主要专利持有人都是欧美日等大国的企业。这些国家的专利权人便可以借2G、3G标准在我国收取许可费，即使他们并未在中国获得专利保护。因此，技术标准可以帮助专利权人突破期限、地域的限制。其二，技术标准可以增强专利的垄断性。专利制度是赋予专利权人在一定范围内的排他权，是一种"合法的垄断"，但是这种垄断权限于一定时间、一定地域。而技术标准具有公共性，一旦一国选定一项技术标准，这项技术标准在该国就具有公开性和普遍适用性。技术标准实施群体的范围更广，技术标准中所含专利的排他性的范围也就随之扩宽。这在一定程度上增强了专利的垄断性。其三，技术标准可以促使专利权人获得更多收益。在通常的专利许可模式下，需要专利权人通过一定的途径宣传自己的专利技术，以让专利被许可人知晓，进行多次许可谈判等事宜。而专利技术一旦被纳入标准，通过借助技术标准的公共性，标准专利权人根本无须自行选择许可对象，也不需要再对自己的技术进行推广投入。技术标准的实施者会自动与其进行协商，而标准专利权人在谈判上也处于一种优势地位。因此，技术标准可以扩大标准中所含专利的知名度，提升标准专利权人的影响力，同时，标准专利权人还可以节约技术传播的成本，而随着标准的使用范围的扩展，技术标准专利权人将获得更多的许可利润，进而促使相关产业的发展。这些都促使专利与技术标准的结合。

二、技术标准化垄断产生的法律、经济、组织原因

在技术标准与专利结合的特定背景下，技术标准可能为专利权人带来更

多的利润。追求利益最大化，是任何人、企业都愿意为之努力的目标。一方面，对利润的追求可以促使标准化活动更加完善，也可以促进社会技术的传播；另一方面，对利润的追求，可能会诱发更多的不法行为，例如，技术标准化垄断。如果说对利润的追求是垄断行为产生的直接诱因，在这直接诱因之下，存在更多其他的原因，具体而言，即公权领域中的私权扩张、知识经济的时代特性、技术标准化组织制度和管理的漏洞，为技术标准中垄断行为的产生打开了方便之门。

1. 公共领域中专利私权扩张的必然结果

专利权是一种私权，具有专属性、排他性。技术标准是一项公共产品或准公共产品，立足于公共利益，代表着公权。当公共领域中纳入私人产品，私权扩张变成一种必然。

第一，专利权是一种私权，具有排他性、垄断性。"专利"一词从诞生之初就蕴含"排他""独占"的性质，对私人的技艺和发明予以一定的激励。其产生要追溯到 13 世纪的英国，为了促进英国科学技术和经济的发展，英国女王设置了"专利特权"，虽然当时被认为是"国王赋予的一种特权"，并不含有真正意义上的私权属性，但在事实上也为私人提供了一定的保护。真正将专利制度确立为确认和保护发明人的私有权利的是 1787 年的美国宪法，该宪法"赋予作者和发明人就其作品和发明在一定期限内的专有权利，以促进科学和实用技术的发展"。❶ 1790 年美国颁布了专利法并经过多次修改后，逐渐建立起美国现在的专利制度。随着社会经济和法治的发展，各国的专利法都将专利认定为"财产权"。而根据古罗马乌尔比安对权利的分类，财产权便属于私权的一种。❷ WTO《知识产权协定》的序言也明确宣示"知识产权是私权"，作为知识产权之一的专利权，其私权性质基本被各国法律所认可。而学者对这一观点也基本持肯定观点。吴汉东教授强调"私权性是知识产权的基本属性"；❸"作为私权的知识产权是'天赋'的，是个人

---

❶ 孙旭华：《美国专利制度的历史发展》，中国政法大学硕士学位论文 2007 年。

❷ 周枏：《罗马法原论》，商务印书馆 1994 年版，第 99～100 页。

❸ 吴汉东："关于知识产权私权属性的再认识——兼评'知识产权公权化'理论"，载《社会科学》2005 年第 10 期，第 58 页。

的权利、利己主义的权利"；❶ 冯晓青教授认为"知识产权私权具有公权化趋向，但是私权性是知识产权的本质属性"，并进一步指出"国家对专利的审查和授权只是对私权的一种权利界定和公示公信，而对于专利权时间性、独占性和地域性的限制只是对专利权这种'无形产权'的有效控制"。❷ 其他学者也多持此类观点。但是也有学者认为"专利权是一种介于'公权'与'私权'之间的'第三法域'的权利"。然笔者仍赞同，专利权的本质属性是私权。专利制度毫无例外地赋予了专利权人对其所拥有的知识权利的专有权和排他权，是对专利作为私有财产的肯定。

第二，技术标准是一项公共产品，代表公共利益。技术标准根据是否由国家强制性实施，分为强制性标准和自愿性标准。强制性标准一般是由国家或国家授权的标准化组织、通过国家强制力实施的标准。这类标准通常具有极强的公共性，被看作公共产品。强制性标准具有极强的外部性，且具有纯公共产品的两个典型特征：国家一旦在某一行业确定一项国家技术标准，那么任何企业采用该标准都不会影响其他企业实施该标准，此乃非竞争性；同时，在该国领域内，任何企业都有权利使用该标准，而不能排斥其他人利用，此为非排他性。因此，国际推行的强制性技术标准是一项纯公共产品，代表着公共利益，由国家公权力推行。对于自愿性标准，包括国际标准化组织制定的标准和一些企业联合形成的事实标准。一个行业内可以有好几种标准，但这些技术标准依然具有"准公共产品"的特征。一方面，原则上企业使用这些标准，不会排除也不会影响其他企业使用这些标准；另一方面，如果一项标准代表着某一集团利益，那么一部分企业在实施这些标准时，就会影响其他人使用该标准。但是无论如何，一项能够被社会接受的技术标准，在一定程度上都代表了社会生产力的发展。从这种角度来看，其是公共利益的代表。一些著名的国际标准化组织如国际标准化组织、国际电工委员会、国际电信联盟等制定的标准，甚至比国内强制性标准的适用面更广。这些国

---

❶ 吴汉东："知识产权本质的多维度解读"，载《中国法学》2006年第5期，第98页。

❷ 冯晓青、刘淑华："试论知识产权的私权属性及其公权化趋向"，载《中国法学》2004年第1期，第61~62页。

际技术标准代表着国际层面技术的兼容与发展，代表着国际社会对该项技术的认可，因此，可以说这些国际性技术标准具有更强的公共性。即使没有国际公权力保障其行使，国际经济社会一体化的需要，已经为其烙上了"公共性"的烙印。国际经济一体化的发展，促使企业自愿采用这些代表着国际公共利益的标准，另外，如果一国自身的技术水平没有达到国际标准，各国政府也会鼓励其企业采用国际标准，通过利用他人先进技术以提升自己产品的层级，甚至有时政府会将国际标准化组织制定的标准定为国内行业的强制性标准。以国际 3G 标准为例，虽然 TD-SCDMA 是我国自主开发的 3G 标准，但在最终选择上，还是要看厂商特别是运营商们的支持。说到底，是看社会公众的支持和偏好。3G 标准下，最终占据我国市场最大份额的是 WCDMA标准。而中国移动选择了 TD-SCDMA，中国电信选择了 CDMA 2000，这些选择在侧面也反映，即使国家没有强制性推行某一标准，技术标准尤其是国际技术标准，作为一项准公共产品，一种标准的使用不会排除其他人，但在一定环境下，比如中国的市场那么大的时候，对没有采用这一标准的其他企业会造成一定的影响。归根到底，国际技术标准具有的开放性、普适性使其公共性更强。

第三，专利权在公共领域的扩张。综前所述，专利权是赋予专利所有人在一定时间、一定范围内的专有权、排他权，具有垄断性。同时，任何国家的专利制度都表明，专利制度给予专利权人的发明创新以激励，给予其创新成本以回报。也就是说，专利权人可以依靠这种垄断权获得代表其创新价值的收益，但是也仅限于此。因为专利制度的另一目的也是为了更好地促进技术传播，带来社会总效益的增长。通过赋予专利权人独占使用专利权，尽量将专利投入使用，或者许可他人使用专利，而使技术得到更快的传播。专利制度通过这些设置，将进一步促进社会技术的创新和经济的繁荣。因此，从这个目的出发，专利权即使是一种"垄断权"，也是一种有限的垄断权，并且通过国家专利制度的设置对其权利使用进行了有效控制。但是，一旦专利被纳入技术标准，这种约束便难以发挥作用，而且为专利权人获得更多的利益提供了可能。因为技术标准具有公共性，一旦被采用，例如，被一国某一行业采纳，便立刻拥有大量的市场和消费群体，而对纳入标准的专利权人而言，便享有一种谈判上天然的优势地位，在面对巨大利润诱惑的时候，或者在与其他对手的竞争中，专利权人很容易利用技术标准的公共性、普适性来扩张其私权利益，而扩张这种权利的直接方式便是实施一些垄断行为，如故意隐瞒专利、不遵守许可承诺索要高额许可费、拒绝许可排挤竞争者等行为。总而言之，一旦私权在公共领域得以扩张，便为垄断行为的出现提供了可能。

2. 知识经济时代，专利权人地位提升，网络正效应增强，标准"锁定效应"更为突出

第一，知识经济时代专利权人地位提升，为专利权人提供了垄断的可能。进入知识经济时代，任何一个国家都必须要重视知识，重视科技，重视知识产权。知识经济时代，也使得知识产权保护制度提升到一个更高的层次，同时也让知识产权人有了更多的期望。专利作为知识产权的一种典型形式，同时又是以技术发明为主要形式，专利权人在知识经济时代必然受到更多的重视，其本身也有了更多的期盼，即如何最大潜力地发挥知识的力量。这些期盼促使专利权人通过各种途径将其技术推广、渗透，获取最大利益，而最行之有效的方法便是将自己的专利变成标准的一部分，通过掌握标准而影响整个行业。总之，知识经济时代的出现，赋予专利权人更高的地位以及更大的影响力，从而也为其滥用行为埋下了隐患。如吕明瑜教授所言，知识产权的标准化会带来市场的垄断化。❶

第二，知识经济时代，技术标准对专利的依赖增加了专利权人实施垄断行为的筹码。技术标准具有典型的网络效应，而且在以高新技术产业为支柱产业的知识经济时代，技术标准所带来的兼容性和互联互通性，使得其网络效应更加突出。当采用一种标准的企业越多，该标准适用的范围便越广，与该标准产品相配套的零部件产品也越来越多，反之，配套产品的选择范围越大，越会吸引更多的企业采用该标准。网络的正效应使得技术标准的战争越加激烈。以 3G 手机的操作系统为例，目前适用于 3G 网络的手机系统主要

---

❶ 吕明瑜：《知识产权垄断的法律控制》，法律出版社 2013 年版，第 39 页。

有安卓系统、微软系统、IOS 系统。这些系统的受欢迎程度一方面取决于各系统各自的特点，另一方面取决于该系统在多大程度上与应用程序的兼容。可兼容的应用软件越多，越受到消费者的青睐，反过来将推动采用安卓系统的手机制造商数量的增多。正是安卓系统极强的兼容性，使其经济效应更突出，从而使得安卓系统迅速崛起。相比之下，苹果的 IOS 系统虽也好用，技术上的优势很明显，但是其软件都必须使用苹果自己的 APP 软件平台，其他软件无法与 IOS 系统兼容，在一定程度上阻碍了消费者对其的爱好。网络效应使得技术标准的竞争越加激烈，那么标准制定组织也需要不断增强自己的竞争力，这无形中也推动了技术标准化组织对专利的依赖程度，也为专利权人挟持标准增加了更多的筹码。

第三，知识经济时代，技术标准之间的沿袭性更强，"锁定效应"更突出，为专利权人获取垄断利润提供了激励。技术标准具有较强的锁定效应。标准锁定导致从一个技术标准转换到另一个技术标准的转移成本高到转移不经济，从而使得用户在选择了一种标准之后就很难退出。❶ 也就是说，一旦某一企业选定一项标准，很难再选择其他标准，那么技术标准所产生的锁定效应使得标准中的专利权人处于优势地位。通常造成技术标准锁定的原因有：① 成本原因。一般企业选择一项标准之后，企业将会对其进行设备、人力等各方面的投资，而高新技术的应用通常需要的成本很大，一旦转产，之前的投入便成为沉没成本。② 技术原因。一些企业选择一项标准后，再转化到另一种技术标准方案上，可能存在技术上的不可能。例如，当我国3G 标准 TD-SCDMA 提出来之后，很多企业便无法跟得上该标准中的技术要求，所以他们可能更愿意选择从 2G 标准中平滑过渡下来的 WCDMA 标准。而在知识经济时代，技术因素的影响更大。因为尽管技术标准更新换代的速度很快，技术标准也是在前一代的基础上加以改进，技术标准中的基础专利始终是必要的。那么，企业一旦采用了前一标准中的技术，在下一代标准中，很难采用其他技术，即使有能力很快接受另一个标准的技术，但是相比

---

❶ 陶爱萍、沙文兵："技术标准、锁定效应与技术创新"，载《科技管理研究》2009 年第 5 期，第 60 页。

于其他企业，又落后很多，所以，技术标准之间的沿袭性使得锁定效应更加明显。"锁定效应"的增强，最大的受益者便是技术标准中的专利权人，即使不积极进行技术革新，也可以一直掌握标准。"标准锁定"给专利权人带来的优势使其毫无畏惧，为专利权人实施垄断行为提供激励。

3. 标准化组织制度和管理的漏洞

技术标准化机构中的专利权人（也多是其成员）容易实施垄断行为，重要原因之一是标准化组织对其管理不严格，甚至说没有管理。目前仅有的管理政策是依靠其自身的知识产权政策，但这些极为模糊，约束作用有限。

第一，标准化组织的专利政策较为原则。国家或地区性的标准化组织，需要尽可能制定代表先进技术水平的技术标准，同时保证这些技术标准能够落地。因此，技术标准制定活动需要掌握行业内众多核心基础专利的权利人的支持，也必须使其愿意将其专利贡献出来，而且要帮助其获得合理的收益。此外，为了兼顾标准化活动的公益性，还必须要防止专利权人滥用标准实施垄断。因此，标准化组织往往通过制定专门的知识产权政策或者专利政策，来约束专利权人的行为。通常专利政策会要求专利权人将自己与技术标准有关的专利信息在专利被纳入标准之前，予以公开，并且承诺将按照公平、合理、非歧视（FRAND）原则❶进行许可。通过专利政策，确保技术标准中所涉专利权利的透明度，并且尽可能防止技术标准中的专利权人事后收取高额许可费。虽然专利政策设立的目的有着"美好的初衷"，但是现实不尽如人意。

首先，关于专利信息披露政策。一般而言，专利披露政策要涉及的问题包括披露时间、披露范围、披露对象、未披露的后果。各标准化组织对这些内容规定各异。比如，电子设备工程联合委员会（Joint Electron Device Engineering Council，JEDEC）对专利披露细节没有任何规定，可谓最宽松的，大部分也是较自由的。以五大世界著名的标准化组织美国电气电子工程师学会（IEEE）、VMEBus 国际贸易协会（VMEbus International Trade Association，

---

❶ 有些组织也采用合理无歧视原则（RAND），但代表的含义基本相同。本书若无特别提出，FRAND 与 RAND 含义相同。

VITA)、国际标准化组织（ISO）、美国国家标准学会（ANSI）、欧洲电信标准学会（ETSI）为例，主要体现：除 VMEBus 国际贸易协会（VITA）对标准化组织成员的披露义务做了强制性的规定之外，其他几个均采用自愿性政策。各自对披露范围、披露时间、披露对象也是规定各异。如披露对象，美国国家标准学会（ANSI）要求披露所有的专利，美国电气电子工程师学会（IEEE）要求披露任何潜在的必要专利权利要求，VITA 要求披露所有专利，那么这里就存在两个问题：必要专利的确定和任何"可能的""潜在的"。这都是非常难以界定的，所以最终还是导致披露不彻底。又如披露时间，美国国家标准学会要求早期披露，欧洲电信标准学会要求及时披露，美国电气电子工程师学会要求在标准制定过程中披露，而 VITA 确定的披露时间比较具体，如规定：必须在工作组成立以后的 60 天内完成专利和专利申请信息的披露工作，在投票决定是否将有关标准技术规范草案确定成为 VITA 技术标准之前，必须在该技术规范草案公布后的 15 天内披露一切由其拥有、控制或许可的、尚未披露的该技术规范草案的必要专利权利要求或专利申请信息。❶ 但是，这个"早期""及时"该如何界定，也是不太确定的。此外，在专利披露政策中，除了 VITA 规定专利权人未尽披露义务，则要免费许可等责任外，其余的几个组织都没有规定未尽披露义务的法律责任。而对于需披露专利的检索义务，标准化组织都没有做出规定。

其次，关于公平、合理、非歧视的许可政策。从字面意义上就知道 FRAND 是一个抽象的界定，何为公平、何为合理、何为无歧视，到目前为止，没有任何一个标准化组织对其做过精确的定义，而且，这些抽象的价值概念本身便是不确定的。关于 FRAND 的判定因素，最权威的是佐治亚太平洋公司诉美国胶合板公司一案，给出了确定合理使用费的 15 个因素。❷ 然而此 15 个因素主要是针对专利侵权时如何计算专利许可费，并没有考虑到专利纳入标准这种特殊情境下的许可费的计算。除此之外，到目前为止尚没

---

❶ 马海生："标准化组织的专利披露政策实证分析"，载《电子知识产权》2009 年第 6 期，第 40 页。

❷ Georgia - Pacific Corp. v. U. S. P lywood - Champion Papers Inc. , 446F 2d 295（2nd Cir. 1971）.

有任何一个标准化组织对 FRAND 作出进一步详细的界定，这也是标准化组织中目前引起关注的最大的一个问题。总之，标准制定组织政策的不确定性和模糊性，为标准专利权人实施垄断提供了可乘之机。

第二，必要专利的确定和选择程序不太科学。通常，标准制定组织会要求专利权人提交标准必要专利，这关系着技术标准的科学性、公平性，也直接涉及专利权人和标准实施者的利益，因此，标准必要专利的选择和确定至关重要。然而，到目前为止，没有一个组织对"必要专利"做出精确界定。诚然，"必要"的含义确定就如"公平、合理、非歧视"一样，其本身具有不确定性。因此，只能尽可能依靠一些科学设置的标准和程序来对其进行限定。目前标准化组织对必要专利的选择，大多由该领域内的一些专家组成专家组，对必要专利进行界定。然而，一方面，由于绝大多数标准化组织都缺少专业、中立的"专利评估机构"，难以从成员披露的众多专利信息中进行"必要专利"筛选，故而多数标准化选择的做法是，在知识产权政策中声称不负责判断所披露专利的必要性和有效性。❶ 另一方面，即使标准化组织设立了"专利评估机构"，有一定的专家组成员，专家的选任本身就是一个问题。如何保证专家的独立性，更是一个难题。而有些组织也规定了专家的继任规则，以保证专家的独立性。然而，最关键的问题是，这与其对必要专利的决定是没有关联的。所以，专家的独立性以及必要专利的具体选择标准这些难题都没有解决。因此，尽可能消除主观因素，确定必要专利评估的标准，是完善标准化组织漏洞的重要方面。

第三，标准化组织一般不介入专利权人的许可谈判。技术标准的制定活动本身就是标准制定组织成员之间相互协商、妥协的产物，在制定过程中，不可避免地涉及成员之间的沟通和交流。因此，标准化组织的活动很容易引起反垄断机构的注意，尤其关注是否涉及价格谈判。在一定程度上可以说，标准化组织很担心被反垄断机构指控其进行价格协商，而标准化组织也一定坚持自己的宗旨是提供较好的技术标准，推动技术的传播，与价格有关的问

---

❶ 张平、赵启斌：《冲突与共赢：技术标准中的私权保护》，北京大学出版社 2011 年版，第 46 页。

题，标准化组织都会刻意回避。技术标准化中关于标准中必要技术的许可是一个非常重要且复杂的工作，大多数标准化组织会将专利具体许可事宜交由专利权人具体把握。例如，"国际电信联盟（ITU）明确表示，要把在技术组对专利的探讨限制在最小的程度，把所有有关专利的纠纷（如许可、许可费）都留给有关方，无论如何，都在标准化组织以外进行。"❶ 而国际标准化组织和国际电工技术委员会也强调"许可谈判"应该在专利人之间、标准化组织之外进行谈判。所谓物极必反，标准化组织对专利许可都采取回避的态度，这使得专利权人在进行许可时，受到的约束非常小，其完全可以按照它自己所确定的"合理公平"的价格来进行许可。即使出现纠纷，标准化组织亦没有提供一个可协商的平台，全由当事人通过诉讼解决。这一方面导致专利诉讼的泛滥，另一方面也增加了专利权人提高许可费的可能。在专利侵权诉讼中专利权人优势明显，且有些法院特别偏向于对专利权人的保护，如美国得州东区地区法院由于往往做出对专利权人有利的判决，而备受专利侵权诉讼中专利权人的青睐，所以被诉侵权人往往处于弱势地位。技术标准实施者害怕专利诉讼，标准化组织又不愿意介入许可费谈判和纠纷，实质上给了标准必要专利权人更大的权利，也为其索要垄断高价提供了便利。技术标准专利许可还有一种模式，便是标准化组织设立专门的管理机构，统一进行许可。此种模式相对而言要好一些，在一定程度上标准化组织成员放弃了逐个进行许可的麻烦，但是一旦产生纠纷，标准化组织也多不参与。

第四，技术标准化组织未规定标准化组织成员未遵守专利政策的法律责任和惩罚机制。

尽管绝大多数标准化组织的知识产权政策均规定成员需要进行披露和作出 FRAND 许可承诺，但是没有一家组织规定成员不遵守知识产权政策的不良后果，至于 FRAND 原则中许可费的详细规定，因为担心涉嫌价格垄断，更被标准化组织禁止。这使得标准化知识产权政策就像一只"没有牙齿的老虎"，大多依靠成员的自觉遵守。因此，这大大减弱了专利许可政策的效力。

---

❶ 张平、赵启斌：《冲突与共赢：技术标准中的私权保护》，北京大学出版社 2011 年版，第 46 页。

没有严格的惩罚措施，甚至缺乏必要的约束机制，助长了专利权人实施垄断行为的"有恃无恐"。此外，也有学者认为标准化组织成员既然承诺了"公平、合理、非歧视的原则"，就与标准化组织之间形成了合同关系，那么可以依据合同法追究专利权人的违约责任。但是 FRAND 许可承诺是否构成合同暂且不论，实践中并没有一起依据"合同违约"对未遵守许可承诺或披露义务的成员进行处罚的案例。总而言之，标准化组织在对其成员未遵守相关政策上，是非常不作为的。也就是说，标准化更多地依靠外在的法律约束，比如依靠法院、反垄断机构，而其自身缺乏必要的约束机制。在笔者看来，一般情况下，如果针对专利权人违反专利政策的行为提起诉讼，法律成本要高得多，很多标准实施者明知道专利权人索要高额许可费，涉嫌垄断，也可能会基于诉讼成本的考虑，放弃追究。因此，标准化组织自身缺乏必要的惩罚机制，为专利权人实施垄断增加了"胆略"。此外，在必要专利选择过程中，若事后被查证专利权人纳入了非必要专利，对专利权人无惩罚规定，如果是专家组的徇私舞弊所造成的，则更没有规定。惩罚机制的欠缺无疑使专利权人敢于实施垄断。

第二章　技术标准化垄断判定的
核心范畴及基本规则

反垄断法规制的垄断行为主要有三类。在美国，包括共谋、垄断或企图垄断以及可能限制、排除竞争的企业合并行为。而在欧盟，主要依据《欧盟运行条约》第 101~102 条（原《欧共体条约》第 81~82 条）对垄断行为进行规制。我国《反垄断法》第 13 条、第 17 条、第 20 条分别规定了反垄断法规制的范围：垄断协议、滥用市场支配地位、经营者集中。如前文介绍，技术标准化垄断行为是在标准制定和实施过程中，标准专利权人利用标准赋予其的市场力，对高额利润过度追求的结果。从表面来看，其不外乎传统的三类。第一类，限制竞争协议，或者说共谋行为。在标准化中，可能构成限制竞争协议的情形有两种。第一，标准化成员将标准制定过程作为排除、限制竞争的工具。在此过程中，标准化组织和其成员都可能涉嫌垄断。第二，标准专利权人将专利转移给专利主张实体（Patent Assertion Entity，PAE），期间标准必要专利权人与专利主张实体商谈许可价格的行为，可能涉嫌《谢尔曼法》上的"共谋"。第二类，滥用市场支配地位的行为。这些行为可以发生在标准化的任何阶段。如标准制定阶段，标准制定成员通过不正当途径获得市场垄断力继而滥用这种垄断力的行为；在标准实施阶段，标准必要专利权人拒绝许可、超高定价等行为，以及标准必要专利权人滥用禁令以对被许可人产生威胁。第三类，通过企业合并的方式实现专利转移，在此期间可能引发的垄断，此过程也可能涉及限制竞争协议、滥用支配地位的行为。可见，技术标准化垄断行为最主要的表现是滥用市场支配地位的行为，但并不排斥其他行为的存在。

专利会赋予标准专利权人一定的垄断利润，这是专利本身价值所决定的，然而，专利与标准结合之后，标准专利权人将可能获得更多的利润。在高额利润的刺激下，尤其是在标准专利权人期望获得超出其应该所得的动机推动下，标准专利权人很容易去企图获得这种垄断力并滥用这种力量，垄断因而产生。因此，技术标准化中的垄断行为主要是指标准专利权人超出了其专利权的正当行使范围并对竞争产生限制、排除影响的行为。其与传统的限制竞争协议、滥用市场支配地位、企业合并的规制要件有一些变化，所以笔者在第三章并没有依照传统的分类，对每一类垄断行为归纳构成要件，而是根据技术标准化的不同阶段具体讨论每一种典型行为的构成要件。总之，技术标准化中专利权人的垄断行为，都应该成为反垄断法规制的对象。

第一节　规制技术标准化垄断行为的正当性基础

一、技术标准化垄断对公平、自由竞争秩序的破坏违背反垄断法基本价值

现代经济中，促进创新和维护竞争成为反垄断法的基本价值。漆多俊教授认为，经济法的法律价值是着重于维护社会总体效率、社会（实质）公平和建立在这样基础上的社会秩序。❶反垄断法作为经济法的重要分支学科，无疑也具有上述基本价值。而这些基本价值的实现，必须以自由、平等的竞争秩序为基础。只有竞争自由，市场才有活力与生机，社会总效率才能提高；只有竞争平等，社会才能实现实质公平。因此，保护竞争是各国反垄断法的首要价值目标，且应为其基本目标。

知识经济时代，人们追求一个更为开放、自由、平等的竞争秩序，唯有如此，信息技术才能对经济发展发挥更好的作用。因为，信息技术中所包含

---

❶ 漆多俊："市场、调节机制与法律的同步演变"，见漆多俊主编：《经济法论丛（第1卷）》，中国方正出版社1999年版，第10页。

的成千上万的专利权利，使得信息技术这种本应该为大众共同所有的物品变成了私有，因此，如何利用私有产品促进社会总体效益的提高，更需要自由平等的竞争秩序保驾护航。技术标准化活动涉及人们对科学技术的统一协调和规范以及科学技术的运用和推广，主要活动包括标准的制定和实施，其中在制定阶段以专利权人将专利纳入标准的行为为主，在标准实施阶段主要是专利权人通过专利许可或转让获取收益，而这些行为都可能破坏开放、自由、共享的竞争秩序。具体表现如下。

第一，技术标准制定阶段，标准化组织成员可能实施共谋、限制竞争行为，或者将专利纳入标准时企图垄断或滥用垄断，破坏标准竞争过程。

技术标准制定是标准化活动的开始。如前所述，标准制定过程是一个互相博弈的过程，对于在标准化组织中拥有一定垄断地位的成员来说，继续保持这种垄断地位可以为其带来丰厚利润。因此，在标准化组织制定新的标准时，标准成员操纵标准过程而维持自己垄断地位、排挤竞争对手，从而限制竞争的行为较为常见。同时，技术标准能够爆发巨大的经济效应，主要取决于两个方面：其一，谁在技术标准中起主导地位，将来可能拥有更大的发言权；其二，谁在技术标准中拥有的专利更多，在将来可能获得的收益就更大。因此，技术标准阶段最主要的行为之一便是专利权人的专利纳入行为，即技术标准制定过程中本身所蕴含的技术竞争问题。在标准制定之前，可能存在若干替代性技术，相互之间可以制衡和竞争，标准一旦制定，被选定的某一项技术实质上排除了所有其他的替代技术，成为唯一技术。因此，在标准制定过程中，为了保证制定的技术标准是技术本身优势竞争的结果，标准制定中的公平竞争至关重要，也是反垄断法规制技术标准制定中垄断行为的核心。在标准制定以前，产品之间的竞争包括各种技术竞争、产品质量竞争以及产品服务竞争，那么，这些产品中包含的各种技术的权利人不得不就技术（专利）展开竞争，我们将这些技术所有人的竞争称为“标准的事前竞争”。但是标准一旦制定后，市场上的产品将被锁定在某一种技术上，技术标准中的必要专利权利人获得了一定的垄断优势，其不需要再与其他的技术所有人进行激烈竞争，这些专利权人将获得一种“事后的竞争力”。如果这种事后的竞争力是在公平竞争环境下获得的，我们无可厚非，但标准化过程中，一部分标准制定参与者并不是公平地获得"事后的竞争力"，而是破坏了标准化中正常的竞争秩序。获得这种"事后的竞争力"主要有几种情形：① 抢占技术标准的主导地位，并设法控制企业。在此过程中，可能出现个别企业或企业联合想方设法控制标准制定过程、排挤竞争者。② 企业在标准制定中隐瞒自己的必要专利。专利的申请和公告是一个漫长的过程，在标准制定中不公开自己的专利，事后便可以不受到标准化组织的专利许可政策的约束，在标准实施后便可能获得巨大的利益。③ 对标准化组织做出虚假的 FRAND 承诺，在专利纳入标准之后，事后索要高额的许可费，试图借 FRAND 承诺使自己获得事后竞争力。④ 企业将非必要专利纳入标准。标准制定必然会考虑到将来的实施。标准之所以能够带来巨大的利益，主要取决于专利许可费收益。因此，谁在标准中拥有的专利越多，谁可能获得的收益便越大。原则上，一项标准应该由构成该项标准所必不可少的专利构成，然而，在标准化过程中，将非必要专利纳入标准，是标准专利权人获取更多许可费的途径之一。当然，并不是所有的专利权人都有这个能力，将非必要专利纳入标准，其必须具有一定的可以掌握其他标准参与成员的能力，或者采用了一些隐蔽的方法，而这实质上破坏了标准制定中的公平竞争，排挤了其他竞争者。当然，将非必要专利仅仅纳入标准却不索要许可费，对标准实施者和其他专利权人都没有影响，然而，将非必要专利与必要专利进行搭售，便破坏了与其他类似技术的竞争。这些情形都有一个共同的特征，即实施垄断者试图不正当地获取标准所能带来的垄断力，从而使专利获得非正常增值，最终造成对标准制定阶段技术之间竞争的破坏以及排挤其他竞争者。

第二，技术标准实施阶段的专利许可行为，同样会造成对竞争的破坏。

技术标准实施和推广，主要依靠专利权人的专利许可行为。专利许可本质上是一个民事合同行为，应该由双方合意决定。专利权人可以自己决定是否许可专利与不许可专利，以及专利技术的许可价格。但是，各国的专利法都赋予了专利权人排他性的专有权，使得专利权具有天生的"垄断性"，因此专利权很容易滥用这种"垄断"。而当标准与专利结合之后，对标准必要专利权人而言，此垄断优势更为明显。由于其与标准实施者处于不对等的交易地位，在巨额利润的诱惑下，这些标准中的专利权利人很容易凭借其已获得的垄断力，索取高额的许可费。标准专利权人滥用支配地位的行为，势必破坏公平、公正的专利许可秩序，从而阻碍标准的实施。标准实施中最典型的破坏竞争的行为包括标准必要专利权人的拒绝许可行为、超高定价行为、价格歧视行为、搭售行为以及滥用专利禁令以排挤竞争。首先，标准必要专利权人借助标准获得一定的垄断力，然后滥用这种垄断力，如拒绝必要专利给自己下游市场厂商的竞争者，破坏下游市场竞争；通过拒绝许可以索要高额的许可费；超高定价或者价格歧视，对任何被许可人索要高额的许可费，这本身就破坏了标准的原有宗义，将阻碍标准的顺利实施。尤其是对自己竞争者索要高额许可费或者给予不公平许可，更是明显的对市场竞争秩序的破坏。搭售行为对竞争的破坏同样明显，其主要是搭售非必要专利，此时便是不适当地延伸了非必要专利的市场力，同时造成对与非必要专利有着同样功能的类似技术之间的公平竞争。最后，滥用专利禁令也是打压、排挤竞争者的一种工具，同时也是索要高额许可费惯用的威胁手段之一。通过对竞争者传递禁令威胁，以迫使其接受不合理的条件，有违公平、公正交易秩序。综上所述，技术标准实施中必要专利人在利润的驱动下，更容易滥用标准垄断力，对标准产品市场以及专利权人自己从事经营的其他市场，以及类似技术市场等造成各种各样的损害。为了推动各相关市场的正常竞争，以实现标准的顺利实施，需要反垄断法对技术标准化垄断予以规制。

第三，技术标准实施阶段的专利转让行为，尤其是转让过程中涉及专利主张实体（PAE），可能会产生各种各样的垄断行为。

专利许可和专利转让是专利商业化的主要形式之一，也是专利权人的主要收入来源。一般情况下，专利纳入标准后，标准专利权人大多采用专利许可的方式获取收益。但是，有些情况下，也可以通过专利转让获取收益。专利权的转让可以通过不同方式：一种是单方面完全的转让，即一个企业直接将自己的专利转让给另一个企业；另一种是一个企业与另一个专利持有企业合并。当一个标准专利权人与其他企业合并之后，同样会发生专利转移的行为，甚至有时候在合并时，还可能涉及专利转让给第三方。专利权人的合并行为与技术标准联系起来，可能会产生极大危害。传统反垄断法对企业合并行为主要依据合理原则开展反垄断事先审查，即主要判定一项合并对竞争产生的限制影响是否会超过其合并的积极影响。如果会出现限制竞争的影响，则不予通过合并；如果有限制竞争的可能，则会附条件批准合并或者禁止合并。在专利大战中，信息领域中的专利转让行为是非常频繁的。专利权人通过专利转让行为，并利用标准实施过程，期望获得超过专利一般转让所能带来的收益，则可能会引发限制竞争行为。如电子信息企业中的大事件——微软收购诺基亚案，在各国都引起了重大关注，各国的反垄断机构都对其进行了慎重的审查，如美国、欧盟和印度经过调查后，批准了其合并，在韩国却受到不少的阻力。❶ 在我国也是经历了不短的时间，直到 2014 年 4 月 9 日附条件批准其合并，所附条件为不得对我国企业收取高额的许可费。为什么这个合并会引起如此关注？最主要的原因为诺基亚拥有无线电相关技术标准中的上千个必要专利，一旦诺基亚被微软收购，微软是否会遵守诺基亚之前的许可承诺是待定的。这涉及收购之后，技术标准化组织对专利权人是否有约束力的行为。此外，这次合并的背后，还存在一个更大的可能涉及反垄断的隐患，即微软和诺基亚合并协议中，还涉及将专利转让给第三方 Mosaid 公司的安排，该公司是一个专门的专利许可公司。此类公司被称为专利主张实体，其可能实施的限制竞争行为具体包括标准必要专利权利人与专利主张实体达成共同的动机，利用专利主张实体提高对手的成本，实现其反竞争的目；经营性公司利用专利主张实体逃避对标准制定组织的 FRAND 承诺，从而获得更高的许可费；标准必要专利权人与专利主张实体共谋许可价格的行为；专利主张实体也可能在专利许可过程中存在过高定价、搭售、价格歧视等垄断行为。关于技术标准中的专利权人的合并行为，如果涉及"专利流氓"行为，那么专利权滥用的行为将更加普遍，而且完全破坏标准的实施过程，标准专利权人做出的 FRAND 声明无法发挥维持正常竞争许可的需要，

---

❶ "微软收购诺基亚在韩国受阻：3 大行业联盟推动反垄断审查"，载 http://www.tech-web.com.cn/world/2014-03-11/2015114.shtml，2014 年 5 月 5 日访问。

此时对竞争的损害更大。正如我国很多媒体所报道的，政府对微软收购诺基亚一直是慎重的，就是因为担心诺基亚成为"专利流氓"。

二、技术标准化垄断对消费者权益的侵害违背反垄断法的终极价值

保护消费者权益是各国反垄断法的价值目标之一，且应成为其终极目标。自 1890 年《谢尔曼法》颁布实施以来，维护公平自由的竞争秩序，提高经济效率，保护中小企业利益，提高消费者福利，构成了反垄断法多元化价值目标体系。殊不知，反垄断法正是通过对竞争秩序的维护和经济效率的提高，将产品和服务的价格水平保持在竞争水平上，让消费者得到更多质优价廉的产品和服务，以实现对消费者权益的保护。如学者认为，"相对于保护消费者权益的终极目的而言，反垄断法维护有效的公平竞争秩序的目的，只是工具性的"。❶ 消费者运动的兴起，促使消费者权益保护成为各国反垄断立法的首要宗旨。如美国《谢尔曼法》《克莱顿法》、欧盟竞争法、《德国限制竞争法》都强调竞争政策以维护公众消费者利益为目的；《加拿大竞争法》（1990 年）第 1 条规定，"本法的目的在于保护和鼓励加拿大的竞争……消费者能够承受价廉物美的服务"；《波兰反垄断法》（1991 年）开头写明"确保竞争的开展，保护经营者免受垄断行为的损害，保护消费者的利益"；《日本禁止私人垄断及确保公正交易法》第 1 条规定："……以确保一般消费者的利益并促进国民经济民主、健康地发展"；《韩国规制垄断与公平交易法》（2001 年）第 1 条规定："本法的目的是……保护消费者，促进国民经济的均衡发展"。我国台湾地区公平交易相关规定要求"维护交易秩序与消费者利益，确保公平竞争，促进经济之安定与繁荣"。❷ 我国《反垄断法》第 1 条也开宗明义地规定"为了预防和制止垄断行为，保护市场公平竞争，提高经济运行效率，维护消费者利益和社会公共利益，促进社会主

---

❶ 颜运秋："反垄断法的终极目的及其司法保障"，载《时代法学》2005 年第 6 期，第 45 页。

❷ 该部分法条均引自尚明主编：《主要国家（地区）反垄断法律汇编》，法律出版社 2004 年版。

义市场经济健康发展，制定本法"。保护消费者权益已成为反垄断法最终价值追求，同时也说明垄断行为对消费者权益的侵害是不可避免的。

具体到技术标准化垄断行为，每一阶段的垄断行为都将构成对消费者权益的侵害。第一，标准制定阶段，主要体现为标准化组织成员的共谋行为，以及标准专利权人隐瞒必要专利、虚假承诺等行为。当标准化组织成员出现共谋，或者某些成员通过控制标准制定过程，将其他成员排挤在标准之外，其实质是将可能更加优秀的产品排除在标准体系之外，或者维持自身产品的垄断地位，为后续索要高额的许可费奠定基础，而这些都将转嫁到消费者身上，直接或间接地影响消费者福利。而标准实施阶段的专利许可行为，标准专利权人通过索要高价、对不同的标准实施者索要不同的价格、将非必要专利与必要专利搭售许可，以及滥用禁令等行为，都无形中增加了消费者的负担，影响消费者福利。同样地，标准实施中的专利转移行为，如果涉及垄断也将对消费者产生影响。因为正常的专利转移是专利商业化的合法途径，然而，标准专利权人将必要专利转移给专门的专利主张实体，其目的是逃避对标准化组织的承诺，也是为其后续获得更多的许可费而准备。而许可费的提升，在很大程度上都会转移到消费者身上。如前所述，技术标准化中出现垄断的根本原因是专利权人对高额利润的过度追求，期望获得超出其应该所得的动机推动。专利私权借技术标准这种公共产品实现权利的扩张，以获得超出其专利本身价值的回报。而这些额外的回报和利润都将从消费者身上产生，所以，消费者不仅要为技术标准化垄断行为支付更多，而且在产品选择、接受产品服务等方面同样受到影响。

此外，技术标准化垄断对消费者权益的侵害是非直接性的。由于消费者与标准专利权人并不直接发生关系，消费者难以通过合同法保护其权益，同时，消费者权益保护法提供的保护也是有限的，因为单个消费者的力量非常弱小，难以抵挡大型企业的垄断侵害，而且技术标准化垄断行为并非直接作用在消费者身上，这种间接侵害使得消费者福利受损时很少主动寻求保护。此时，唯有积极发挥反垄断法的作用，实现其对消费者权利保护的应有价值。

第二节 技术标准化反垄断判定中核心概念的厘清

技术标准制定阶段，主要是标准制定参与者之间互相协作的过程，那么，这种一致行为是否就是共谋？非也，其与反垄断法的共谋有着本质区别。此外，技术标准实施中的专利许可和专利转让所涉垄断行为，大多为标准必要专利权人滥用市场支配地位的行为，对此，在进行反垄断判定之前，有几个关键概念需要厘清：标准必要专利、相关市场、市场力。最后，专利转让和许可中，处处涉及标准专利权人的 FRAND 许可声明。FRAND 许可声明的法律性质究竟为何，也是反垄断判定中的关键。

一、技术标准制定活动与"一致行为/共谋"的本质区别

技术标准制定活动通常由一个行业内或一个领域内的竞争者定期聚到一起，就某一特定问题或技术讨论选择出一个最优的技术方案，用来规范产品的生产。表面上看，它是竞争者之间的一致活动，容易涉嫌达成垄断协议。实质上，它与垄断协议或者说与《谢尔曼法》第 1 条禁止的横向竞争者之间的"共谋"有着本质区别。第一，从行为产生的竞争效果来看。横向竞争者之间的共谋旨在消除竞争，通过在彼此间达成统一价格，导致市场价格机制失效，消除市场竞争，此时的价格往往是高于市场价格的。而标准制定活动中，所有参与标准制定的公司其目的是谋求合作，旨在建立一套便利生产的统一标准，产品的生产成本将降低，整体价格下降，企业之间竞争的焦点转移到单个公司生产遵循标准的产品的优势和价格竞争上，企业间真正的竞争仍然存在。这是两者间的根本区别。第二，从分享信息来看。横向竞争者往往涉及敏感信息交流，以促成统一价格。而标准化活动恰恰相反，竞争者们会为了制定统一标准而分享信息，且活动中一般不会涉及价格等敏感信息的交流，例如标准制定组织一般都不允许成员之间事先协商价格或商谈有关价格的许可行为。第三，从对被排除的人产生的影响来看。横向竞争者的共谋往往是为了获取高额垄断利润排除其他竞争对手，被排除的人无法从横向卡

特尔协议中获得任何利益。而标准制定以后，受益对象覆盖面广泛，标准制定组织的成员可以获得该标准带来的好处，如获得专利许可，那些没有参加到标准制定组织的人也可以受益。因此，一般情况下，标准制定活动的积极作用是显而易见的。尽管如此，标准制定活动仍然容易引起反垄断法的关注。

二、标准必要专利及其权利人

技术标准化中滥用市场支配地位的行为大多围绕标准必要专利展开，因此标准必要专利成为反垄断分析中的一个关键因素，究竟什么是标准必要专利（Standard Essential Patents，SEPs），对其如何界定，目前并无定论。由于标准必要专利能够为专利权人带来丰厚的许可收入，一些专利权人往往倾向于将非必要专利同时纳入标准中，从而轻易获得更多的收入。虽然各标准制定组织的竞争政策明确要求选入标准的专利是必要专利，[1] 但是没有一个标准化组织对必要专利做出精确界定。本节将通过反垄断实践来了解实务界对"必要专利"的界定。

1. 美国反垄断实践中对"必要专利"的界定

在确定将非必要专利纳入技术标准的行为是否构成反垄断违法之前，首先要对必要专利进行界定，反过来也是对非必要专利的判定。关于必要专利的界定，美国司法部在对基于数字存储媒体运动图像和语音的压缩标准联营（MPEG-2）、DVD-3C 联盟、DVD-6C 联盟、3G 专利平台的商业审查函中做出了不同的界定，体现了"必要专利"定义不断演进的历史以及美国反托拉斯机构态度的变迁。

（1）基于数字存储媒体运动图像和语音的压缩标准（MPEG-2）的商业

---

[1] Federal Trade Commission/Office of the Secretary 600 Pennsylvania Ave., NW Room H-135（Annex X）Washington, DC 20580, Re: Patent Standards Workshop, Project No. p. 11 - 1204（June 21, 2011）, available at http://www.ftc.gov/os/comments/patentstandardsworkshop/00029-60633.pdf.

审查函。❶

MPEG-2 是由国际标准组织和国际电工委员会的动画图像专家组，以及国际通信联盟通信标准部门所认可的一项标准，其中包括索尼等在内的八家电子企业和哥伦比亚大学最先倡导，将他们的专利贡献出来建立的 MPEG-2 技术标准的联营。该联营在其提交的联营协议提议中陈述道，"该联营中包含的专利是补充性专利，是一个促进竞争的知识产权的聚合"。美国司法部在对该联营的商业函中阐述道，MPEG-2 联营中的专利是"遵循 MPEG-2 标准所必不可少的设备或方法……根据发布或公布这一专利的国家的法律"，❷ 因此认定其为一项促进竞争的联营。

在美国司法部的回复函中，对联营中"必要专利"考察了三个因素：① 从技术本身出发。MPEG-2 联营的建定，其本质是确立了一项技术标准，那么选入联营的专利应该是满足该标准要求所必不可少的。实施该标准可能需要很多技术，但有些技术即使缺乏也不会影响该标准的实施，此为非必要性专利。② 法律层面的要求。必要专利指只要实施标准，便会侵犯该项专利的专有权。其前提必须是在专利保护期内、在该国领域内是合法有效的。在实现互补性专利的一体化最大效用和侵犯他人专利权之间，组成联营是唯一且最佳的选择。③ 从现实性出发。为了满足该标准，没有其他可以替代的选择，即组成联营的专利不仅要满足标准要求，而且在现实中找不到替代技术来支持该标准的实施。

（2）DVD-3C 商业审查函。❸

DVD-3C 联营是由飞利浦、索尼和先锋三个公司组成的 DVD 联营，由飞利浦公司负责专利的打包许可。该联营为数字视盘（DVD-ROM）和数码

---

❶ Letter from Joel I. Klein, Assistant Att'y Gen., Antitrust Div., Dep't of Justice, to Garrard R. Beeney, Esq, Sullivan & Cromwell（June 26, 1997），available at http：//www. usdoj. gov/atr/public/busreview/215742. pdf.［hereinafter MPEG LA review letter］.

❷ MPEG LA review letter, at 3.

❸ Letter from Joel I. Klein, Assistant Att'y Gen., Antitrust Div., Dep't of Justice, to Garrard R. Beeney, Esq, Sullivan & Cromwell（Dec. 16, 1998），available at http：//www. usdoj. gov/atr/public/busreview/2121. pdf.［hereinafter DVD-3C letter］.

影音光碟（DVD-Video）格式，规定了物理和技术的参数标准。3C 联营在向美国司法部的联营许可提议中提到，飞利浦公司许可的专利是"必要性的"（essential），将其定义成：为了遵循 DVD 标准规格所"必要的（作为一个实用的原因）"（necessary as a practical matter）。❶ 可见，DVD-3C 联营试图采取一个与 MPEG-2 类似的定义，以得到司法部的许可。然而，司法部非常不满意这种定义，并对其进行了修改。司法部认为，MPEG-2 联营中对"必要专利"的定义是"实际的技术上的必要性"，在选择组成联营的专利时要求非常明确，但是 DVD-3C 将"必要专利"定义为"作为一个实用的原因"，是一种不太精确的定义，会产生不确定性，更容易受到主观解释的影响，直接可能导致联营中包含的专利存在可行的替代品。如果这样的话，该联营可能会损害竞争。对此，美国司法部特别陈述道："我们理解的［必不可少（作为一个实用的原因）］的这一定义，包含那些在技术上必不可少的专利——例如为了遵循说明书，必定是违法的——以及那些现存的可行的选择是经济上不可行的。"❷ 也就是"要求专利组合不可能包含存在经济上可行的替代品（economically viable substitute）的专利"。

美国司法部在 DVD-3C 商业审查函中，希望尽可能明确"必要性"的定义，克服不确定因素，较之前有所发展，除强调技术要素要求和法律要素之外，增加了对"必要专利"的经济因素的考虑，要求被纳入联营的专利，在经济上不存在可行的替代品。相对于 MPEG-2 中，这里已经不再强调"必要专利"是绝对不存在替代品，只是强调如果选择替代品的话，付出的经济成本更高，因而为"非必要"。

（3）DVD-6C 商业审查函。❸

DVD-6C 联营采用了与 3C 联营大同小异的分析方法，但对"必要性"的定义稍有不同。6C 联营成员在谅解备忘录中将"必要专利"定义为"要

---

❶ DVD-3C review letter, at 3.

❷ DVD-3C, at 3 FN8.

❸ Letter from Joel I. Klein, Assistant Att'y Gen., Antitrust Div., Dep't of Justice, to Carey R. Ramos, Esq., Paul, Weiss, Rifkind, Wharton & Garrison（June 10, 1999）, available at http://www.usdoj.gov/atr/public/busreview/2485.pdf［hereinafter DVD-6C Letter］.

求专家确定不仅仅是那些对遵循 DVD - ROM 和 DVD - Video 标准在字面上是必不可少的专利，还包括那些不存在'现实的'（realistic）可选择的替代品的专利"。对这一定义，美国司法部的理解为，在执行 DVD 标准时，必要专利是"必定的"违法，或者对"该专利没有现实的可选择"。然而，美国司法部同样批判"现实的可选择"过于主观，提倡进行经济上的"必要性"测试；通过要求专家不仅仅定义那些为了遵循标准在字面上是必不可少的，还要求那些专利，没有"现实的"可选择，这一定义将一定程度的主观性引入选择程序中。不过最后美国司法部认为专家会将"现实的"解释成"经济上可行"，只要专家是足够谨慎和独立，依然是合理的。

（4）3G 专利平台的商业审查函。❶

3G 专利平台（platform）由 5 个拥有第三代移动通信系统技术的不同联营组成，它们分别拥有国际通信联盟认可的用于 3G 系统中的 5 种不同的无线电接口技术，主要包括 CDMA - 2000、W - CDMA、TD - CDMA、TDMA - EDGE、DECT 五种技术，构成 3G 标准的 IMT - 2000 家庭的成员。2000 年 6 月，总共有 45 家公司宣称至少拥有一种遵循 3G 标准所必需的专利的所有权，即拥有 3G 技术的必要专利。任何一家手机制造商或网络设施，无论采用哪一种特定的 3G 技术，都需要从多个专利所有人处获得许可。于是，与 5 种技术相关的必要专利的所有人分别组成联营，并将其许可权利授予专利平台，由 3G 平台统一实施许可。专利平台不是一个单一的平台实体，而是由不同的实体组成，分别实行不同的职能，以保证 5 种技术之间的竞争。3G 专利平台被限定为只能包含适用于 3G 系统标准的"强制的、必要的专利"。在其提议的联营协议中，将"必要专利"定义为：如果"宣称一项设备、一种方法或者一个程序对遵从 3G 标准是必需的（necessary）"，以及"技术上是必不可少的（essential）"，那么一项专利能够被认为是必要的，以及"被认为对一项特定的 3G 标准是必不可少的专利，至少有一项专利权利要

---

❶ Letter from JoelI. Klein, Assistant Att'y Gen., Antitrust Div., Dep't of Justice, to Ky P. Ewing, Esq. Vinson & Elkins, L. L. P（Nov. 12, 2002）, available at http：//www. usdoj. gov/ atr/public/busreview/200455. pdf ［hereinafter 3G Letter］.

求书必须被认为是必要的（essential）"。❶

3G 专利平台商业审查函中采取的"必要性"的定义似乎与 MPEG-2 类似，被认为是美国司法部对该定义的回归，实际上，其对"必要专利"定义的内涵有所延伸：① 为遵循标准要求的技术上的必要性。这与之前诸审查函中考虑的因素是一样的。② 要求在权利要求书审查中，有一个详细的必要性专利要求书。这在商业审查函中首次出现，但是美国司法部并没有在审查函中提到，必要性专利要求书是否一定是独立的权利要求书，以及存在一个"必要"的权利要求书，是否就可以判定已达到专利"必要性"的门槛。笔者认为，详细的"必要"权利要求书的存在，只能认定为一个形式上判定的要件，并不能将其作为一个门槛。对于专利必要性的判定，更多的应强调其对标准的实质作用。

（5）"必要专利"的判定标准。

尽管美国司法部对组建标准的联营体中"必要专利"的定义各不相同，但是都无一例外地通过了这些审查，由此间接确立了标准制定中标准化组织或标准联盟组织选择"必要专利"的评判标准。笔者认为，这些不同的定义，囊括了对"必要专利"评估的实质标准和形式标准，实质标准包括：① 技术标准，即某项专利必须满足某一标准中规定的技术特征；② 法律标准，即实施一项标准，必然会侵犯他人合法的专利权，那么这项被侵犯的专利则为"必要的"；③ 商业标准，要求在经济上没有可行的选择，或许有类似的专利可以替代该技术来实施标准，但是从经济学的角度考虑，选择这种类似的专利将付出更高的代价。形式标准包括：① 字面上必须表明是"必要的"专利；② 该专利中至少存在一项必要专利的权利要求书，则构成必要。也就是说，只要选入标准的专利满足以上条件，都不大可能涉嫌垄断。这种情形似乎透露出的信息是，"必要专利"定义本身就是一个演进的过程，实践中，法院可能会倾向一种更灵活的方法，更多地考虑纳入标准的专利对竞争的影响，例如，一项专利并不满足以上标准，也就是"非必要专利"，也可能是合法的，这将在后文

---

❶ 3G Letter, at 6.

讨论美国联邦巡回法院的 Philips 案中可窥一斑。

2. 欧共体竞争法对联营中必要专利的有关界定

2002 年，欧共体委员会对 3G 专利平台许可协议进行反托拉斯审查许可时宣布："3G 联营许可协议设定了程序来界定一个专利是否是必不可少的……根据反托拉斯规则，审查许可要求每一个许可协议仅仅限定在必要专利……此外，3G 制造商除了那些他们真正需要的专利，他们不应该被迫为不必要的专利权支付费用。"❶ 但是，他们在新闻公告中也陈述道，"考虑到不同的 3G 技术的新颖性，事实上或法律上地位的任何重大的变化，将要求根据竞争法对该协议重新评估"。也就是说，如果一个或多个所谓的"必要的"3G 专利在后来被质疑为"非必要的"，以及一个联营的合法性因此而受到威胁，将会重新评估该协议。同样，如果一个以前的"必要的"专利在之后被归入"非必要"，欧共体委员会不大可能会认定这种联营的许可行为是本身反竞争的。事实上，委员会会采用一种更加"合理"的方法，判定这些非必要专利促进竞争的利益是否超过它的反竞争效果。

欧共体委员会在 2004 年《欧共体技术许可协议集体豁免条例》（TTBER）指南中规定，"如果在联营范围内或联营范围外，没有能替代该技术的技术，并且对于生产和该联营相关的产品，或实施与该联营相关的工艺来说，该技术构成了一揽子技术中的必不可少部分（necessary），那么，这种技术就是必要的（essential）。""一项没有替代性技术的技术，只要至少受一项有效的知识产权的保护，即为必要技术。必要技术，也必然是补充性的技术。"❷ 分析可知，该条中关于必要性的界定包含以下几个方面：①不存在事实上可以替代的技术；②该技术对于产品生产或工艺实施，构成必不可少的要件；③必须受到知识产权的有效保护。但是，究竟"必不可少"真正意味着什么，TTBER 指南并没有给出进一步的解释，而是在后面将其留待有丰富技术经验和法律经验

---

❶　Press Release, European Comm'n, Antitrust Clearance for Licensing of Patents for Third Generation Mobile Servs (Nov.12, 2002), available at http：//europa.eu/rapid/pressReleasesAction.do? reference ＝ IP/02/1651& format ＝ HTML&aged ＝ 0&language ＝ EN&guiLanguage ＝ en，2011 年 8 月 23 日访问。

❷　许光耀主编：《欧共体竞争立法》，武汉大学出版社 2006 年版，第 246 页。

的独立专家来确定。

由于 TTBER 指南更具有法律上的普遍适用力，我们可知，欧共体对于联营中专利的"必要性"的界定并不像美国那么清楚，一般要求联营中包含的专利应该为补充性、不存在替代品的专利，否则认定即为本身反竞争的。只有在欧共体有着极大兴趣的领域或者对欧共体经济有着重大影响的行业，例如通信行业，则会采用更加灵活的方法，对于必要专利的界定似乎也不会那么严格，时效性也成为其考虑的因素之一。

综上所述，在对待必要专利的界定上，美国逐渐采纳了一个"合理原则"的方法，而欧盟并没有放弃其严格的本身违法要件，一般情况下，联营中包含非必要专利，依然采用非常严格的本身违法，只有在特定情形下，才会考虑其促进竞争的利益是否可以抵消对竞争的损害。但是，两者在必要性分析上也有一些共同点，即不拘泥于无定向的必要性分析上；逐渐强调必要性分析的时效性本质。

3. 我国判定标准必要专利的参考依据

标准制定后，标准化组织成员多以联营或联盟的方式许可专利，因此，究竟哪些因素可以作为必要专利的评估依据呢？在借鉴欧美的经验上，我们需要从以下四方面考虑。

（1）技术要件。即纳入标准的技术应该是该标准行业的生产或制造工序不可缺少的，或者是为了遵循某一标准所必要的。技术要素应体现某种产品功能的规定或指标要求，或者包含产品的部分或全部特征。❶ 在实践中，对技术特征的判断也有很多方法，如专利的技术参数、引证数量等。

（2）法律要件。包括两个方面：①该专利本身是合法有效的；②实现联营的生产目的或遵循某一标准时，必然会侵犯一国专利法所赋予的其他合法的专利权利。

（3）经济要件。其也可称为经济可行性，即纳入标准的技术不存在可替代的技术，或者即使有可选择的技术在经济上也是不合算的，需要花费的成本代价过高。当然这需要详细的经济成本核算作为证据。

---

❶ 张平、马骁：《标准化与知识产权战略》，知识产权出版社 2005 年版，第 43 页。

（4）时效要件。即对标准化组织中的必要专利进行衡量时，应该根据标准制定时的技术要求、法律要求和经济成本综合衡量该专利是否为必要，而不是在标准实施后或诉讼时确定。如果一项专利在标准制定阶段是必要的、诉讼时被判定为非必要，则不应被认为是反竞争的。

三、技术标准化中的相关市场：产品市场、技术市场、标准市场

传统的反垄断分析中，首先要界定涉嫌垄断企业的相关市场。我们考察技术标准化中的相关市场，主要是考察标准专利权人的相关产品市场。美国最高法院在 Brown Shoe Co. 案中说过，"一个相关市场的外部界限，是由产品用途的合理可替代性所决定的，或者是由产品自身与其替代产品之间的交叉需求弹性所决定的"。❶ 关于合理可替代性，在 In Eastman Kodak Company v. Image Technical Services, Inc. 案中判定柯达公司售后服务的相关市场时，法院认为，柯达公司售后服务的相关市场取决于柯达设备的零备件的使用者有多少选择。因为柯达设备的服务和零件与其他制造商不能相互替代，从设备使用者的角度考虑，相关市场仅由那些为柯达设备提供服务的公司组成。因此，在某些情况下，一个单一的产品品牌也可构成一个独立的市场。❷柯达设备及其零备件的特性，使得没有其他的产品与其可以合理互换，因此，柯达零备件构成独立的相关市场。技术标准主要是由成千上万的必要专利组成，所以，考察标准必要专利权人的相关产品市场，就是考察标准化的产品市场，而一项被标准化的产品的相关市场的界定，取决于与标准化产品具有"合理可替代性"的产品的范围。在以标准为基础的行业中，标准一般是独一无二的，它可能提供了一个独特的性能，一项没有遵循标准的产品无法实现该标准所包含的性能，它与标准产品也就不具有"合理可互换性"。因此，由于标准的独特性，类似于柯达案中的零备件，遵循一个特定标准的产品，应该被看作一个单一的"品牌"，与其相联系的相关产品市场仅仅包括

---

❶ Brown Shoe Co. v. United States, 370 U. S. 294, 325（1962）.

❷ 沈四宝、刘彤：《美国反垄断法原理与典型案例研究》，法律出版社 2006 年版，第 10 页。

那些与标准相符的所有产品。所以，标准必要专利权人在标准产品市场中拥有百分之百的市场份额。

此外，还需要考察相关技术市场。通常而言，相关技术市场一般界定为"专利技术和它的功能性的替代物"。因为标准制定的过程本身就是一种技术选择的过程，对于要生产遵循标准的产品的被许可人而言，他们无法得到任何的替代技术，因为替代技术事先已经被排除。因此，标准必要专利权人享有独立的技术市场，拥有完全的市场份额。在传统相关市场的测试中，主要是运用 SSNIP 测试方法，❶ 但是这种方法并不适用于高新技术市场，因为专利技术的独特性，一些消费者并不会因为价格上涨而转向其他技术。王晓晔教授等对互联网等新兴行业的相关市场界定时提出了产品性能测试法，即"运用 SSNIP 测试法的原理，以产品性能的变化取代价格的波动来测试需求弹性，进而界定相关市场，即所谓的产品性能测试法"。❷ 笔者认为，这种产品性能测试法可以运用到技术标准中专利权人的相关技术市场界定中。即在界定相关市场时，更加考虑产品的质量特性和技术特性。就标准专利权人而言，相关技术市场应该基于技术的特性、价格以及使用目的来确定。实际上，当一项标准已经制定且实施，能够纳入技术标准中的专利在很大程度上都取决于其技术特性。而且一项标准是由大量的专利技术所构成，这些专利产品都是互补的，其他的技术也无法与这些技术相互补。因此，技术标准的兼容性使得一项技术标准中的必要专利都是独一无二的，每一个标准必要专利性能发生改变时，无法找到替代技术。而且，每一个标准必要专利权利人的专利都是一个独立的相关技术市场。

最后，笔者认为，还应该考虑相关标准市场。一般情况下，对于一些较大型的标准化组织制定的有重要影响的标准而言，可能在业内是独一无二的或者具有绝对优势，但是并不是所有的技术标准都是如此。所以，考虑相关

---

❶ SSNIP 测试法（Small but Significant Not-transitory Increasein Price）是以价格变化为基础的测试方法，即经营者进行一个很小的、但重要的且非临时性的涨价时，消费者因该涨价行为转向其他的产品或服务，那么这些产品和服务都属于同一相关市场。

❷ 王晓晔、张素伦："SSNIP 测试法运用于互联网行业的思考"，载 http：//www.legal-daily.com.cn/bm/content/2013-09/18/content_ 4859086.htm？node＝20740，2013 年 9 月 18 日。

标准市场也很有必要。在一个行业中，如果存在多个标准之争，即使是标准必要专利权人在相关产品市场和相关技术市场中有百分之百的市场份额，考虑到标准市场，其可能就占有很小的市场份额了。此时专利权人一旦拒绝许可，被许可人可以转向其他标准、其他技术。反之，如果只有一项标准，必要专利权利人必然具有市场力。

四、标准专利权人的垄断力

《谢尔曼法》第 2 条惩罚"垄断或试图垄断，或与任何其他人联合、共谋垄断州际或与外国间的商业或贸易的任何人"。❶ 美国最高法院曾在 Aspen Skiing 案中陈述了判定《谢尔曼法》规定的违法垄断的两个因素：（1）在相关市场拥有垄断力；（2）通过反竞争或者排他性的方法，或者为了反竞争或排他性的目的，有意地（故意）获取、维持或使用那种力量（垄断力）。❷"拥有垄断力"是美国法中判定是否涉嫌垄断的核心。由于专利权人拥有专利，本身便拥有了不同于一般的市场力，那么这种市场力是不是就一定可能是拥有垄断力？这是后文判定"滥用市场支配地位"的核心。本书的结论是，技术标准专利权利人拥有一定的市场力，但不一定拥有垄断力。标准必要专利权利人在特定的情形下才拥有垄断力。

1. 技术标准化活动会额外增加标准专利权人的市场力

专利权人享有一定范围内的专利权，本质上是一种垄断权，其本身具有一定的市场力。而标准与专利的结合，可能会增加专利权人的市场力。两个方面的体现：（1）标准制定过程本身就是一种选择竞争的过程，技术竞争的结果使得其市场力增强。一旦制定一项标准，便意味着相关领域中产品的生产、销售都与该标准绑定起来，也就意味着与标准中包含的技术绑定起来。在标准制定前，实现同一功能/性能的各种技术是相互竞争的，任何一项技术对某一产品的生产不具有支配力。专利技术只能实施竞争性的价格。但是，一旦标准选定了某一项技术，则意味着对其他替代技术的排除，并自

---

❶ 尚明主编：《主要国家（地区）反垄断法律汇编》，法律出版社 2004 年版，第186页。
❷ Aspen Skiing Co. v. Aspen Highlands Skiing Corp., 472 U.S. 585, 595-96 (1985).

然地使替代技术在未来的消费者市场上处于劣势，同时使得被包含到标准中的技术获得一种优于其他替代技术的市场力。即使此时还有替代技术的存在，相对于专利技术也是明显缺乏竞争力的，因为人们出于对标准的信赖，更愿意倾向于专利技术。因此，标准能够对专利权人赋予额外的经济价格，要高于该专利发明本身的价值，增加了专利权人在消费者市场一定的市场力，这也可理解为专利本身技术优势带来的合理增值。（2）由于标准实施带来的"锁定"效应，也可能增加专利权人的市场力。为了生产与标准相符的产品，标准实施人需要对该项生产进行一些投入，当标准实施一段时间后，会发现他们投入资源越多，便越难以摆脱标准中专利的影响。这些沉没成本使得被许可人进行转产会十分困难，这也间接提升了专利权人的市场力。如果此时再出现专利埋伏或专利拦截现象，便使得专利权人可以通过不合理或者高价许可行为，获取远超过专利本身的价值，其具有的这种市场力便是不合理增值。

2. 标准专利权人的市场力上升为垄断力可能受到的影响

所谓垄断力，是指当事人在相关市场中"具有控制价格或排除竞争"的力量。当一个企业拥有足够高的市场份额和足够阻碍其他竞争者进入市场或是能收取高于市场竞争价格而不会失去消费者的能力时，就可以认定这个企业拥有市场力量。❶ 对于标准必要专利权人而言，这是构成一项标准的必不可少的技术，通常具有控制价格的力量。但是，分析一个必要专利权利人在相关市场的垄断力，有两种情况值得注意。

标准中其他专利权人对专利许可的态度会限制某一标准必要专利权人获得垄断力。标准多由互补性专利组成，实施一项标准，实施者必须从所有此类互补性必要专利权利人手上获得许可。其中任何一个专利权人单独索要的价格都会受到其他人的影响，如果未能得到其他人的认可，高价许可也无法实施。所以，它是受到互补性专利持有人的定价限制的。此外，许可人要想成功地获得研发回报，必须要在下游市场许可成功。要价过高，将不利于许

---

❶ 沈四宝、刘彤：《美国反垄断法原理与典型案例研究》，法律出版社 2006 年版，第 13 页。

可。因此，要想获得垄断力，还需要一定的条件，即其他标准专利权人都同意以合理的价格许可。标准中其他专利权人对专利许可的态度会限制标准某一必要专利权人垄断力的获得。如果一项标准中所有的必要专利权人都同意许可，则垄断难以形成；相反，所有的专利权人都同意许可，唯有一个不同意，该唯一的参加者能够完全控制价格，在一定程度上，是该唯一的专利权人排除了市场的竞争，因此，其将拥有垄断力。

此外，标准制定活动的动态性会抑制标准必要专利权人的市场力上升为垄断力。标准制定活动本身就是一项动态活动。技术发展的速度如此迅速，使得标准成员之间的竞争，常常不仅发生在一项标准被采用和实施之前，还发生在标准采用和实施之后，甚至延续到下一代标准的制定之中。一项被包含到标准中的专利，其权利人在对专利定价时，必须遵守标准制定组织的规范。尽管很多标准制定组织并没有明确对成员滥用定价行为的规定，但是，标准制定组织仍有很多机会，对其认为是索要了过高的许可费的专利权人实施惩罚。标准制定组织可能会选择在下一代标准的制定中，不选择该专利权人的其他专利。对于任何一个希望发展的专利权人，都会对此有所顾虑，进而抑制其将市场力提升到垄断力的可能性。因此，标准制定过程可能会赋予专利权人一定的市场力，但其市场力的运用也会受到一定的限制，并不会自动地被认定是垄断力。也就是说，标准制定过程，并不会自动促成垄断的发生。

对于标准必要专利权人而言，由于其在技术标准中的唯一性，因此其在相关标准产品市场和标准技术市场拥有完全的市场份额，极可能获得垄断力，但是其仍然可能受到市场上其他标准的影响。此外，也需要考虑标准中其他专利权人对专利许可的态度。

五、标准专利权人的 FRAND 许可声明

FRAND 即公平、合理、非歧视。专利许可行为本质上就是一个合同行为。根据"契约自由"基本原理，专利权人有权决定是否同意许可、许可对象、许可条件、许可方式等。但是，尽管合同自由很重要，但"如果把合同自由变为过

分绝对的信条，只能导致弱肉强食，承认权利平等往往导致实质上的不平等"。❶
合同自由的极端便是实质的不平等。如果专利权人可以自由决定许可价格，
虽然在表面上充分尊重了专利权人的合同自由权，但是其最终结果便是专利
许可的不顺利而阻碍技术的传播。私权的绝对平等将会导致公共利益的损
害。经济法正是为了破除这种"形式平等"、追求"实质平等"应运而生。
对于技术标准而言，赋予标准专利权人的绝对自由，将导致更多的不公平。
由于技术标准的准公共产品性质，企业必须要接受某一标准，对于实施这些
标准的被许可人而言，本身就处于缔约的弱势地位，如果专利权人的缔约能
力再不予以限制，任何一个专利权人都会希望获得更多的许可费，那么自然
会在专利许可中索要高额许可费或者附加不合理的条件，那么势必影响标准
的推广实施，进而损害消费者福利和社会整体利益，所以需要对专利权人的
缔约自由予以限制。这便是标准制定组织设置公平、合理、非歧视许可政策
的目的所在，专利权人的 FRAND 许可声明便是这种政策的产物。一般情况
下，FRAND 许可声明是书面的，如向标准化组织递交一份书面声明，或者
填写一份书面材料，但有些标准制定组织也没有做出严格的形式要求，也没
有一家组织规定成员不遵守知识产权政策的不良后果，结果导致标准化组织
的知识产权政策仅仅发挥原则指导性作用。此外，标准化组织禁止成员事先
就专利许可费进行协商，以防止涉嫌价格垄断。因此，标准成员在做出专利
许可 FRAND 承诺时，更多的好像是完成一项程序上的工作。至于该专利许
可声明是否具有法律强制力，通常认为，标准化组织的知识产权政策就是
"一只没有牙齿的老虎"，因此不具有强制力。这便造成一种现象，即标准
专利权人做出了承诺，事后却不遵守这一承诺，或者专利权人与标准实施者
之间对 FRAND 的理解存在差异，从而导致纠纷。例如，在标准必要专利许
可中，专利权人认为自己是按照 FRAND 许可的，标准实施者却可能认为这
个许可价格是过高的、不合理的，从而可能引发超高定价、价格歧视的指
控。因此，FRAND 所引发的技术标准化纠纷已成为一种重要的纠纷形式。
那么，究竟什么是 FRAND 许可声明？这些声明是否对标准化组织、其他成

---

❶ ［英］阿蒂亚著，程正康等译：《合同法概论》，法律出版社 1982 年版，第 13 页。

员以及标准实施者具有约束力呢？一些人认为，FRAND 许可声明是标准专利权人与标准化组织及其成员，甚至是未来的被许可人之间的合同，因此，标准专利权人应该受到该许可声明的约束。事实是否真的如此，笔者认为需分情况讨论。

第一，许可声明能否成为专利权人与标准化组织、标准制定组织其他成员之间的合同，需视许可声明的具体内容而定。

标准化组织在制定标准时，各成员需要做出许可承诺，才能获得将自己的技术纳入标准的机会。许可承诺可以是明示的，也可以是默示的。书面的许可声明是典型的明示表达方式，典型的如国际标准化组织、国际电信联盟、国际电工技术委员会在其网站上为成员提供了专门的《一般性专利陈述和许可声明表》，成员按照表格的内容要求填写，递交给标准化组织。有些时候，一些标准化组织虽然对许可声明没有书面要求，但笔者认为，既然标准化组织的知识产权政策是事先公开的，专利权人同意将自己的专利纳入标准，也就意味着其同意接受该政策，可以将其理解为"默示"许可。接下来，这种明示或默示的许可声明是否构成一个有效的要约呢？这就需要进一步考察许可声明的内容。一个有效的要约包括的关键要件有：要约的内容必须明确、具体；受要约人确定。那么，（1）如果标准化组织在其政策中对专利许可声明的内容规定得非常详尽，或者专利权人在提交专利许可声明文件时详尽具体；（2）这个许可声明在做出时，是应标准化组织的政策要求以及在与其他标准化成员协商中做出的，这就意味着专利权人是对标准化组织以及其他成员发出的确定要约。而标准化组织或其他成员并未提出异议，则可以视为双方达成一个合同。其产生的法律后果是，如果事后专利权人违反此义务，标准化组织完全可以依据合同关系要求违反承诺的成员履行其承诺义务，或者追究其违约责任给予一定的处罚，其他成员同时作为标准实施者时，同样可以要求违反声明的专利权人承担违约责任。

遗憾的是，并未有任何一家标准化组织将许可内容规定得非常详细，也没有明确规定若成员不遵守其承诺，该追究何种责任，实践中更没有标准化组织根据"合同"责任来追究不遵守专利许可声明的成员的违约责任。再者，FRAND专利许可声明内容本身不确定，例如，如何界定"公平、合理、非歧视"，这些标准是判定专利权人是否违反承诺的重要依据。这些因素的不确定导致专利权人是否违约也难以判定。实际上，标准专利权人之间可能会由于存在标准制定的合作关系，以及存在专利的交叉许可情形，很少有专利权人对同时是标准实施者的其他标准成员，根据合同追究其违反FRAND义务的责任，这在一定程度上应该也受到相互承诺的限制。

第二，许可声明在专利权人和非成员之间，可能是一个要约或者要约邀请。美国法院在微软诉摩托罗拉案中表明，许可声明将在专利权人与任何的标准实施者之间形成合同关系。该案法院认为，摩托罗拉向电气与电子工程师协会提交的"保证信"明确地写道："专利权人将根据合理的许可费率对世界范围内不受限制的大量的申请者授予许可。"❶而其对国际电信联盟的"专利陈述和许可声明"内容也基本类似。这充分说明，该许可声明的对象是确定的，是所有实施标准的使用者。因此，认为其是一个有效的合同。在该案中，法官进一步解释，"摩托罗拉的保证信是摩托罗拉和单独的标准制定组织之间许可他们的必要专利的可执行的合同……作为IEEE和ITU的成员以及一个未来的H.264标准和802.11标准的使用者，微软是合同的第三方受益人。"❷而在华为诉美国交互数字集团案中，视为强制缔约义务。可见，对于许可声明在专利权人和非成员标准实施者之间的性质，是有争议的。而笔者认为，专利权人的许可声明对非成员标准实施者而言，仅仅是一个要约邀请。标准化组织专利权人在做出许可声明承诺时，该承诺在本质上是对未来的被许可人发生作用，但是此时未来的被许可人都是不明确的。同样原理，合同订立包括要约和承诺，一个合法有效的要约还要求受要约人是确定的，此时自然也就无法形成合同关系。那么，专利许可人和未来的被许可人之间既然不存在合同关系，专利权人不遵守FRAND承诺的行为不能界定为其对被许可人的违约行为，其他被许可人也就无法寻求合同法救济。综上，标准专利权人的专利许可声明何时为要约，何时为要约邀请，需视具体对象和具体情形而定。一般而言，合同法的"有约必守"只能在特定情形下

---

❶❷　Microsoft v. Motorola, 904 F. Supp. 2d. at 1113.

约束违反 FRAND 声明的专利权人，也只能为部分标准实施者提供合同救济。

第三节　技术标准化垄断行为判定的基本规则

技术标准化垄断对我国企业已造成不少损害，然而，由于我国反垄断法起步较晚，反垄断执法实践不足，直到 2013 年 10 月才出现第一起技术标准化领域中的反垄断判决，即华为诉美国数字交互集团（IDC）案。纵观全球，美国和欧盟是世界上反垄断立法和执法最丰富的地区，现已发生的技术标准化垄断多与欧美企业有关，我们有必要先了解一下欧美反垄断立法和执法的基本规则。

一、美国：合理规则

美国反垄断执法机构主要适用本身违法规则和合理原则对垄断行为进行分析。根据本身违法规则，"只要企业实施了反垄断法所禁止的行为，法院将不考虑企业实施这种行为的目的和后果而径直判决其非法。"❶ 此类被禁止的行为通常是极为严重的，根本不可能对社会经济产生任何积极的影响。在《谢尔曼法》产生之初，由于其程序简单、具有确定性，这种规则被广泛地适用，尤其是针对传统的固定价格和划分市场的行为运用得多。但是由于其过于僵硬，且缺乏具体效果分析，直接认定一项行为违法未免过于粗鲁和牵强，因此，本身违法原则逐渐被司法和执法部门抛弃。而合理原则的兴起基于反垄断部门逐渐认识到，一项行为在产生限制竞争效果的同时，也会带来一些促进竞争的积极效果。根据合理原则，"法院根据企业实施限制竞争行为的目的、后果及行为人的市场份额等因素判断某种限制是否违法"。❷ "与本身违法不同，合理规则关注的不是行为本身的性质，它更加关注行为

---

❶ 郑鹏程："美国反垄断法'本身违法'与'合理法则'地适用范围探讨"，载《河北法学》2005 年第 10 期，第 122 页。

❷ 同上，第 123 页。

的经济影响，即行为的最终效果是否有利于竞争。"❶

对于一些新兴领域，比如，知识产权领域的垄断问题，早在 20 世纪 60 年代，美国反垄断执法机构和学者就开始关注专利行使与竞争法的关系。在立法和执法方面，受经济政策的影响，70 年代，美国对专利权行使采取严格的反托拉斯制裁。90 年代，美国政府的态度发生转变。1995 年颁布的《知识产权许可的反托拉斯法指南》，开始关注专利行使的创新作用，并引入了芝加哥学派的经济学分析方法，不再简单地适用本身违法原则认定专利权行使的违法性，转而更多采用"合理原则"进行分析，并提出需要在反垄断和知识产权之间实现平衡。2003 年的《促进创新：竞争与专利法律及政策的适当平衡》报告专门为专利权行使的竞争法问题提供指导，提出知识产权和反垄断的目标是一致的：促进创新。2007 年的《反托拉斯执法与知识产权：促进创新与竞争》更是就专利权行使的新趋向——"专利与标准结合中的垄断问题"表明了态度，该报告开头便强调"行业标准是'推动现代经济的引擎器'"，❷ 这为技术标准化活动的重要贡献奠定了一个基调。该报告还进一步分析了技术标准化活动带来的巨大经济效应。其一，技术标准化活动通过为消费者提供信息，保证不同的生产者生产的产品相互兼容，以及保证不安全的产品不能进入市场。可见标准化活动对消费者的积极效应是明显的。其二，技术标准化活动特别注重实现产品的互操作性、互换性，这在相互竞争的供应商的产品之间，是非常有益的。其三，标准制定的过程本身就是各种技术直接竞争的过程，通过这种竞争，可以促使标准制定过程更加有益。其四，标准选择过程本身也是一个竞争过程。诸多企业一旦采用标准，产品在兼容性方面已经没有竞争，但是他们为了更好地获得市场，可以在产品的其他特性方面进行竞争。正因为标准化活动可能产生如此多的促进竞争的效果，因而，即使在标准化过程中消除了消费者选择技术和产品的竞

---

❶ 罗蓉蓉：《美国反托拉斯法对行业协会限制竞争行为的规制研究》，中南大学硕士学位论文 2006 年，第 30 页。

❷ U. S. Department of Justice and Federal Trade Commission, Antitrust Enforcement and Intellectual Property Rights: Promoting Innovation and Competition (April 2007) at 33, available at http://www.ftc.gov/reports/innovation/P040101PromotingInnovationand Competitionrpt0704.pdf.

争性过程，即使他们可能成为标准专利权人滥用专有权的工具或手段，反垄断部门对其仍然采取一个高度接受和容忍的态度，而在对其涉及的垄断行为进行分析时，多是运用合理原则进行分析。此外，在美国的《标准发展组织进步法案（2004）》中也明确规定，技术标准化活动并不会被认定是本身违法的，行为人即使构成垄断违法，也不会给予 3 倍赔偿的处罚。❶ 由此可见，美国反垄断执法机构将继续坚持"合理原则"分析技术标准化中各种垄断行为。

二、欧盟：竞争效果分析原则

欧盟竞争法主要是依据《欧盟运行条约》第 101～102 条❷对垄断行为加以规制。其中，第 101 条规制限制竞争的协议、决议和一致行动，第 102 条规制滥用市场支配地位行为。在对待专利权与反垄断法的关系上，由于专利权"天然"的垄断性，欧共体竞争法的态度几经变迁。在 20 世纪七八十年代早期的时候，一度认为专利权行使与竞争法是不可避免对立的。因为欧共体竞争法一直将保持统一市场的开放和自由竞争作为主要目标，专利权的行使在一定程度上必然会影响共同体的开放性，在对其这一时期的一些判决中可以发现，委员会首先将第 81 条（1）适用于专利许可的各种条款中，然后再根据第 81 条（3）进行个别豁免。委员会还发布了关于技术转让协议的两个成批豁免条例，❸ 这两个条例中，委员会都采取了一种相当呆板、公式化的方法进行判定。首先，技术许可协议中的各种限制，都适用第 81 条（1），然后再依据各相关的条例进行豁免。其次，在 2349/84 号条例中采取了"黑白清单"的形式，继而在 240/1996 号条例中采取"三色清单"的形式，虽然扩大了白色清单的范围，缩小了黑色清单的范围，但增加了灰色清单。属

---

❶ Standards Development Organization Advancement Act of 2004, 15 U.S.C. §§4302, 4303.

❷ 《欧盟运行条约》第 101～102 条的具体内容，参见许光耀：《欧共体竞争立法》，武汉大学出版社 2006 年版，第 3 页。

❸ 即 1984 年《专利许可成批豁免的 2349/84 号条例》和 1996 年《技术许可协议集体适用欧共体条约第 85 条第 3 款的第 240/1996 号条例》。

于“黑色清单”的行为即为禁止行为，属于“白色清单”范围内的即为允许的行为。尽管如此，竞争法在一定程度上还是体现了对专利法的尊重，认定专利许可中的大部分条款不会违反《欧共体条约》第 81 条（1）。从 90 年代开始，欧盟竞争法开始发现，关于专利权和竞争法之间完全对立的观点过于简单，是错误的，并发生了根本性的改变，一致认为，专利权和竞争法具有相同的价值目标：促进创新。为了改变 240/1996 号条例造成的公式化做法，在 2004 年的《技术转让协议成批豁免的 772/2004 号条例》中，委员会采取了相对灵活的形式，不再单纯地规定“黑白灰清单”，仅设定一个“安全港”的范围，对竞争性企业规定总计市场份额不超过 20%、非竞争性企业市场份额不超过 30% 的许可协议，则可以成批豁免。在该条例的第 4 条规定了“核心限制”和第 5 条规定了“被排除的限制”，其余情形根据个案判定。结合其同时发布的《关于技术转让协议的指南》，为技术转让提供了一个更加宽厚、温和的法律环境。指南详尽地对包含限制条款的许可协议进行了分析，例如，需结合当事人拥有的市场力量，及相互间是否为竞争性关系等诸多因素，吸纳了芝加哥学派的经济学的分析方法，重点分析其对竞争的积极和消极影响的对比关系。这体现了专利权行使中竞争法分析方法的一种极大的转变，也反映了欧共体法律对社会创新、整体经济效率、社会公众福利的追求。正如《技术转让协议指南》第 7 段说道：实际上，这两种法律都是以促进消费者福利和有效配置资源作为其基本目标。创新是开放、竞争的市场经济所必要的、有活力的组成部分。❶

　　而真正开始关注与专利许可相关的技术标准化活动，始于 2001 年《关于横向合作协议的指南》。欧共体在该指南中曾根据“协议的性质”和“市场力量和市场结构”两个方面对标准制定活动进行评估。在 2001 年的《关于横向合作协议的指南》中，欧共体委员会就强调应该综合分析标准化协议的效果。10 年后，随着标准化活动在世界范围内的展开，尤其是欧共体委员会在对信息技术领域内的几起典型的标准制定和实施行为进行调查之后，这些行为也对欧盟竞争法的适用提出挑战，因此，欧共体委员会在 2011 年

---

❶ 许光耀：《欧共体竞争立法》，武汉大学出版社 2006 年版，第 191 页。

年初出台了新的《关于横向合作协议适用〈欧盟运行条约〉第 101 条的指南》❶，简称《新横向合作指南》。该指南在 2001 年《关于横向合作协议的指南》的基础上，对技术标准制定活动领域内的竞争法问题进行了详细的规定。《新横向合作指南》专门设置了"标准化协议"一节，从定义、相关市场、根据第 101 条（1）进行评估、根据第 101 条（3）进行评估、案例分析等五个方面展开，详细讨论了标准化协议限制竞争的途径、不会产生限制竞争效果的标准化协议的条件、评估标准化协议竞争效果的诸因素，以及依据第 101 条（3）获得豁免的标准化协议必须满足的条件。下面将详细介绍这一指南的重要内容。

1. 标准化协议主体的界定范围

根据《新横向合作指南》的规定，被欧洲议会第 98/34 号指令所认可的标准制定机构，以及欧洲委员会在 1998 年 6 月 22 日颁布的一个关于信息社会服务领域的技术标准和规范所认可的标准制定机构，在一定程度上，可以被看作《欧盟运行条约》第 101~102 条下的一个企业或企业联合。那么，它们的标准化活动则应该受到欧盟竞争法的规制。

2. 标准制定活动的竞争法分析的基本思路

第一步，根据第 101 条（1）来评估企业之间的一项协议，是否会影响到成员国之间的贸易，是否对竞争有一个事实的或潜在的限制竞争的效果。第二步，根据第 101 条（3），如果一项协议被认为是第 101 条（1）范围内的限制竞争行为，那么分析该协议是否会产生促进竞争的效果，并且评估该促进竞争的利益是否超过其对竞争的限制效果，将在第 101 条（3）的框架下进行专门分析。如果促进竞争的效果没有超过对竞争的限制，第 101 条（2）规定该协议自动无效。当然，如果一项协议直接具有限制竞争的目的，则直接被《欧盟运行条约》第 101 条（1）所禁止，如果一项协议具有限制竞争的效果，一般情况下，会根据第 101 条（3）进行进一步的分析。

---

❶　其英文全称为：Guidelines on the applicability of Article 101 of the Treaty on the Functioning of the European Union to horizontal co-operation agreements, available at http://ec. europa. eu/competition/antitrust/legislation/horizontal. html.

3.《欧盟运行条约》第 101 条（1）对标准化协议的评估框架

《欧盟运行条约》第 101 条（1）对标准制定活动进行评估，主要分析了三个问题。

第一，标准制定活动带来的主要竞争问题。标准制定活动在特定的环境下可能产生限制竞争的效果，主要通过三种渠道展开，具体包括：（1）在标准制定过程中参与反竞争行为的讨论，减少或消除有关市场上的价格竞争，为相关市场共谋提供便利。（2）标准将会为一件产品或服务设定详细的技术规格，这可能会限制技术的发展和创新。因为一个标准在制定过程中，替代性技术都会相互竞争而争取纳入标准。一旦一项技术被选择而且标准被确定，竞争性的技术和公司将会面临一道进入障碍，并且可能被排除在市场之外。（3）要求一项特定的技术被排他性地用于一项标准中，或者阻止标准化组织成员排他性地使用该项标准，并阻止其发展其他标准，也可能会导致同样的限制竞争的效果。如果一个或者更多的公司被不正当地排除在标准制定过程之外，那么限制创新的危险将进一步增加。

第二，标准化协议是否具有限制竞争的目的。如果一项协议将标准作为一个更广泛的限制性的协议，目的是排除事实的或可能的竞争者，是具有限制竞争的目的。例如，一个协议如果是一个国家制造协会设定一项标准，并且要求第三方不要去销售不遵循标准的产品，或者如果现有产品的生产者共谋去排除新的进入者进入一项已经存在的标准中去，可能是具有限制竞争目的的协议。在一项标准被采用之前，披露大部分限制性的许可条件以减少竞争的任何协议，可能是一个共同的固定价格的协议，要么是为了固定下游产品的价格，要么是为了排挤替代性技术，将具有限制竞争的目的。

第三，对竞争的限制性效果的影响。主要讨论了两个问题：（1）哪些标准化协议通常不会限制竞争。首先，《新横向合作指南》提出标准化协议如果不具有限制竞争的目的，那么标准制定活动对竞争可能产生的事实的或可能的影响，就必须根据它们所处的法律和经济的环境来进行分析。在没有市场力的情况下，一个标准化协议不可能对竞争产生限制性的效果。因而，在大量自愿性的标准且存在有效竞争的情况下，标准化协议不大可能产生限制性的效果。而对于那些可能创造市场力的标准制定活动，可能会根据第 102 条来进行分析。其次，《新横向合作指南》明确指出，如果标准制定的参与是不受限制的，而且采用标准的程序是透明的，标准化协议没有包含遵从标准的义务，以及可以根据公平、合理、非歧视的原则获得标准，通常不会构成第 101 条（1）款下的限制竞争的行为。❶ 当标准涉及知识产权时，特定的标准应该采用一个清晰的以及平衡各方利益的知识产权政策。标准化组织还要保证能增加标准实施者有效获得标准的途径。因此，知识产权政策将要求那些希望将自己的知识产权纳入标准的参与者提供一个不可撤销的承诺，即根据公平、合理、非歧视的原则将他们的标准必要专利提供给所有的第三方，并且要写下来，这种承诺应该在标准采用之前做出。为了保证 FRAND 承诺的有效性，对所有的知识产权持有人应该还有一个要求，即提供了此类的一个承诺的参与者，在将它们的知识产权进行转移时，应该受到该承诺的约束，例如，在买方和卖方之间订立一个合同条款。此外，知识产权政策要求诚信披露，尤其是那些持有对标准而言是必不可少的专利权人而言。

（2）对标准制定活动进行竞争效果评估时需要考虑的因素：① 标准制定组织的成员是否可以自由地制定替代性标准或者自由地生产不遵循该标准的产品。例如，如果标准制定协议约束成员只能生产遵循该项标准的产品，对竞争可能产生的负面影响就会明显增加，在特定情况下，还可能成为一项具有限制竞争目的的协议。② 标准实施者能否有效获得标准中专利的许可权。如果根本不能获得实施一项标准必不可少的专利的许可，或者只能通过在歧视的条件下获得专利许可，那么可能构成排除行为或歧视性行为。然而，如果有多个竞争性的标准，或者在标准解决方案和非标准解决方案之间存在一个有效的竞争，限制获得标准专利的许可，也可能不会产生限制竞争的效果。③ 标准制定过程是否为开放性的、是否存在多个可以相互竞争的标准，以及标准制定过程的透明度，标准参与者得到通知和被咨询的情况，都将影响其限制竞争的效果强弱的程度。④ 基于产品生产的产品或提供的服务的

---

❶　于连超："欧盟横向合作协议指南'标准化协议'条款介评"，载《标准科学》2012 年第 3 期，第 80 页。

市场份额。⑤是否存在对参与者或潜在的成员的歧视行为。⑥知识产权的披露方式以及是否在标准采用之前对限制性许可条件，尤其是单方面的事前披露大部分限制性许可条款，由于会影响到技术标准制定过程中的技术选择，因而也成为竞争效果评估的考察因素之一。

4. 《欧盟运行条约》第 101 条（3）框架下对标准化协议的分析

一项标准制定活动属于第 101 条（1）范围下的限制竞争的行为，仍需进一步考察这些限制竞争的行为是否存在一定的合理性和必要性，《新横向合作指南》主要从四个方面予以考察：首先，标准制定过程中的限制竞争行为能够提高效率。标准化协议常常能显著提高效率。例如，联盟范围内的标准能够便利市场一体化，以及允许公司们在所有的成员国销售它们的商品、服务，增加消费者的选择和降低价格。标准能确立技术的可互换性和可兼容性，防止锁定在某个特定的供应者身上。此外，标准可以减少买方和卖方的交易成本。关于质量、安全、环境方面的标准可能便利消费者的选择和提升产品质量。标准在创新方面也是一个重要的角色。它能够减少一项新技术进入市场的时间，并且允许公司基于最先进的一致的解决方案上便利创新。其次，该项限制竞争行为对提高效率是必不可缺的。一般而言，标准化协议应该对确保技术的互换性和可兼容性，或者对确保一定的质量水平是必不可少的。再次，该项限制行为创造的效率要传递给消费者。必不可缺的限制所获得的效率，必须传递给消费者，在一定程度上，还必须超过其对竞争造成的限制性的影响。如果标准便利了技术的可互换性和可兼容性，或者便利了新产品和已经存在的产品、服务和工艺之间的竞争，则能够推定该标准有利于消费者。最后，没有消除竞争，标准制定之后，依然存在有效的竞争。

综上可见，欧盟委员会通过新的横向协议指南，对技术标准制定领域中的限制竞争行为明确地确立了竞争效果分析方法，综合考量其对竞争的积极效果以及负面效果。从上述分析内容可见，依据第 101 条（1）（3）进行分析的过程本身也就是一种竞争效果的分析方法。遗憾的是，欧盟现有的法规并未明确规定标准实施中可能涉及的垄断行为，即专利许可和专利转移问题，但在一些判例中稍有涉及（详见第三章的案例分析）。总之，竞争效果分析方法是欧盟对垄断行为违法性分析的基本方法。

三、欧美反垄断法在技术标准化垄断判定上的趋同

综上可见，美国反托拉斯法和欧盟竞争法在对待技术标准化中的垄断问题的认识逐渐趋同。主要体现在以下几个方面。

（1）对待专利权与反垄断的态度基本一致。两者都是保护竞争、促进创新的必要手段。专利对社会创新的作用在进入知识经济时代日益凸显，而专利制度虽然赋予专利权人一定的垄断权，其目的也是为了进一步的创新。而反垄断法以维护市场自由竞争为己任，自由竞争的市场是保证公平竞争的重要保障，只有在公平自由的竞争环境下，社会才可能实现更多创新。因此，两种法律只是保护路径不同，但宗旨一致。

（2）对技术标准活动竞争效果的认识类似。双方都清晰地认识到，并在各自的相关法律文件中强调，技术标准化活动将带来重大的促进竞争的效果，主要体现在技术创新和消费者福利上，然而，双方也几乎在同时认识到，技术标准化活动在特定的情况下，可能产生限制竞争的效果，例如最常见的"专利劫持"问题。

（3）技术标准化反垄断规制分析方法殊途同归。对于技术标准化中的垄断行为，美国反托拉斯法将继续沿用其经典的"合理分析"原则，而欧盟竞争法在《新横向合作指南》以及《技术转让协议指南》中明确了正负效果分析方法，这两种方法在本质上都是一样的。如果标准化活动带来的积极效应超过其产生的限制竞争的效应，则是合法的，或者是可以得到豁免的，反之则是不合法的。双方不同的地方则体现在法律传统和法律技术运用上。欧盟作为典型的成文法国家，其历年的欧盟竞争法立法，特别是 2011 年的《新横向合作指南》为技术标准化协议提供了一定的立法规定，可以值得成文法国家借鉴。而美国作为一个判例法国家，到目前为止虽然没有出台专门针对技术标准化活动的有关立法，《谢尔曼法》第 1~2 条以及《美国联邦贸易委员会法》依然是技术标准化活动中反垄断判定的基本法律，美国丰富的

反托拉斯案例，也集结了对各种垄断行为的分析理论。而在技术标准化领域中，美国的反托拉斯执法部门率先做出的几个经典判决，法院在分析中对各种垄断行为的违法构成要件展开的细致分析，以及依据美国反垄断法做出的判决，也将为技术标准化领域中的反垄断执法提供经验。下文将依据技术标准化活动的不同阶段，介绍可能涉及的垄断行为及经典案例，并从相关案例中结合有关立法，探讨其违法构成要件及法律适用问题，以期为我国立法和执法提供经验。

四、中国对技术标准化垄断行为应采取的判定标准

通过上文可知，欧美反垄断法对技术标准化中垄断行为本质上都是采用"效果分析原则"，这也是由技术标准化活动的本质所决定的。技术标准化活动从产生之初，对社会发展和技术进步都有着巨大的作用，因此，技术标准化活动很少具有直接限制竞争的目的，尤其是国际性标准化组织的标准化活动，因此对其不适宜采用本身违法原则。而放到我国来看，虽然目前我国企业在国际技术标准化中处于落后状态，但也不能一律断定国外标准专利权人设立标准的目的就是非法的，技术标准化为我国也带来了一些积极效应，所以我国的反垄断法规制准则也需要紧跟国际反垄断法规制趋势，同时需要考虑我国的实际，从两个层面进行考虑。首先，从整体层面来看，我国同样遵循效果分析原则。技术标准化可以促进创新，也会不可避免地阻碍竞争，那么，就需要对其促进创新的效果和限制竞争的效果，进行综合衡量。因此，在创新和竞争之间实现平衡，是反垄断规制的基本准则。专利法保证专利权人的专利创新得到合理的回报，以进一步激励创新。但是专利权人可以借技术标准化过程获得超出其专利创新的额外的价值，如果这个价值过高，其对竞争的限制将会超过其创新的激励作用，则应当受到反垄断法规制；反之，则是合法的。因此，在判定技术标准化中垄断行为是否违法的一个重要指标，是判定专利权人是否不正当地利用标准化过程获得了额外的报酬/利润，即兼顾专利权人与标准实施者利益的一致平衡，这将成为后面判定技术标准化中垄断行为的基本准则之一。其次，在考虑技术标准化活动的竞争效

果时，必须立足于我国的基本国情、我国企业的科研创新能力、我国的产业发展等一些因素。毕竟，法律是为一国经济服务的，我们应该给予国内外企业同等的法律对待，但是在具体因素考察中，必须考虑国内长期的竞争政策、产业政策。

第三章 技术标准化垄断行为的违法构成要件

第一节 技术标准制定中垄断行为的违法构成要件

如前所述，美国反垄断法执法机构对技术标准化领域中可能出现的垄断行为，做出了几个具有世界影响的判决。在美国反垄断法框架下，标准制定组织必须竭尽全力确保他们的行为不会与《谢尔曼法》第 1 条冲突，并且防止任何成员企图利用挟持标准的个别行为，以违反《谢尔曼法》第 2 条。然而，标准实施后产生的巨大的锁定效应，甚至可以将整个行业都绑架在标准必要专利之上，这驱使着专利权人不断通过各种途径，来获得超出其专利本身所拥有的价值。由于标准制定组织成员的行为导致标准制定过程被滥用，标准化组织和其成员极可能受到反托拉斯法的规制。

一、标准制定组织成员实施共谋以排除竞争的行为

如前所述，技术标准制定活动可能成为成员共谋排除竞争对手的行为。美国的 Allied Tube & Conduit Corporation v. Indian Head，Inc. 和 TruePosition，Inc. v. LM Ericsson Telephone Co. 案中，反映了标准化组织被成员操纵后被认定为违法的情形，也是为数不多的标准化活动涉嫌《谢尔曼法》第 1 条违法的行为。

1. 典型案例

案例一：Allied Tube & Conduit Corporation v. Indian Head，Inc. 案❶

基本案情：

原告 Indian Head（Calon）公司是一家生产一种软塑料管道（"ENMT"）的公司，与生产金属管道的被告 Allied Tube 公司相互竞争。1978 年，原告向国家防火协会（National Fire Protection Association，NFPA）建议，将 ENMT 作为一种可允许的电子导管列入 NFPA 的国家电子规范（*National Electrical Code*，NEC）。NFPA 是一个私人的协会，并不是一个政府机构，NFPA 的成员包括制造商、电子工人联盟、电业承包商、电器设施使用者，如施工人员、医院和测试实验室。这些团体服务于各种不同的规范制定工作组，并且参加 NFPA 的会议来考虑采用 NEC 的条款。但 NEC 是美国电子产业中最主要的规范，一些私人认证实验室使用 NEC 规范作为电子产品满足他们安全性要件的基础，许多州和地方的成文法也将 NEC 并入了它们的电子或建筑规范中。NFPA 每三年更换一次，为电子布线系统（包括电子管道）的设计和安装提供产品和安全要求。为此，Indian Head 管道制造商必须使他们的产品被该协会接受为电子管道产品。但是，为了阻止在 NFPA 年会上通过这个产品，Allied Tube 公司在年会召开之前招募了 230 个其他的钢管公司加入 NFPA 并参加年会。Allied Tube 公司为那些招募的人支付会员费以及参会费。在年会上，这些被招募的成员根据布线管道公司领导者的指示选择就座的位置，并且按照佩戴了无线电话的领导的指示，如何、何时进行投票，并且使用手语来便利交流。尽管这些招募的投票者并不拥有对参会必不可少的技术文件，然而，他们联合的投票力量使得 Indian Head 管道制造商建议的材料最终没能纳入 NFPA 的标准。于是，Carlon 于 1981 年 10 月在纽约南区地区法院提起了一项控诉，宣称 Allied Tube 公司和其他成员违反了《谢尔曼法》第 1 条，并寻求损害赔偿。

---

❶ Allied Tube & Conduit Corp. v. Indian Head，Inc.，486 U. S. 492，500（1988）.

案件分析及法律适用:❶

这是一起试图操纵标准制定过程,去支持一项特定的技术的垄断行为。

纽约南区地区法院的陪审团认可了原告的诉求,并要求被告支付损害赔偿 380 万美元。陪审团认为,Allied Tube 公司的"打包会议"是一个实质性的或者事实的将 ENMT 从 NEC 中排除出去的因素,并且案情明显表明 Allied Tube 公司与其招募的参会成员之间有着一致的行为,并且这种行为"破坏"了 NFPA 的一致协商的程序,影响了竞争,并且不合理地限制了贸易,违反了反托拉斯法。该地区法院也同意陪审团的认定结论。法院认为,标准制定组织的行为并不必然地受到反托拉斯审查,事实上,他们还可能是促进竞争的,但是"NFPA 中充斥着反竞争的机会",因为"这些有私心的成员通过操纵规范的制定过程,有机会去损害他们的雇员的竞争者",因此 NFPA 应该受到仔细的审查。然而,纽约南区地区法院认为 Allied Tube 公司的行为是一种受 Noerr-Pennington 学说❷保护的请愿行为。法院将 NFPA 认定为"类似于立法机关",将 Allied Tube 公司的行为描述为"试图通过 NFPA 影响立法机关的行为",所以进一步的结论是 Allied Tube 公司的行为应该受到保护,其依据是政府日常性地采用了 NEC 的规范。因此,地区法院最终认定 Allied Tube 公司并不涉嫌垄断违法。

上诉法院认为,纽约南区地区法院对 Noerr-Pennington 学说的理解存在偏差,从而不适当地扩大了该学说的适用。Noerr-Pennington 学说是为了避免反托拉斯法和政策程序之间的冲突,它并没有为试图影响私人的行为提供豁免。事实上,Allied Tube 公司承认"NFPA 是一个私人的、非政府的、独立的、自愿的组织,根据马萨诸塞州的非营利组织法,NEC 规范的制定也不是受到政府的邀请,而是各种不同的保险商、电子商、建筑商以及 Allied

---

❶ Indian Head, Inc. v. Allied Tube &. Conduit Corporation. (Docket Nos. 86 – 7734, 86 – 7758).

❷ 该规则是基于美国宪法修正案第 1 条的"公民向政府的请愿权利"而产生的,其通过美国联邦最高法院的判例确立:"只要属于行使向政府请愿的权利,就享有不受民事追究的豁免权"。参见王飞跃:"虚假诉讼研究",载《中南大学学报(社会科学版)》2013 年第 4 期,第 44 页。

Tube 公司的利益的共同努力的结果"。一个私人的标准化组织（如 NFPA）是"一个事实上的政府外的机构"，NFPA 的行为既不是任何政府的特定的授权行为，也不是正在进行的监管行为，也没有证据表明，对 NFPA 的行为进行调查将会干扰到信息流向政府，因此，试图影响 NFPA 并不等同于试图影响政府。Allied Tube 公司的行为也是远离政治之外，既没有游说政府的行为，也不是对政府的请愿行为，虽然其最终影响了各个州的立法，各个州再采用了其 NEC 规范，但这是因为技术本身的特性，而不是游说政府的结果。

最终，美国司法部和联邦贸易委员会适用联邦上诉程序规则的第 29 条支持 Allied 案中的上诉方，并认为 Allied Tube 公司等违反《谢尔曼法》第 1 条，也就是说 Noerr-Pennington 学说并不适用于私人标准制定组织的参与者。由上可知，标准制定组织的成员操纵标准制定过程并排除竞争，标准化组织和其成员均要受到反托拉斯的审查。

案例二：TruePosition, Inc. v. LM Ericsson Telephone Co. 案❶（以下简称 TruePosition, Inc. 案）

2012 年的 TruePosition, Inc. 案是一起典型的标准制定组织（SSO）成员利用其在 SSO 内的领导地位，通过制定标准将竞争对手的技术排除在技术标准之外，从而促进自己的利益和损害竞争者，破坏竞争秩序的案件。

基本案情：

原告 TruePosition, Inc. 是一家专门从事移动定位技术的开发与研究的公司，每年都要对该类技术进行大量的科研投入，而其开发的上行测时差定位技术（Uplink Time Difference of Arrival，U-TDOA），由于其高精确度而被广泛用于美国的应急响应、执法等各领域，其提供的精确的手机定位大大提高了警察、消防与救护服务的效率，而这一项技术也已被纳入 2G、3G 无线网络标准中。作为移动网络定位技术市场的领头军，TruePosition, Inc. 的 U-TDOA 技术毫无疑问是业内最具优势的技术。然而，在第 4 代无线网络标准的制定中，TruePosition, Inc. 公司遭遇了前所未有的打击，其 U-TDOA 技术

---

❶ In TruePosition, Inc. v. LM Ericsson Telephone Co. , slip op. No. 2：11-cv-4574-RK, 2012 WL 3584626（E. D. Pa. August 21, 2012）.

被排除在 ETSI 以及其下属的第三代合作伙伴计划［The Third Generation Partnership Project（3GPP）］制定的 4G 标准之外。为何一项最具优势的技术被排除在 4G 标准之外？各中缘由引发了一场 TruePosition, Inc. 控诉 ETSI、3GPP 以及该标准制定组织下的三个成员：爱立信、高通公司以及阿尔卡特朗讯（the "Corporate Defendants"，以下简称 "被告公司"）的反垄断诉讼。

原告 TruePosition 在 2011 年 7 月 20 日提起了一个诉讼。TruePosition 宣称，被告公司利用他们作为各种不同的标准制定机构委员会的主席地位制定了一个标准，将 TruePosition 的 U-TDOA 技术排除在最新的和最先进的移动通信技术的第 4 代全球标准中，并且选择了被告公司并不太成熟的 OTDOA 技术。特别的是，TruePosition 宣称，被告公司的代表违反了 3GPP 的规则和程序，一致地操纵他们作为多个 3GPP 委员会的领导人的力量，目的是为了将 TruePosition 技术从 4G 标准中排除出去，并最终将 TruePosition 公司从市场排除出去。原告指控，被告公司共谋违反了《谢尔曼法》第 1 条，将原告的技术从标准中排除出去，并进一步宣称 ETSI 和 3GPP 没有尽到他们的义务去保证被告公司遵从 3GPP 的规则。

案件分析及法律适用：

主审该案的罗伯特·凯特（Robert Kelly）法官在 2011 年 1 月驳回了 TruePositio 公司在 2011 年提出的起诉书，随后 TruePositio 公司对起诉书进行了补充，宾夕法尼亚州联邦法院于 2012 年 8 月受理了该案。在法院做出的初步裁定中，确定原告主张具有法律正当性。在法院的初步审理中，主要涉及三个问题：① 三家被告公司是否涉嫌共谋；② ETSI 及 3GPP 是否需要承担反垄断责任；③ 美国法院是否有权根据联邦法律审理该案。

关于第一个问题。凯特法官审查了所有的事实，认为原告宣称被告公司涉嫌共谋的主张是合理的。法院认为，被告公司对一个通常的计划做出了一致同意，该计划的目的是要阻止或推迟原告的技术纳入标准。法院认定的事实包括：① 被告公司常常推迟提交报告给标准制定组织的全体会议或工作组，而这些工作组主要由一个或者更多的被告公司的代表组成。如果有成员对推迟提交的报告提出反对意见，都会遭到否定。② 被告公司的代表在担任几个标准制定组织的核心委员会的主席时，对被告的技术施加不合理的要求，并且对原告的技术采用测试和仿真参数，对自己的技术却不适用于这些程序。例如，原告宣称，在标准制定组织工作组的一次会议上，被告公司使用极端条件下的虚假假设，最终提交了不利于原告的仿真数据，甚至扭曲原告的技术。③ 违反标准制定组织的程序规则，推迟提交原告的仿真数据，结果导致原告的技术无法按期纳入标准；而对于被告公司自己的 OTDOA 定位技术，也仅仅由三家被告公司的代表（因为他们担任重要委员会的主席）审阅，为这些技术纳入标准创造了条件，结果将会导致被告的技术优先原告三年进入市场。❶

由上可见，原告的技术本来更具有市场优势，但是被告公司利用其在标准制定委员会中担任主席的特殊位置，对原告技术设置更严格的测试标准，并且扭曲原告的技术，然后又违反标准制定组织的程序规则，推迟提交被告的技术，而且仅仅由自己人进行认定，最终结果是将自己的技术纳入标准，不正当地排挤了对手的技术。上述考察了三个主要因素：被告的地位、被告是否遵守公平的程序、是否不正当地排挤了竞争对手。

关于第二个问题。被告 ETSI 和 3GPP 辩称，它们仅仅是没有对被告公司的行为进行干预，最多仅是默许；3GPP 更是主张自己最多只是为自己成员制定标准提供了一个框架的作用。因此，ETSI 和 3GPP 不应该承担反垄断责任。但是，法院否定了这一主张。法院认为，被告公司的代表作为多个标准制定组织委员会的主席，相当于获得了 3GPP 的表见授权，这些主席们即是标准制定组织的代表。而他们又是被告公司的代表，那么标准制定组织委员会主席及被告公司的行为，能够被看作标准制定组织的行为。因此，这些被告在标准制定组织的表见授权的范围内的行为，标准制定组织都应该对其负责，特别是当那些行为违反了标准制定组织的程序规则时，这些行为的目的

---

❶ Jeffery M. Cross Freeborn & Peters LLP, Standard Setting and Antitrust: SSOs, SEPs, F/RAND and the Patent Holdup, http://business.cch.com/ald/StrategicPersepectivesStandardSettingandAntitrust.pdf.

不是有益于标准制定组织，而是为了成员自己的利益。❶ 可见，被告公司的代表在标准化过程中占据了重要的领导地位，3GPP 就应该对其代理人的行为负责。这些观点表明一个信号，即不仅是标准制定组织自身，还有被告公司，特别是被告公司的代表组成并且担任领导，那被告公司需要对他们自身的行为加以约束，标准制定组织也需要对其加以管理。如果标准制定组织对其代理人的行为存在疏忽、大意，标准制定组织便需要承担反垄断责任。可见，要判定标准化组织是否要承担反垄断责任，需要考察两个方面：① 成员是否在标准化组织中占据重要地位；② 成员是否违反标准化组织的程序；③ 标准化组织是否尽到管理责任。

关于第三个问题。ETSI 主张自己是一个总部位于法国的非营利性组织，因此，该案中证据的取得方式应该根据《海牙证据公约》❷ 来获取，而不是依据原告所主张的美国联邦民事程序规则进行。最后法院认定，第一，《海牙证据公约》并没有剥夺联邦民事程序规则适用的权利。第二，发生在其领域内的外国当事人的争议，可以适用联邦程序规则。❸ 因此，法院裁定将依据美国联邦民事程序规则来判决该案。

2. 标准制定组织成员共谋、限制竞争行为的违法构成要件

综上所述，标准制定组织成员实施共谋以限制竞争的行为，主要表现为标准化组织成员利用其在标准化组织中的重要地位，而人为地影响标准制定的结果。其违法构成要件包括：（1）行为要件，即操纵标准化过程的成员的一致或共同的行为。这在上述两案中都有明显表现，要么是组织自己人参与投票，改变投票的结果；要么是利用自己的重要地位，对新技术拥有者设置不公平的门槛，将其技术排除在标准之外，或者是给予自己的技术更多的

---

❶ Jeffery M. Cross Freeborn & Peters LLP, Standard Setting and Antitrust: SSOs, SEPs, F/RAND and the Patent Holdup, http: //business. cch. com/ald/StrategicPersepectivesStandardSetting andAntitrust. pdf.

❷ 28 U. S. C. S. § 1781, Mar. 18, 1970 ("Hague Evidence Convention").

❸ Memorandum, March 6, 2012, Trueposition, Inc. v. LM Ericsson Telephone Company (Telefonaktiebolaget LM Ericsson), Qualcomm, Inc., Alcatel-Lucent USA, Inc, European Tele-communications Standards Institute, and Third Generation Partnership Project a/k/a 3GPP, available at http: //www. paed. uscourts. gov/documents/opinions/12d0240p. pdf.

优惠条件，以更好地满足标准技术的要求。（2）主观意图要件，即这些一致行为或共同行为实施时，行为人是"故意"的，有非常明显的排除竞争的主观意识。这一点非常重要，如 TruePosition, Inc. 案中的被告公司故意设置技术测试门槛、虚假测试，以及明显地违反标准化组织的程序，这都可以证明其"主观故意"。如果仅仅是因为疏忽而导致的程序不公正，便需要进一步的考察。（3）后果要件，即这些行为对竞争造成损害。两起案件中涉及的技术都是促进技术发展的，而且应该得到公平的竞争地位，但是由于行为人的有意排除行为，将更优的技术排除在标准范围之外，这事实上是与标准制定的宗旨不相符合的，其本质是破坏了标准制定中的公平竞争秩序，应该受到反垄断法规制。

二、标准制定组织成员未披露专利或者虚假承诺的行为

标准制定过程中的一个损害竞争的风险是，标准中专利权人在标准制定过程中通过欺骗行为颠覆竞争过程。其常见的情形是，专利权人可能误导标准制定组织相信其没有持有必要知识产权，导致标准专利选择过程可能被扭曲。对于这种情况，美国联邦贸易委员会已经提起了几个诉讼，指控几个没有向标准制定组织披露他们的知识产权的权利人，将他们的技术纳入标准中，然后对标准的实施者提起侵权诉讼，实施他们的专利权。下文将对这些经典案例展开法律分析。

1. 典型案例

案例一：Dell 案❶

In re Dell Computer Corp. 案是美国联邦贸易委员会（Federal Trade Commission, FTC）提起的最早的一起涉及标准制定组织的未披露行为的案件。1992 年，美国戴尔（Dell）公司参与了美国视频电子标准协会（Video Electronics Standards Association, VESA）的 VL-bus 标准制定。在标准建立的初期，VESA 要求参与标准制定的各方认证是否拥有与该技术方案相冲突的知识产权，戴尔公司的代表均明确表示没有。而在 VESA 采用该标准之后，尤

---

❶ In re Dell Computer Corp., 121 F. T. C. 616, 623-25 (1996).

其是当有 1 400 万计算机的销售商在 8 个月内迅速采用 VESA 的标准后，戴尔公司主张其拥有一项专利（481 专利）并主张权利，要求该标准的使用者向戴尔公司支付专利费。

FTC 指控 Dell 公司行使专利权的行为是对《谢尔曼法》第 2 条的违法。在 FTC 看来，VESA 当初知道 Dell 公司的专利，则可能会选择一种同等有效的、非专有性的标准，因此可以避免 VL-bus 标准赋予 Dell 公司的市场力。现在，Dell 公司能够对每一个执行 VL-bus 标准的生产者收取许可费，消费者的价格将可能会增加。FTC 认为，由于 Dell 的欺骗性行为，构成对该标准传递的市场力的篡夺。因此，认为 Dell 公司在标准制定过程中未及时披露信息，实际上已经放弃了对该专利权收取专利费的权利，根据禁止反言原则否决了 Dell 公司的专利请求。因此，FTC 在其判决中指出，Dell 公司欺骗性的行为，构成对该标准传递的市场力的占用，是对《谢尔曼法》第 2 条的违反。但是最终，Dell 公司与 FTC 达成一个同意令，Dell 同意对实施 VESA 标准的任何人不行使专利权。

面对联邦贸易委员会的指控和裁定，玛丽·阿兹库纳加（Mary L. Azcuenaga）提出了两点质疑：（1）VESA 的专利披露政策是非常不清楚的，并且仅仅只是鼓励而不是要求披露专利，而且标准制定的过程本身就是一个动态的过程，大公司是无法了解未来通过的标准是否会侵犯其专利组合中的哪一项专利，因而无法判断其需要披露的专利的范围。所以，要求全部披露，将会减少公司参与的动力。联邦贸易委员会实施了一个严格的责任标准。除非在能够证明存在明显的欺骗意图的情况下，才可以适用严格的"全部披露"标准。（2）联邦贸易委员会在判决中认为 Dell 违反了谢尔曼法，事实上联邦贸易委员会并没有列举市场力的证明，也没有证明任何事实的或潜在的竞争性的损害。❶ 该依据是值得怀疑的。

由上可知，即使标准制定组织规定了披露义务，专利权人没有履行披露义务，追究其责任时，也需要注意区别专利权人未披露时，是疏忽大意漏掉披露还是有恶意隐瞒，对于这一点，其实是很难区别的，也给禁止反言的适

---

❶ In re Dell Computer Corp., 121 F. T. C. （1996）.

用造成困难。而要适用反托拉斯标准，则需要证明市场力的存在，且对竞争造成了实际或潜在的损害。与此案类似的还有 In re Union Oil Company of California（"Unocal"）案，❶ 由于优尼科公司（Unocal）故意隐瞒的事实非常明显，所以该案并无多大争议，并很快和解。

案例二：Rambus 案❷

基本案情：

2006 年，在 Rambus 案中，FTC 指控 Rambus 没有向联合电子设备工程师委员会（JEDEC）考虑采用的计算机记忆芯片的新标准中披露专利和专利申请，并且还修改它的未决专利申请，使得标准在发布之后，与标准更加接近。在上诉中，FTC 认为 Rambus 欺骗行为违反了《美国联邦贸易委员会法》第 5 条和《谢尔曼法》第 2 条。FTC 指控，由于 Rambus 的欺骗性的行为导致 Rambus 获得了在 DRAM 市场上的垄断力，而且 Rambus 修改了未决专利申请，以确保最终公布的专利与标准更接近。❸ 在裁定中，FTC 委员会认为，Rambus 故意造成一个错误印象，即它不会主张与被考虑的技术的相关权利，并且，关于将被包含到标准中的技术的真实价格，对 JEDEC 成员造成误导，这妨碍了他们做出明智的选择。因此，"Rambus 是故意参与了欺骗性的行为"。这种欺骗导致 Rambus 在技术市场获得垄断力，构成《谢尔曼法》第 2 条违法。FTC 于 2006 年发布了一个救济，对争议中的技术设定了一个最高的许可费。❹

然而，哥伦比亚上诉法院在 2008 年颠覆了 FTC 的判决。上诉法院明确承认了标准制定过程中发生锁定问题，并且可能允许专利权人通过将他们的技术包含到标准中获得垄断力。但是法院认为，FTC "没有证明垄断的存在"。因为 FTC 没有证明，如果没有 Rambus 的欺骗行为，JEDEC 将会选择

---

❶　Union Oil Co. of Cal. , FTC Docket No. 9305, Decision and Order（Aug. 2, 2005）.

❷　Rambus Inc. v. FTC, 522 F. 3d 456, 459（D. C. Cir. 2008）.

❸　Complaint, In re Rambus Inc. , No. 9302（F. T. C. June 18, 2002）, available at http：// www. ftc. gov/os/adjpro/d9302/020618admincmp. pdf.

❹　Opinion of the Commission at 3, In re Rambus Inc., No. 9302, （F. T. C. Aug. 2, 2006）[hereinafter Rambus Opinion], available at http://www.ftc.gov/os/adjpro/d9302/060802 commission-opinion.pdf.

一种替代技术。更确切地讲，无论是否存在 Rambus 的欺骗行为，标准制定组织都会本着对较优技术的选择而选择 Rambus 技术。反过来，即使因为欺骗被选入标准中，也没有增加 Rambus 的垄断力，因此 Rambus 并没有违反《谢尔曼法》。❶

尽管上诉法院的判决遭到很多人的质疑，认为法院要求的认定反垄断责任的因果原因不严格，但是在 2009 年，美国联邦最高法院还是驳回了该案的申请复审令，长达 5 年之久的诉讼终于告结。

案件分析及法律适用：

Rambus 案争议的焦点有两个：① Rambus 要求披露的专利范围；②Rambus 的欺骗行为是否会不合法地获得垄断力。对于第一个问题，FTC 指控 Rambus 使用了一个不公正的竞争方法的理论，即 Rambus 没有披露被要求的专利行为。但是，JEDEC 专利披露政策真正要求披露什么，是否需要披露待决专利申请，这在 JEDEC 成员之间意见都极为不统一，也就造成无法认定 JEDEC 是否明确规定了披露义务。❷ 因此，标准制定组织需要保证他们的专利披露政策是清楚的，否则，专利权人未尽披露义务，可能不是一种不正当的竞争方法。对于第二个问题，上诉法院认为，即使 Rambus 履行了披露义务，JEDEC 仍然会选择 Rambus。因此，Rambus 没有履行披露义务，而获得更好的价格，并没有必然排除竞争对手或者减少竞争。因此，其本身并不是反托拉斯违法的，需要更多的证据证明其对竞争过程造成损害，但是 FTC 认定 Rambus 的行为构成欺骗性行为，并且是一项排他性行为。

在认定 Rambus 的行为"可能是欺骗性的以及具有排他性，并不是基于技术的竞争优势"的问题上，FTC 运用了其 1983 年的《关于欺骗的政策陈述》❸ 的相关理论。根据《关于欺骗的政策陈述》，"激烈的竞争性的广告事实上可以使消费者获益，通过降低价格，鼓励产品创新以及增加特异性和增

---

❶ Rambus Inc. v. FTC，522 F. 3d 456，459（D. C. Cir. 2008）．

❷ Opinion of the Fed. Trade Comm'n at 56，In re Rambus，Inc.，（2006）（FTC No.9302）．

❸ Federal Trade Commission，1983 Policy Statement on Deception，reprinted in 4 Trade Reg. Rep.（CCH）13，205 at 20，911－912，found at http：//www. ftc. gov/bcp/policystmt/ad-decept. htm.

加消费者可以获得的信息"。❶ 如果消费者更喜欢一项竞争性产品，被一个行为错误地转移了购买选择，那么该行为则是欺骗性的，并且损害竞争。一个商业性的交流，如果包含一个陈述或遗漏的事实，而且该事实对目标观众的行为或购买决定是重要的，可能会误导目标观众，那么该陈述或遗漏也是欺骗性的。

在 Rambus 案中，第一，Rambus 对标准制定组织隐藏了其悬而未决的专利申请，该专利申请的技术被考虑纳入 JEDEC 的标准中。很多年之后，一旦该标准被确立并且被行业采用，Rambus 又起诉那些实施标准的公司专利侵权。FTC 认为，Rambus 通过其持续的隐藏专利和专利申请的行为，做出了可能的欺骗性的遗漏，并且通过逃避有关专利的问题以及做出令人误解的回答，构成彻底的虚假的陈述。第二，由于 JEDEC 的标准制定工作是合作性的，这导致 JEDEC 的成员有理由相信，这个标准制定环境是免于欺骗性行为的。因为这种期望，JEDEC 成员"可能对欺骗不是那么警觉或谨慎"，所以"反竞争的效果更容易产生"。第三，FTC 认为，标准制定过程中的欺骗，在认定其是否具有损害竞争的可能之前，必须认定其是否存在一个"故意"，但是有时即使是无知的关于专利的错误陈述也可能会被认定是非法的。但是，Rambus 是故意地参与了专利欺骗，而且有意图持续性地从事这种欺骗，以操纵标准制定过程。第四，要证明标准制定过程中的专利欺骗是否构成不合法的排他性行为，还必须满足一项不合法的垄断的通常要素。如必须证明在欺骗行为和获取垄断力之间存在一个因果关系，欺骗行为必须是一项"看起来有合理的能力，去创造和维持垄断力的行为"。如果专利权人的欺骗，对选择过程不是重要的，那么这个欺骗也不会构成非法的排他性的行为。第五，专利欺骗性行为还必须导致持久的市场力量。如果一个行业能够很快地转产，以及转向替代性技术或者一项新的标准，没有实际性的成本，

---

❶ Deception Statement，at 58.

当专利持有人宣称它的专利时，那么专利权人也没有不合法地获取垄断力。❶ 综上所述，FTC 认为 Rambus 参与了不合法的排他性行为，违反《谢尔曼法》第 2 条。虽然最终美国联邦上诉法院以及最高法院不支持 FTC 的决定，但是对 FTC 的大部分观点是赞同的。美国联邦上诉法院和最高法院同样承认垄断力的可能增加，只是提出了更严格的证明标准。这表明反垄断法对标准制定中垄断行为的判定要求越来越高，也反映出美国反托拉斯法对专利权人创新的保护与支持。

案例三：Broadcom Corp. v. Qualcomm Inc. 案❷

基本案情：

Broadcom Corp. v. Qualcomm Inc. 案是一起由私人原告提起的涉及标准制定中的垄断行为的反垄断控诉。博通公司（Broadcom Corp.）指控,高通公司通过故意向欧洲电信标准协会（the European Telecommunications Standards Institute，ETSI）承诺，如果它的技术被纳入第 3 代移动无线设备的新标准中，在标准通过以后，它将会按照 FRAND 形式许可专利。但是在标准实施之后，高通公司对它的竞争者，以及使用不是由高通公司制造的芯片组的顾客，索要超过 RAND 形式的许可费。博通公司因而宣称高通公司通过利用它在技术市场新建立的垄断力，实施歧视性许可形式，企图垄断与标准兼容的芯片组产品所在的下游市场。美国联邦第三巡回法院认可了博通公司的指控，陈述道：由于高通公司虚假承诺以 FRAND 形式许可它的专利，模糊了被纳入标准中的专有性技术的成本，以及增加了专利权将会赋予专利权人垄断力的可能性，损害了竞争的过程。

案件分析及法律适用：

高通案和 Rambus 都涉及比较明显的欺骗行为，案件事实存在相似性，反竞争意图明显，两案结果却截然不同，这也引起很多争议。笔者认为，这

---

❶ Potential Pro-competitive and Anticompetitive aspects of Trade/Business Associations，available at http：//www.ftc.gov/sites/default/files/attachments/us-submissions-oecd-other-international-competition-fora/ustradeass. pdf.

❷ Broadcom Corp. v. Qualcomm，Inc.，501 F. 3d 297（3d Cir. 2007）.

两个案件的判决在本质上是相同的。如果一个专利权人没有披露其拥有的技术，而导致标准制定组织相信该技术是非专有性的，以及被许可人实施该标准是免费的，事前竞争可能被损害；同样地，如果一个专利权人作出 FRAND 承诺但是并没有打算在事后遵守该承诺，而导致标准制定组织在选择哪些技术要包含到标准中，信赖了该承诺因而选择了专利权人的技术，而不是竞争性的技术，事前竞争也会被损害。因为专利权人在事前可能会面对来自竞争性技术的各种挑战，然而在标准被采用后，专利权人不再面临这种竞争性的技术，并且可能占用标准所形成的垄断力。如果没有这种优势，专利权人需要考虑的远远超过在事前环境下所能协商的，因此，他们都不是一个较优的产品、商业智慧，或者历史的偶然机遇。❶

两案判决的不同主要由程序上的差异而导致。Rambus 的判决是基于 FTC 的完整记录中的调查缺陷而展开的，即无法证明即使没有 Rambus 行为，必然会导致标准制定组织选择另一种技术。这是一种非常严格的反垄断证明要求。正如事后 FTC 也承认，证明"一个欺骗性行为会误导标准制定组织对专利的选择"是异常困难的。❷ 而在博通公司案中，法院只是处理博通的诉讼请求，认定反垄断违法相对容易得多。因此，Rambus 案中 FTC 的失败只是在于其举证不能，换个角度也可以看作巡回法院对技术创新权利的保护。而 Rambus 案中巡回法院要求的严格的证明责任，可能也会导致美国反垄断执法理论的变化。这也很快地在不久后的 N-Data（Negotiated Data Solutions LLC）案中得以体现。

2. 标准制定组织成员的"欺骗"行为的违法构成要件

上述被指控为涉嫌垄断的欺骗行为，具有一些共性：（1）这些行为破坏了标准制定过程中的竞争。Dell、Unocal、Rambus 公司没有披露其拥有的技

---

❶ 美国联邦最高法院在 United States v. Grinnel Corp. 案中确定了判定非法垄断化的两个因素：（1）在相关市场上用垄断力；（2）故意获得或维持这种力量，而不是由于其产品的优越。经营灵活或偶然的历史事件所导致的增长给它带来这种力量。参见［美］赫伯特·霍温坎普著，许光耀、江山、王晨译：《联邦反托拉斯政策——竞争法律及其实践》，法律出版社 2009 年，第 294 页。

❷ Rambus at 36, quoting Aspen Skiing Co. v. Aspen Highlands Skiing Corp., 472 U. S. 585, 605（1985）.

术，而导致标准制定组织相信该技术是非专有性的，以及被许可人实施该标准是免费的，破坏了标准制定过程中的竞争。同样地，高通公司作出FRAND 承诺但是并没有打算在事后遵守该承诺，而导致标准制定组织在选择哪些技术要包含到标准中，信赖了该承诺因而选择了专利权人的技术，而不是竞争性的技术，同样损害了标准制定过程中的竞争。专利权人在专利纳入标准前可能会面对来自竞争性技术的各种挑战，在标准采用后，专利权人不再面临这种竞争性的技术，并且可能占用标准所形成的垄断力。如果没有这种优势，专利权人需要考虑的远远超过在事前环境下所能协商的。因此，他们垄断力的获得都不是自身竞争优势的结果。（2）这些欺骗行为，使得专利权人获得了额外的市场垄断力。由于被告公司在标准制定过程中隐瞒了专利权利或虚假承诺，从而使得标准制定组织或其他成员相信，即使他们的技术被采纳为标准，市场力量也不会增加。事实恰恰相反，当标准实施后，这些公司在该标准领域的市场力大大加强。这些公司"故意"的误导行为，促成了专利权人市场力的扩张，也使得其他企业被锁定在该专利权周围。如果标准制定组织知道这些专利的存在，将可能会选择一种同等有效、非专有性的标准，则可以避免这种市场力的增加。

因此，"专利权人的欺骗行为（包括未披露或虚假承诺行为）是否导致对标准排他性权利的篡夺、是否会排除竞争"，是判定其是否构成反垄断违法的基本标准。具体为：如果标准制定组织成员通过占用标准的排他性力量，阻碍了竞争性的替代品，专利权人因此获得超出其专利本身所拥有的价值，将对竞争构成重大危险，则构成反垄断违法。反之则是合法的。

这一基本标准在适用中，需要分析以下要件：（1）专利权人"未披露行为"发生时的意识状态，是"故意"还是"无意"的。这曾在 Dell 案中就有争论。技术标准的制定是一个相当复杂的过程，涉及的专利权利可能多达成百上千，而参与技术标准制定的人员不一定是精通专利技术的人员，难免有疏漏之处。如果有确切证据证明专利权人的确是"有意"不披露，则是较明显的试图占用标准的排他权利，其垄断违法意图明显。反之，若有证据证明，的确是由于疏漏而未披露，构成垄断的可能性则不大。（2）标准制定组织及其成员对"虚假承诺"的信赖程度。如果标准制定组织或其他成员因专利权人的事前主张，放弃了选择其他技术，并在标准实施后，投入了大量沉没成本，可以推断标准制定组织或其他成员对该"虚假承诺"的信赖度高。其他成员被"锁定"的现象越普遍，专利权人构成垄断的可能性越大。（3）市场上是否存在其他的可替代技术选择，且对该专利技术与可替代技术加以比较，包括技术性能、成本、推广的难易、消费者的接受度等因素。Rambus 案法院主张的严格举证责任，一般人都难以完成，容易导致反垄断规制形同虚设。因此，笔者认为，原告只需要举证：如果没有欺骗行为，选择其他技术的可能性与概率。如果选择其他技术的可能性越大，则说明该专利技术本身的市场力影响越小，那么未披露行为篡夺标准的力量、增强专利垄断力的可能性越大。反之，综合各种因素比较，选择其他技术的可能性不大，那么说明该技术本身的优势已经赋予其一定的垄断力，则不宜判定其构成滥用。

三、专利权人不遵守先专利权人的 FRAND 许可承诺的行为

如果通过购买一项已经包含在标准中的专利，然后拒绝履行该专利以前的权利人做出的许可承诺，也会受到美国联邦贸易委员会的禁止。FTC 认为，为了将该项技术包含到标准中，专利权人才对标准制定组织作出了许可承诺，从而获得该标准的排他性的权利。那么，在后续的专利转让中，后权利人也应该受到该许可承诺的约束。这种行为可以通过 FTC 对 N-Data（Negotiated Data Solutions LLC）案的裁定得到进一步的认识。

1. 典型案例：N-Data（Negotiated Data Solutions LLC）案❶

20 世纪 90 年代，国际电子电器工程师协会（Institute of Electrical and Electronics Engineers，IEEE）在计算机和通信领域颁布了一系列的标准。国家半导体公司（National Semiconductor）参与了当时一项与以太网技术

---

❶ Negotiated Data Solutions LLC，FTC File No. 0510094，Statement of the Federal Trade Commission（Jan. 23，2008），available at http：//www.ftc.gov/os/caselist/0510094/080122statement.pdf.

相关的标准制定，声明其含有一项待决的专利申请，该专利技术能够使得新的快速因特网设备，自动地与旧的、慢的设备相兼容，在 IEEE 商议是否将这种技术包含到新的标准的过程中，国家半导体公司承诺以一次性收费 1 000 美元，按照非歧视性标准将该技术许可给所有的被许可人。在标准发布之后，国家半导体公司将该项专利转让给了垂直网络公司（Vertical Networks，Inc.），该公司表明它将同样根据非歧视性基础许可这项技术，但是要求生产快速以太网设备的公司支付每一单位的许可费。之后该项技术转让给了 N-Data 公司，但是 N-Data 否认了国家半导体公司以 1 000 美元一次性许可的声明，而是按每一单位收取许可费，并且对那些拒绝支付许可费的公司威胁将提起诉讼。FTC 宣称 N-Data 公司没有遵守原先的承诺，"即使 N-Data 公司和垂直网络公司的行为，没有构成《谢尔曼法》规定的违法行为，也违反了联邦贸易委员会法案第 5 条"。美国联邦贸易委员会认为，N-Data 公司的行为可能会造成两种损害。第一，N-Data 威胁到对整个行业单方面的提高价格。N-Data 公司较高的许可费，可能会提高实施 IEEE 快速因特网标准的成本，并且会导致遵循标准的产品的产量减少。第二，N-Data 公司的行为也可能会减少公司参加 IEEE 以及其他的标准制定活动的动力，并且失去对标准制定组织制定的标准的信赖度。因而，根据美国联邦贸易委员会法案第 5 条（FTC Act 5）对 N-Data 提起了一个"不正当竞争方法"的指控。

2. 法律适用分析

该案是 FTC 执法首次在标准制定领域中适用《美国联邦贸易委员会法》第 5 条来指控专利权人的行为。如前所述，由于在 Rambus 案中 FTC 所遭遇的挫折，证明专利权人不遵守之前许可承诺是否会必然导致垄断力的获得非常困难，因而美国联邦贸易委员会需要寻找合适途径来规制这些行为。虽然最终 FTC 是根据第 5 条对 N-Data 提起了一个"不正当竞争"的指控，但是不像在先前的对抗 Dell、Unocal 和 Rambus 的诉讼中，FTC 既没有宣称，涉及的任何人曾参加了一个欺骗行为，也没有宣称 N-Data 的行为构成《谢尔曼法》第 2 条的违法或者是其他的排他性的行为。然而，在 FTC 内部，对于能否根据 FTC Act 5 追究 N-Data 的反托拉斯责任，也是存在争议的。5 位委员中，委员莱博维茨（Leibowitz）、罗施（Rosch）、哈伯（Harbour）表示同意，主席梅杰拉斯（Majoras）和委员科瓦契奇（Kovacic）持异议。

美国反托拉斯法对专利权人不遵守对标准化组织的许可承诺的态度，主要体现在两个方面。

第一，标准化过程中，要确定专利权人的反垄断责任，并不必然需要对标准化组织的欺骗。与之前的 Dell、Rambus 和高通案不同，在 N-Data 之中，FTC 表达了一种观点：即使不存在对标准制定组织的欺骗，甚至没有参与到标准制定程序中，也可能导致反托拉斯责任。如 N-Data 案的主席梅杰拉斯在他的异议中争辩到，N-Data 和它的继承者与 Dell 案、Unocal 案、Rambus 案中的被告不同，他们都没有参与任何的欺骗性的行为，但是大部分人认为 N-Data 公司违反了第 5 条。学者们也认为，N-Data 案代表着美国反托拉斯部门对之前的 Dell 案、Unocal 案、Rambus 案以及博通案判决的重要的态度转变，因为之前的每一个案件都要求，欺骗是判定反托拉斯责任的一个先决条件。❶

第二，美国联邦贸易委员会法第 5 条能否适用《谢尔曼法》第 2 条之外的行为，是否需要对竞争者的排除行为。对于这一问题，美国著名的反垄断学者夏皮罗（Shapiro）和法雷尔（Farrell）指出，首先，"欺骗破坏了技术竞争的过程，因而与反托拉斯政策是对立的"。其次，"欺骗使得欺骗当事人富有是以其他人为代价，即使他没有改变被选入标准中的技术"。❷ 可见，两位学者关于欺骗是持反对观点的。若《谢尔曼法》不能很好地适用，执法中可能会寻找其他的法律适用。其实在 Rambus 案中，FTC 的莱博维茨委员

---

❶　Bruce H. Kobayashi & Joshua D. Wright, Federalism, Substantive Preemption, and Limits on Antitrust: AnApplication to Patent Holdup, J. COMPETITION L. & ECON.（forthcoming 2009）（manuscript at 25）, available at http://papers.ssrn.com/sol3/papers.cfm? abstract _ id = 1143602.

❷　Joseph Farrell, John Hayes, Carl Shapiro & Theresa Sullivan, "Standard Setting, Patents, and Hold-Up", 74 *ANTITRUST L. J.*（2007）, p.657.

就曾指出可以适用联邦贸易委员会法第 5 条。❶ 事实证明，即使 FTC 没有证明事实的反竞争的损害（这是构成《谢尔曼法》第 2 条违法的必要元素），只要 FTC 能够证明"足够的反竞争的属性，如缺乏一个独立的商业正当理由，反竞争的意图、掠夺、共谋、欺骗，损害竞争的倾向等"，依然可能是反垄断违法的。这也体现了美国联邦贸易委员会法作为《谢尔曼法》的补充。同样，委员罗施也明确指出，根据 N-Data 的事实，它没有看到一个"排他性的行为"，还特别强调道，"在标准制定情况下，根据联邦贸易委员会法案第 5 条（FTC Act 5）来主张反托拉斯责任，可能是特别合适"。❷言下之意，即使没有对竞争者的排除行为，也可以依据联邦贸易委员会法案第 5 条来追究其反垄断责任。可见，FTC 委员会表达了一种倾向，在今后的反托拉斯执法中，可能会广泛适用第 5 条来对待标准化中由于专利权人隐瞒专利或者虚假承诺而导致的专利劫持问题，可能会超出传统的谢尔曼法的适用。

可见，在 N-Data 案中，反垄断执法机构对标准化组织的不遵守许可承诺的行为给予了较宽泛的规制，也说明反垄断执法机构认识到技术标准具有极强的网络经济效应，因此极易产生"标准锁定"的现象，从而阻碍标准的实施。即使一项行为不存在欺骗，也没有排他性的效果，仍然可以依据"不正当竞争方法"来追究其反垄断责任。

第二节　技术标准实施中专利许可所涉垄断行为的违法构成要件

标准与专利结合之后，标准实施者必须要得到标准中专利权人的许可，否则便会导致侵权。因此，技术标准实施的主要活动之一便是专利许可行

---

❶ Rambus, Inc., FTC Docket.No.9302, Concurring Opinion of Commissioner Jon Leibowitz at 18, 21（Aug.2, 2006）, available at http：//www.ftc.gov/os/adjpro/d9302/060802 rambusconcurringopinion-ofcommissionerlei- bowitz.pdf.

❷ Interview with J. Thomas Rosch, Federal Trade Commissioner, ANTITRUST, Spring 2009, at 41.

为。专利权是一种合法的垄断权，但若专利权人借标准实施垄断、破坏竞争，应受到反垄断法的规制。典型的如拒绝许可、超高定价、价格歧视和搭售行为，以及专利权人在许可谈判中提起禁令诉讼，以迫使标准实施者接受不合理的许可条件的行为。由于标准中专利权人具有一定的支配力量，因此反垄断法对其规制时，多依据滥用支配地位行为的分析方法。但是，由于技术标准可以为专利权人带来潜在的超过一般专利许可所获得的利润，因此，标准中专利权人的滥用行为与一般的滥用行为有所不同。

一、技术标准专利权人的拒绝许可行为

1. 技术标准中的拒绝许可行为及特征

拒绝许可是拒绝交易的一种。反垄断法上，拒绝交易行为包括单方面的拒绝交易和联合的拒绝交易，前者是指"具有支配地位的经营者没有正当理由，拒绝与交易相对人进行交易"；❶ 后者是指经营者联合起来，不与对方交易的行为，一般指联合抵制行为。技术标准实施中的拒绝许可行为多为标准中专利权人拒绝将自己的专利许可给标准实施者使用的行为，属于单方拒绝交易行为。

传统的拒绝许可行为，多是经营者为了维持或延伸其市场支配力量，拒绝将自己拥有的产品或技术与他人交易，以阻碍竞争对手进入市场，或者阻碍新产品的出现，或者减少市场竞争。在一般的专利许可中，专利权人单方面拒绝许可专利，也包括两种情形：第一种情形是，为排挤竞争对手，通过不将自己的专利授予其他人使用，可以独占专利产品市场，同时使得竞争对手无法进入市场生产出新产品。第二种情形是，拒绝许可往往是专利权人实现其他目的的工具，典型的通过拒绝许可来获得超高许可费、实现价格歧视的目的，以及搭售非必要产品。根据吕明瑜教授的分类，前者属于纯粹的拒绝交易，后者为条件式拒绝交易。❷

---

❶ 王先林：《知识产权与反垄断法（修订版）》，法律出版社 2008 年版，第 225 页。
❷ 吕明瑜：《知识产权垄断的法律控制》，法律出版社 2013 年版，第 326 页。

技术标准实施中的拒绝许可行为大多属于典型的条件式拒绝交易行为，而不是纯粹的排除竞争者的拒绝许可。其表现在几个方面：其一，技术标准具有一定的公共性，由于其普适性，因而能为标准中专利权人带来较一般许可更多的许可费。专利权人选择将专利纳入法定的技术标准，或者专利权人联合起来形成标准联盟，其最终都是为了获取更多的收益。所以，一般情况下，他们不会直接拒绝许可而切断自己的收益来源。其二，标准制定组织的标准选择的过程本身就是一个专利竞争的过程，被纳入标准中的专利权人本身就减少了很多竞争者，所以也不大需要通过拒绝许可来排挤竞争者。其三，一些专利权人可能既是专利所有人又是生产者，其可能会对同是生产者的竞争者之间拒绝许可，如智能手机领域，三星、微软、苹果、华为、中兴等之间发生的多起拒绝许可诉讼，在一定程度上是为了排挤竞争者，但是由于受到技术标准实施的规则约束，即 FRAND 承诺的限制，轻易不会直接拒绝许可。其四，即使是企业形成的标准联盟，他们实施拒绝许可的主要目的也是为了获取更多的利润。随着标准化进程的发展，标准联盟要使得其标准占据市场，也必须设置合理的许可制度，一般也设有 FRAND 许可承诺制度。毕竟技术日新月异的发展，使得像微软那样在技术上难以超越的企业已不多。这些标准联盟也很难占有绝对的市场力量。所以，他们一般也不会选择拒绝许可来排除对手，然而，高额许可利润的刺激使得专利权人想方设法索要更多的许可费，拒绝许可便成为一种最好的要挟手段。

因此，技术标准实施中的拒绝许可行为具有以下特征：（1）专利权人具有较强的许可意愿。专利权人选择愿意将专利纳入标准，主要目的是在更广的范围内许可自己的技术。（2）专利权人拒绝许可是为了获得更多的许可费，因此在拒绝许可的同时，可能会附带其他的垄断行为。（3）标准中专利权人拒绝许可的原因，多是专利权人期望的许可费，与被许可人期望的许可费出现分歧。技术标准制定中，标准制定组织或标准联盟基于标准竞争的需要，❶ 往往会要求专利权人做出 FRAND 的许可费承诺，因此，专利权人赤裸裸的、直接、完全的拒绝许可，很容易被认定是前文所述的"欺骗性"的垄断行为。因此，标准中专利权人会遵守 FRAND 许可承诺，但是在许可费的认定上，双方最大的问题就是对"合理公平"许可费的期望值不同。如果专利权人认为自己提出的许可费是依据"公平合理"原则的，也只能按照该价格许可，否则便不予许可，但是被许可人认为过高无法接受，这种情况下导致的拒绝许可便取决于对 FRAND 的认定。因此，这一点也将成为判定标准实施中专利权人拒绝许可是否正当的关键。

2. 欧美反垄断法对专利拒绝许可行为的一般态度

专利拒绝许可在本质上是知识产权拒绝许可的具体类型。因此，我们可以从欧美对知识产权拒绝许可的执法发展来了解其反垄断执法机构的态度。在专利权产生之初，人们对专利许可的基本认识为：专利权是一项排他权，那么专利权人可以自由地实行自己的排他性权利；专利许可本质上又是一个合同行为，民法上的合同当事人有权利决定自己的许可价格，且享有是否许可的权利。因此，对于专利拒绝许可是不予禁止的。这在 1908 年的 Continental Paper Bag v. Eastern Paper Bag 案和 1981 年的 SCM v. Xerox 案，以及 1994 年 Data General v. Grumman 案中都表达了此观点。❷同样，在欧盟，纯粹的专利拒绝行为是不受竞争法规制的。在 Volvo v. Erik Veng 案中，专利权人有权禁止其他人使用其外观设计，这是排他权的体现，不宜强制许可。❸ 随着人们对知识产权和专利权本质的认识，以及随着专利滥用对竞争产生一定

---

❶ 笔者认为，企业形成的标准联盟，要得到广泛的接受和推广，必须要设置一套合理的许可制度。因为技术更新换代已经那么迅速，替代性技术推出的速度也非常快，企业联盟希望完全凭借自己的技术优势，占有完全的标准市场几乎不大可能，连技术实力强大的微软也会遇到安卓系统等强劲对手，与其在智能手机系统市场上形成势均力敌的竞争，因此，标准之间的激烈竞争，将迫使企业标准联盟在标准制定和推广时，做出一些许可承诺，才可能得到生产者的接受，否则，一项标准将难以推广。所以，很多标准联盟也做出了许可承诺，以获得标准市场。这对其之后的专利拒绝许可也设置了一道限制。

❷ 彭志刚：《知识产权拒绝许可反垄断法律问题研究》，法律出版社 2011 年版，第72~74 页。

❸ Case 238/87 AB Volvo v Erik Veng［1988］E. C. R. 6211；［1989］4 C. M. L. R. 122.

的负面效应时，美国和欧盟基本形成一个统一的意见：知识产权和其他权利一样，如果存在滥用，应该受到反垄断法的规制，即知识产权不会自然地受到豁免。同样，专利权滥用也应该受到反垄断法的规制。而美国反垄断法更多地强调专利权人行使专利权的目的，根据《谢尔曼法》第 2 条，如果"具有垄断或试图垄断、企图获得、维持垄断力"的行为，那么一项拒绝许可则应该禁止。而欧盟竞争法更多地关注一项专利拒绝许可行为对相关竞争的影响，如果其会产生限制竞争的不良后果，且超过其对竞争的促进效应，应该受到反垄断法的规制。但由于专利比著作权、商标等具有更强的排他性，且专利发明具有更强的促进创新的作用，因此更需要考虑其对竞争的效果，即专利权人合法的行使其排他权，受到专利法的保护；如果专利权的行使超出了其专利权利的价值范围，则受到反垄断法的规制。

即使美国和欧盟达成了大致统一的意识，在对专利权拒绝许可的反垄断规制的具体方法及分析上也还是存在一些不同。

（1）有关法规的观点。美国在《反托拉斯执法和知识产权——促进创新与竞争》（2007）报告中强调："追究单方面的拒绝许可的反垄断责任会抑制专利权人的创新，无法维持知识产权和反垄断的平衡；但是附条件的拒绝许可很可能会对竞争造成损害，因而在特定的情况下会被认定为违反反托拉斯法。"❶ 而在欧盟，对拒绝许可行为均是依据《欧盟运行条约》第 102 条进行规范，如果其构成滥用，则可以追究其反垄断责任。

（2）关于专利拒绝许可是否涉嫌反垄断违法的美国案例及观点。在美国，Image Technical Services, Inc. v. Eastman Kodak Company❷ 案中，美国法院首次运用《谢尔曼法》认定"专利拒绝许可"行为构成反垄断违法。该案中，柯达公司拒绝向独立的售后服务商提供服务和柯达已经申请专利的零部件，导致独立的售后服务商无法在复印机维修市场上与其竞争。法院认为，柯达公司具有"意图"去追求其在维修市场上的垄断力。专利权人虽然

---

❶ U. S. Department of Justice & Federal Trade Commission, Antitrust Enforcement and Intellectual Property Rights: Promoting Innovation and Competition（2007）. 美国联邦贸易委员会：《反托拉斯执法和知识产权——促进创新与竞争》（2007）。

❷ 125F. 3d 1195（9th Cir. 1997）.

具有独占权利，但是如果专利权人将独占权利扩大到专利授权范围之外或者具有这样的意图，则是违法的。而且，法院进一步判定，复印机售后服务市场是一个独立的市场，因为柯达设备的服务和零件与其他制造商的不能相互替代，从设备使用者的角度考虑，柯达零部件和服务构成独立的相关市场，相关市场仅由那些为柯达设备提供服务的公司组成。因此，在某些情况下，一个单一的产品品牌也可构成一个独立的市场。❶ 学者认为柯达案具有一定的典型意义，即确立了专利拒绝许可的反垄断责任的基本原则，但不足之处是运用了"主观"的意图分析方法，没有重点分析柯达拒绝许可行为的竞争效果。在之后不久的 CSU v. Xerox Co 案中，案情基本类似，结果却相差甚远。❷ 引人注目的是，该案虽然发生在 2000 年（柯达案之后），但是其判决是历史的倒退。在该案中，法院依然承认"专利权人可以在任何情况下拒绝出卖或拒绝许可，可以利用专利禁止任何人使用、制造或销售其专利产品"。可以说该案回到了对专利权的绝对保护时代，因此招致很多批评。当然，在美国反垄断的现代历史上，也仅有 CSU 案强调了专利权不受限制，其余的都认为专利拒绝许可在特定的情况下应该受到限制，如 Aspen 案、2000 年的微软案。即使如此，美国反垄断法在对拒绝许可的违法性认定上态度也还是有不确定的时候。在有关 Intel 和 Intergraph 的两个纠纷中，案情类似、结果却相差甚远。第一个是 1999 年的 Intergraph Co. v. Intel Co. 案，Intergraph 指控 Intel 拒绝许可其微处理器的机密信息，构成反垄断违法，而且对 Intel 的机密信息援用了"必要设施理论"。但是巡回法院认为是不适当的，因为首先 Intergraph 与 Intel 不是竞争关系，其次 Intergraph 没有试图垄断的意图，反垄断法是保护竞争的，因此 Intel 的拒绝许可并不构成反垄断违法。然而，在之后不久，FTC 对 Intel 的类似行为发起了一个调查，并认定其拒绝向客户提

---

❶ 沈四宝、刘彤：《美国反垄断法原理与典型案例研究》，法律出版社 2006 年版，第 10 页。

❷ 吴广海：《专利权行使的反垄断法规制》，知识产权出版社 2012 年版，第 165～171 页。

供机密信息是违法的。❶ 因为 Intel 的拒绝许可行为，具有试图"垄断"其在未来的微处理器市场上的垄断力量。综上可见，美国反垄断在认定拒绝许可行为上侧重两点：拒绝许可会损害竞争，而不是竞争者；专利拒绝许可违法是因为试图扩大或维持其在另一个市场上的垄断力。

再看看欧盟的案例。在欧盟竞争法的判例中，暂时没有关于专利拒绝许可的经典案例，但是欧盟法院做出的几个与著作权相关的拒绝许可的判决，为知识产权领域的拒绝许可行为提供了很大的参考。这几个案件就是大家熟知的 Magill 案、IMS 案❷以及微软案。在 Magill 案中，原告 Magill 公司希望创办一个独立的周刊电视杂志，而且这种周刊电视杂志是市场上没有的且消费者迫切需求的，但是必须要利用被告 RTE 等几家电视公司的节目，在请求获得被告 RTE 等公司的著作权许可时却遭到了拒绝。因此，原告指控 RTE 等几家公司有滥用市场支配地位的行为。此外，IMS 也是一个类似的版权拒绝许可的案件，原告 NDC 公司若无法获得被告 IMS 公司的"1860 砖块结构"，便无法在相关市场上进行竞争，因为这个"1860 砖块结构"已经成为该医药销售行业中的行业标准，最终 IMS 的拒绝许可行为被认为构成《欧盟运行条约》第 102 条的滥用市场支配地位的行为。之后在 2004 年的微软案中，欧盟法院认为微软拒绝提供兼容信息将会阻止消费者需要的新产品的出现。这几个案件中，欧盟竞争法侧重考察：专利拒绝许可是否会消除竞争；是否会阻碍消费者需要的新产品的出现。

（3）"关键设施理论"在美国和欧盟的运用。美国和欧盟对拒绝许可行为的反垄断分析方法多是运用"关键设施理论"。先看美国的实践。美国虽然曾在柯达案中，采用过"意图"测试方法，但这一方法是不符合反垄断法分析方法的整体发展趋势的，行为分析方法已成为主流的分析方法，因此柯达案中的"意图"测试方法很快被抛弃，而关键设施理论成为主流的分析方法。关键设施是指一项设施无法被合理地复制，且人们希望在市场中竞争，

❶ 彭志刚：《知识产权拒绝许可反垄断法律问题研究》，法律出版社 2011 年版，第85~88 页。

❷ 同上书，第113~117 页。

获得该项设施是必需的。❶关键设施理论最早运用在港口、桥梁、铁路等大型设施中，由于这些设施是其他人进行竞争的必要手段，因此，掌握这些设施的当事人拒绝提供这些设施时，会构成滥用支配地位。美国通过 Terminal Railroad 案确立了这一理论，并通过一系列的案例不断完善和修正该理论。在美国历史上，MCI 案是关键设施理论的最经典的案例，其首次确立了可以根据关键设施理论确立反垄断责任，而且明确了原告的举证责任。MCI 案中阐述了关键设施原则的四个要素为："（1）关键设施被某个垄断者控制着；（2）竞争者实质上没有能力复制该项设施，或这种复制是很不合理的；（3）拒绝让某个竞争者使用该设施；（4）该设施是能够提供的。"❷这一理论也一直被沿用。在欧盟，关键设施理论最早也是适用于有形物，最早对拒绝交易行为适用关键设施理论的是 1974 年的 Commercial Solvents Corporation（CSC）案。之后在 Oscar Bronne 案中，将关键设施理论正式运用到知识产权领域，该案还确立了关键设施理论的基本框架：拒绝交易将消除相关市场的所有竞争；拒绝交易没有客观理由；拒绝提供的交易对原告而言必不可少的，且没有实际或潜在的替代物。❸而在之后的 Magill 案、IMS 案和微软案，对"关键设施理论"进行了完善，如 Magill 案提出了四要素：拒绝提供的产品有无替代品；有无阻碍新产品；有无正当理由；是否企图排除市场竞争。而 IMS 案为指明"特定情形下"的拒绝许可会构成对《欧共体条约》第 82 条的违法，其判定要素主要为：拒绝提供的知识产权对进入市场是必不可少的，且会排除市场上的竞争；拒绝许可会阻碍新产品的出现；无正当理由。可见，欧盟竞争法对关键设施的判定，更加侧重对其"消除竞争"和"阻碍新产品的出现"的考察。

实际上，在美国很少判定拒绝许可构成反垄断违法，在之前的判决中可以发现仅有柯达案中被告败诉，其余都认为被告（知识产权人）不构成反垄

---

❶ Fishman v. Estate of Wirtz, 807 F. 2d 520, 539（7th Cir. 1986）.

❷ ［美］赫伯特·霍温坎普著，许光耀、江山、王晨译：《联邦反托拉斯政策——竞争法律及其实践》，法律出版社 2009 年第 3 版，第 339 页。

❸ Oscar Bronner GmbH &Co. KG v. Mediaprint Zeitungs（1998）ECR I-7791.

断违法。从这些案件中也可以看出，美国对是否构成"关键设施"的认定非常严格，一般一项专利不会轻易地被认定为"关键设施"，而且对相关市场的界定也很不确定。但是在欧盟，上述案件中除了 Bronne 案之外，其余的案件中都认为被告（知识产权人）滥用了支配地位，主要考察因素是"消除或试图消除竞争"以及"阻碍新产品的出现"。此外，产生这种不同的原因，有学者也进行了分析，认为主要是由于"知识产权的创新程度""知识产权的前期投入和利益回报不同"以及"美国和欧盟的政治体制不同"决定两地对"知识产权拒绝许可"的态度不同。❶ 可见，将来欧盟在遇到专利拒绝许可的案件中，可能也不会轻易地判定其反垄断违法，而是会更加谨慎地在"专利创新和竞争之间"维持适当的平衡。而对欧盟案例和执法的分析，也将为技术标准化中必要专利权利人拒绝许可行为提供一些借鉴。

3. 技术标准的专利权人拒绝许可行为的相关案例及分析

案例一：思科诉华为案

思科诉华为一案被称为"国内技术标准垄断的第一案"，基本案情大家较为熟知。思科的私有协议因进入市场较早而成为通信网络领域的事实标准，其占据了中国网络市场超过 70% 以上的市场份额，华为要生产相应的通信设备必然需要使用思科的"私有协议"，但是思科拒绝许可。该行为本质便是专利的拒绝许可行为，因为标准是由专利组成的。然而，当时中国并无反垄断法，因此华为在被诉专利侵权时，华为为自己的辩护中只能强调，自己是为了满足用户的需要而不得已使用了思科的"私有协议"。因此，关于"私有协议"合法性一直受到争议。或许当时华为也并不清楚，依据反垄断法理论，可以主张"私有协议"构成一项"关键设施"。若在今天，华为完全可以依据反垄断法指控思科构成滥用市场支配地位的行为。

笔者认为，首先，思科的私有协议是由大量的专利所构成的，这些专利具有独占权，因此这些专利本身就具有一定的垄断力；而且思科的私有协议

---

❶ 赵栋："美欧竞争执法对拒绝许可的态度差异及其原因探究"，载《电子知识产权》2011 年第 9 期，第 89~90 页。

依其市场份额已在中国网络市场具有支配地位。因此，思科具有一定的垄断力。其次，思科的私有协议已经成为中国网络市场的事实标准，因为该私有协议对所有需要与这些网络实现互联互通的生产者而言是必不可少的，华为只是其中的一个生产者。因此，该私有协议是华为进入市场所必不可少的。再次，由于私有协议的独占性，华为无法进行复制，而市场上消费者都已经习惯思科的路由器，华为要生产相通的产品也无法找到其他的替代技术。最后，思科提供这些私有协议是可行的。思科之所以拒绝许可私有协议，是因为华为已经对其路由器市场造成极大的威胁，事实上思科和华为已成为激烈的竞争者，思科为了维持其在路由器市场上的垄断力，才采取拒绝许可的行为，而这种拒绝许可事实上将会消除网络市场上新产品的出现（华为将利用这些私有协议生产质量更高、价格更低的新产品），而且将消除市场上的竞争。笔者认为，思科的私有协议构成一项"关键设施"，而在相关标准产品的市场中，拒绝许可私有协议完全消除了该标准产品市场的竞争，而且将进一步阻止竞争者创造出新的产品。

案例二：Standard-Spundfass 案

Standard-Spundfass 案是德国联邦法院作出的一起与标准实施相关的专利拒绝许可的案件，该案中的标准同样是由行业协会确立的一项事实标准。德国化工业的几个企业合作致力形成该化工行业的一种新的合成材料桶的产业标准，其中一家企业的专利成为该合成材料桶的标准。被告是一家意大利企业，想要生产该标准化产品，在请求原告许可时被拒绝，被告便擅自使用了该技术而被诉侵权，被告接着反诉原告限制竞争。德国联邦最高法院发布了强制许可。法院认定，由于"本案中专利已成为行业标准的情况下，权利人有义务许可竞争者使用其专利"。❶ 法院考察了两个要件：（1）该专利是被告进入合成材料桶产品市场所必不可少的。法院认为，原告持有的专利在成为事实标准后，该专利企业本身便具有了支配地位。原告具有垄断力，而被告要生产标准化产品，市场上已无替代技术，因此，该专利对于所有希望

---

❶　王晓晔："与技术标准相关的知识产权强制许可"，载《当代法学》2008 年第 5 期，第 15~16 页。

生产标准产品的企业而言，都是必不可少的。（2）原告拒绝许可有无正当理由。专利权人可以拒绝许可专利，但必须有正当理由。该案中，原告已经许可给其他三家企业，而拒绝对被告提供许可是阻止被告进入竞争市场，阻碍企业的进一步创新和竞争。

笔者认为，该案虽同样涉及一个事实标准，但是可以看出：（1）如果一项标准在某行业内是独一无二的，该标准的专利权人毫无疑问具有绝对支配地位，占有100%的市场份额，具有垄断力。（2）该专利必然成为一项关键设施，其他人无法获得替代品。（3）拒绝许可会阻碍或消除竞争。如果拒绝许可没有促进技术发展和创新的效果，便极可能是阻碍对手的竞争，更易对市场竞争产生限制影响。总之，该案虽不满足欧盟关键设施中"阻碍新产品"的要件，但事实上，标准化产品本身就是一种新产品，市场上不可能出现新产品，而这在后续分析一般标准化组织制定的标准中，应注意区别。

案例三：ESS Tech.，Inc. v. PC-Tel，Inc. 案❶

ESS Tech.，Inc. v. PC-Tel，Inc.，No. C-99-20292（N. D. Cal. Nov. 2，1999）案是一起真正涉及标准必要专利权人拒绝许可专利的案例。该案原告宣称，被告 PC-Tel 持有生产遵循国际电信联盟（International Telecommunication Union，ITU）标准中调制解调器芯片所必需的专利，为了生产该标准的产品，必然会侵害被告的专利，否则便无法生产，但是被告拒绝以公平合理条件许可它的专利，而被告曾经也向标准化组织承诺过会按照 FRAND 条件许可。但是被告辩称，一个专利权人可以单方面拒绝许可它的专利而不承担反垄断责任。在法院的简要判决中，首先，法院驳回了原告指控被告构成《谢尔曼法》第2条违法的申请，以及相关的不公平竞争的指控，因为 Ess 虽然宣称被告的行为对它自己造成损害，但是没有充分证明对竞争造成损害，没有证明将会对消费者造成不利。其次，法院也拒绝了被告要求驳回原告反垄断指控的申请，认为被告宣称的行为"不仅仅是合法地行使拒绝给予专利许可技术的权利"。可见，败诉的关键是原告没有证明该拒绝许可对竞争的损害。

---

❶ 1999 US Dist LEXIS 23227，No C-99-20292，ND Cal 2 November 1999.

4. 技术标准专利权人拒绝许可行为的反垄断违法判定要件

专利权本身就赋予专利权人一定的垄断权，同时赋予专利权人自由交易的权利，其可以自由选择交易对象和是否交易。因此，如果专利权人拒绝许可是为了将其专利权延伸到另一个市场，这种拒绝许可便是不合法的。一般情况下，标准专利权人较一般专利权人更容易获得市场力，也极易延伸其垄断力，因而，标准必要专利权人拒绝许可很容易阻碍下游市场的竞争，应该受到更多的规制。笔者认为，判定标准专利权人的许可行为是否会产生反垄断法的责任，需要考察四个要件：标准专利权人的市场力；标准专利权人是否利用了该市场力；专利权人利用该市场力是否限制了市场竞争；拒绝许可是否有正当理由。像在 Ess Tech 案中，原告宣称专利权人拒绝许可一项必要技术，必须展示对竞争的损害，而不仅仅是损害了"特定个人或公司的私人利益"。

首先，关于标准专利权人的市场力。对于标准必要专利权人而言，由于其持有的专利对标准实施者而言是必不可少的，生产标准产品没有任何的替代技术，因此，在该标准产品市场中该项必要专利拥有完全的市场力，但是此时并不代表其便拥有垄断力。进一步来说，如果该项标准已经被行业内广泛采用，或者说占有绝对的市场份额，那么该标准便赋予其一定的垄断力，而此时标准必要专利必然成为一项进入该行业的"关键设施"。所以，在一个行业中，如果存在多个标准之争，该专利权人便不一定具有完全的市场力。因为专利权人一旦拒绝许可，被许可人可以转向类似标准、类似技术，同样可以得到类似功效的产品。反之，如果只有一项标准，必要专利权人必然具有市场力。例如，在 CSIRO v. Buffalo Tech Inc 案中，❶ CSIRO 拥有802.11 标准下无线产品的相关专利。无线产品的可替代性是非常重要的，设备（特别是移动设备）必须在大量的环境下工作，并且通过大量的设备与其他的产品联系。由于 802.11 标准已经被广泛采用，协商和采用一项新标准的成本都是昂贵的，这使得 CSIRO 因为拥有该专利而具有一个重大的能力去设定许可费以及设定许可形式，并且对非遵循标准的设备有一个很大的进

---

❶ CSIRO v Buffalo Tech Inc 492 F Supp 2d 600（ED Tex，2007）at 602.

入障碍，它不可避免地有一个实质的市场力。所以，当标准化组织的影响越大，其制定的标准在全球范围内的影响也越大，那么，其对相关行业的产品生产的影响自然而然是巨大的。此时，标准必要专利权人也具有较大的垄断力，这是成正比例增长的。所以，笔者认为，标准必要专利权人的市场力还取决于标准自身的影响。就我国企业目前遭遇的垄断侵害来看，多是因为遵循一些具有国际影响的标准而产生的，或者该标准在我国已具有很大的市场份额，或者是我国的国家标准。因此，一般情况下，标准必要专利权人具有垄断力。

其次，拒绝许可是否利用了这种市场力。这个要素实质要考察的问题是，如果一项专利没有被纳入标准并成为标准必要专利拥有这种必然的市场力的话，拒绝许可还能否实现其目的？专利权人拒绝许可的目的一般有两种：排挤竞争者或者维持其专利在下游市场的垄断力。而标准中专利权人拒绝许可的最主要的目的是通过拒绝许可索要更多的许可费。当拒绝许可的对象是一般竞争者时，如果该项许可专利没有构成"关键设施"，那么被拒绝许可的竞争者可以从别处获得许可，此时拒绝许可并不会构成违法。但是，对于具有垄断力的标准必要专利权人而言，该必要专利属于一项关键设施。无论其是对竞争者拒绝许可，还是为了维持下游市场的垄断力而对下游的其他被许可人拒绝许可，或者仅仅是作为提高许可费谈判的筹码，对于这些被许可人而言，标准必要专利权人的拒绝许可，完全将他们排除在标准产品市场之外。因此，标准必要专利权人的拒绝许可可以凭借标准所获得的市场力，轻易实现其目的。如果一个行业中不存在可竞争的标准，标准必要专利权人的拒绝许可行为就是利用了这种市场力。

再次，标准必要专利权人的拒绝许可损害了竞争。如前所述，标准必要专利权人拒绝许可的目的，要么是直接排挤竞争者，要么是通过拒绝许可提高竞争对手的成本同时自己获取更多的利润。标准实施中，专利权人的拒绝许可极容易实现该效果。因为标准必要专利权人能够将价格提高到供应成本之上，并且想要生产遵循标准的产品的制造商不可能获得专利产品的合法的替代物，而制造商可能会将增加的成本传递给消费者。这实质上导致市场上标准产品的价格将不再受到市场价格机制的约束。除非市场上存在协商和制定一项新的标准的可能性，那么标准必要专利权人的拒绝许可则不会损害竞争。

最后，拒绝许可有没有正当理由。一般情况下，标准必要专利权人在专利纳入标准之时，都会做出"公平合理非歧视"的许可承诺，因此真正的、单纯的拒绝许可发生的可能性并不大，而且一旦发生，相对容易认定其反垄断违法，因为此时拒绝许可没有正当理由。但是如果标准必要专利权人认为其索要的许可价格是"公平合理的"，但是被许可人认为不是，如 Ess 案，那么此时专利权人拒绝许可，是否要承担反垄断责任？此时，便需要对"公平、合理"进行进一步的判定。如果标准必要专利权人索要的价格符合"公平合理非歧视"的原则，标准实施者却不愿意接受，此时的拒绝许可便是正当的，因为标准专利权人可以从效率角度进行抗辩，否则，拒绝许可便是违法的。

二、技术标准专利权人的超高定价行为

技术标准中专利权人的超高定价是标准实施中最常见的垄断行为。获取更多的利润，是每一个专利权人的终极目标和追求，而提高许可费是实现这一目的的最便捷的途径。当专利权人在标准中处于一种有利地位时，很容易去滥用这种优势地位，这便引发了超高定价行为的反垄断规制。

1. 欧美反垄断法对超高定价行为的一般态度

关于超高定价的定义，反垄断立法和实务界都没有一个明确的界定。经济学中将"超高定价界定为优势地位企业通过运用其市场控制力将价格定在竞争水平之上"。❶ 王先林教授认为，"过高定价是指企业在正常竞争条件下所不可能获得远远超出公平标准的价格，也就是以企业具有支配地位为前提的垄断性高价"。❷ 尽管经济学上并不认为超高定价是反竞争的，但是大多数国家的反垄断法对超高定价行为仍然表示了关注，只是各国态度不同，即

---

❶　文学国：《滥用与规制——反垄断法对企业滥用市场优势地位行为之规制》，法律出版社 2003 年版，第 156 页。

❷　王先林：《知识产权与反垄断法——知识产权滥用的反垄断问题研究（修订版）》，法律出版社 2008 年版，第 258 页。

使是世界反垄断法典范——美欧反垄断法对超高定价都表现出不同的态度。

在美国，超高定价很少被认为是反托拉斯违法的。到目前为止，也没有一起真正以"超高定价"来判定需承担反托拉斯责任。究其根源，兼具社会和法律原因。首先，美国有着崇尚自由和创新的传统。在美国，普遍认为企业有自由定价的权利，而且市场会自动调节价格，如果一项产品的价格偏高，那么消费者将转向其他的替代产品，进而迫使该产品的价格下降，所以没有必要对价格进行管制。而且，如果对企业的产品价格进行规制，特别是对包含智力创新的产品进行价格限制，将会抑制其创新动力，进而减少消费者的福利。在法律方面，美国的反托拉斯法从来都不单独对"超高定价"行为进行规制。其次，美国《谢尔曼法》第2条主要规制"维持垄断和试图垄断的行为"，如果企业仅仅是价格过高，但是没有排他性的行为，将不会受到反托拉斯法的规制。如斯卡利亚（Scalia）法官在Trinko案中指出的："企业仅仅拥有垄断力以及伴随索要垄断价格，不仅不是非法的；它是自由市场系统的一个重要的因素。在一段短的时间内索要高额垄断价格，将创造创新和经济增长。因此，为了维持创新动机，拥有垄断力不会被认为是非法的，除非它伴随着一个反竞争的行为。"❶ 因此，超高定价伴随着排他性的效果，才可能被认定是反托拉斯违法。再次，美国很少对超高定价进行干预，还考虑到法律分析的困难。超高定价中最难界定的就是"什么样的价格是'超高'的"，"什么样的价格是合理的价格"。一些学者也尝试提出了一些经济学的分析方法，试图对"超高"价格给予一个界定，但是到目前为止，仍然没有很好的理论。美国政府当局也认为，反垄断机构不是一个价格管制机构，反垄断机构也没有足够的人力去进行如此多的经济学分析。因此，这也是超高定价违法判定的难点。所以，在美国，很少有单独判定超高定价构成垄断违法，大多是与其他行为综合起来一起判定，而最终依据是考察企业有无"滥用垄断力、产生一个反竞争的效果"。

欧盟的态度却不一样。在欧盟，对滥用市场支配地位行为主要是依据

---

❶ Verizon Commc'ns Inc. v. Law Offices of Curtis V. Trinko, LLP, 540 U.S.398, 407（2004）.

《欧盟运行条约》第 102 条，其中第（a）项规定，禁止具有支配地位的公司施加"不公平的购买或销售价格，或者其他的不公平的贸易条件"。依据该条，支配企业即使没有实施排他性的行为，只要有超高定价，便可能是违法的。欧盟在其关于超高定价的最经典的联合商标公司案（United Brands）的判决中，首先对超高定价进行了定义。欧盟法院认为，当一项价格与它供应的产品的经济价值没有任何的合理联系，该价格是"超高的"。然后，欧洲法院采用两步走的方法来判定一项价格是否是过高的：（1）一项产品事实上销售的价格，与该产品事实产生的成本相比较，以及与竞争产品的销售价格比较，该事实销售价格是不是过高的。（2）如果该答案是肯定的，那么进一步判定该产品的销售价格，是否其本身就是不公平的，或者与同竞争性的产品相比较时是不公平的。❶ 该方法的第一步是揭示具有支配地位的公司所获得的利润率。如果利润率被认为是"过高的"，具有支配地位的公司的价格政策就需要进一步分析，进而判定这个价格是否是"不公平"的。但是到底基于什么去判定一个价格成本的不同，以及什么是"不公平"，欧洲法院也没有进一步地解释。学者认为，"何为过度、何为不公平本质上就是模糊的含义，经济学上也没有精确的测试"。❷ 尽管 United Brands 案中欧洲法院最终认为联合商标公司并没有构成超高定价，但是超高定价作为滥用市场支配地位的一种典型违法形式被确立下来，"价格—成本分析法"也成为超高定价反垄断分析的基础方法。

其他一些国家和地区如德国、英国、波兰、韩国、日本、俄罗斯、南非、巴西以及我国的反垄断法都明确将超高定价界定为滥用市场支配地位的重要形式之一。❸ 尽管美国和欧盟等国对超高定价的态度不同，但在美国，如果企业具有垄断力，而且超高定价被当作反竞争的手段，仍然会受到反托拉斯法的规制。可以看出，如果支配地位企业的超高定价具有排除效果，美

---

❶ Case 27/76, United Brands v. Comm'n, 1978 E. C. R. 207, p. 252.

❷ Damien Geradin, "Pricing Abuses By Essential Patent Holders in a Standard-Setting Context: A View From Europe", 76 *Antitrust L. J.* (2009), p. 329.

❸ 王先林："超高定价反垄断规制的难点与经营者承诺制度的适用"，载《价格理论与实践》2014 年第 1 期，第 14 页。

国和欧盟将对其予以规制。

2. 技术标准化中专利权人超高定价的相关案例及分析

技术标准实施后，专利具体许可费的谈判仍然是交由专利权人和标准实施者自行协商，FRAND 政策只是给予一个原则性的指导。因此，技术标准化中专利权人的超高定价在很多情况下表现为，专利权人索要的许可价格与标准实施者认为应该支付的许可费发生了不一致，或者说专利权人索要的许可费远远超出了被许可人的期望，因而被指控为超高的，或者被指控为不合理的许可费。下面分别选择美国、欧盟和中国的几个案例来看看标准专利权人索要不合理的许可费的案例。

案例一：美国：博通诉高通案❶

前文探讨技术标准制定中的垄断行为时，我们就提到了博通诉高通案。该案中博通公司不仅指控高通公司在标准制定中存在虚假承诺的行为，以使得其专利纳入欧洲电信标准协会的标准。而且，在标准实施中，高通公司对其竞争者，以及那些没有使用高通公司制造的芯片组的顾客，收取不合理的许可费。因此，高通被指控为存在不合理定价和价格歧视的行为（价格歧视将在下一个问题中讨论）。博通公司认为，高通之前的虚假承诺行为为其在技术市场建立了垄断力，进而才实施索要较高许可费的行为。可见，在标准制定阶段，更多关注的是"该欺骗行为是否导致对标准排他性权利的占用"。如美国联邦第三巡回法院认为，由于高通公司虚假承诺以 FRAND 形式许可它的专利，模糊了被纳入标准中的专有性技术的成本，以及增加了专利权将会赋予专利权人垄断力的可能性，损害了竞争的过程。该案中美国法院并没有单独去分析高通公司索要的价格是否是"不合理的"或者"过高的"。对于这一点，美国法院到底是回避还是判定困难，我们很难推测。

案例二：欧盟：Rambus 案和 Broadcom 案的反垄断调查及异议声明

2007 年 8 月，欧共体委员会根据一份初步的调查结果，发送了一份异议声明给 Rambus 公司。在声明中指出，Rambus 因为对使用与计算机记忆芯片相关的特定专利"动态随机访问储存器"芯片（"Dynamic Random Access

---

❶ Broadcom Corp. v. Qualcomm, Inc., 501 F. 3d 297（3d Cir. 2007）.

Memory"chips，DRAMs），索要不合理的许可费，违反了《欧盟运行条约》第 102 条。欧共体委员会认为，Rambus 没有披露专利的存在，随后又主张专利侵权，已经构成专利伏击。这些声明与美国哥伦比亚特区联邦上诉法院在 Rambus 案中的主张是一致的。然而，欧共体进一步指控，"Rambus 通过对随后使用那些相关专利的人，收取不合理的许可费"，已经违反了第 102 条。❶ Rambus 在 2009 年 6 月 11 日宣布，它已经与欧共体竞争机构达成一项暂定协议，根据该协议的建议，Rambus 同意对其拥有的在 20 世纪 90 年代研发的技术停止收取许可费，而对 21 世纪研发的技术设定一个最高的许可费率。作为交换，Rambus 不用支付罚款，欧共体委员会也不会追究其任何不当行为的责任。❷ 2009 年 12 月，欧共体委员会接受了 Rambus 的调查并结束了调查程序。

2005 年，博通（Broadcom）、爱立信（Ericsson）、日本电气公司（NEC）、诺基亚（Nokia）、松下移动通信（Panasonic Mobile Communications）、德州仪器（Texas Instruments）等 8 家公司向欧共体委员会对高通公司提出投诉。他们宣称，高通公司持有第三代移动电话标准中必不可少的专利，但是高通公司在下游市场拒绝以 FRAND 形式，将其专利许可给竞争性的芯片组制造商，指控高通公司违反了其对一个国际性标准制定组织的义务，构成第 82 条的违法，该指控还进一步宣称，高通对那些专门从高通公司购买芯片组的手机客户提供较低的许可费。因此，2007 年 10 月，欧共体竞争委员会对高通公司启动正式的反托拉斯程序。❸ 但是，从 2008 年起，诺基亚公司撤销了它的控诉，最后在 2009 年 4 月，高通和博通达成协议，博通撤销控诉。因此，2009 年 11 月，欧共体竞

---

❶ Press Release，MEMO/07/330，Commission Confirms Sending a Statement of Objections to Rambus（Aug.23，2007），available at http：//europa.eu/rapid/pressReleasesAction.do? reference-MEMO/07/330&form［hereinafter Commission Press Release—Rambus］.

❷ Rambus Reaches Tentative Settlement with European Commission（June 11，2009），in http：//www.rambus.com/us/news/press.release/2009/090611.html.

❸ Press Release，MEMO/07/389，Commission Initiates Formal Proceedings Against Qualcomm（Oct.1，2007），available at http：//europa.eu/rapid/pressReleasesAction.do? reference=MEMO/07/389&format=HTML&aged=O&language=EN&guiLanguage=［hereinafter Commission Press Release—Qualcomm］.

争委员会关闭了对高通公司的正式调查程序。

从这两份异议书中可以看出，同样是 Rambus 案和 Broadcom 案，欧盟法院侧重调查的是两家公司收取的"不合理"的许可费行为，尤其是从 Rambus 对欧盟委员会做出的承诺可以看出，Rambus 将承诺不再收取许可费以及设定一个最高许可费，那么意味着 Rambus 针对其标准必要专利将降低许可费，以及将不会随意地收取许可费。欧盟委员会的态度是很明确的，Rambus 的许可费定价行为已经构成第 102 条的滥用支配地位的行为。同时，Rambus 的承诺行为也间接地承认其之前收取的许可费是"过高的"。

案例三：中国：华为诉美国交互数字集团（IDC）案

基本案情：华为诉美国交互数字集团案（InterDigital Group of Campanies, IDC）是我国第一起"标准必要专利垄断纠纷案"，于 2013 年 10 月 28 日由广东省高级人民法院作出终审判决。华为与 IDC 都是欧洲电信标准化协会（ETSI）的成员，作为通信领域最重要的标准制定组织之一，世界上诸多国家及我国都采用了该组织制定的 3G 标准。IDC 作为一家专门以采取专利许可授权获利的公司，几乎参与 2G、3G、4G 等各类通信标准的制定，并将其多项专利纳入这些标准中。华为公司在遵循这些国际标准的过程中，必须使用 IDC 的一系列必要专利。两家公司从 2008 年 11 月开始就专利许可费进行多轮谈判，交互数字集团提出从 2009 年到 2016 年按照销售量确定支付许可费率为 2%，这远远超出华为的承受能力，同比之下，IDC 对三星、苹果等公司确定的许可费率却低得多。并且，作为进一步逼迫华为公司接受该条件的手段，2011 年 7 月，IDC 向美国法院提出华为侵犯其 7 项专利的诉讼，并且通过美国国际贸易委员会启动"337 调查"。华为公司一旦败诉，将面临全面崩溃，甚至重蹈当年我国 DVD 企业的覆辙。为谋求生存，华为公司于 2011 年 12 月 6 日向深圳市中院起诉 IDC，指控其不遵守加入标准化组织的 FRAND 承诺，对华为企业实施过高定价、歧视性定价、搭售、附加不合理条件和拒绝交易等垄断行为，并要求赔偿经济损失 2 000 万元。❶ 深圳中院

---

❶ "广东高院审结华为公司与美国 IDC 公司滥用市场地位垄断纠纷案"，载 http：// www.chinapeace.org.cn/2013-10/29/content_9318031_2.htm，2013 年 10 月 29 日。

和广东省高院判决均认为，IDC 在专利许可费收取方面，其报价明显高于其他企业，而且远远超出我国的工业产业的利润水平，构成价格歧视，以及收取不合理的高价的滥用支配地位的垄断行为，判决其赔偿 2 000 万元。

案件分析：在该案中，我国法院判决的核心在两个方面。首先，关于 IDC 的市场地位。法院认为，标准必要专利被纳入标准之后，对于该特定标准而言，不存在任何替代技术，因此每一个标准必要专利构成一个独立的相关市场。其次，关于 IDC 对华为索要的许可费是否合理、是否过高。我国法院比较了 IDC 将同样专利许可给苹果、三星的价格，远远低于给予华为的价格，而且作为移动通信领域的设备商，华为的销售量远远不如苹果和三星。此外，法院还考虑了我国工业企业获取利润仅为 3%，华为公司获取 IDC 许可，生产 3G 移动设备主要的销售市场是中国，也就意味着 IDC 许可的技术主要是在中国境内使用，因此该项技术在中国境内的使用成本必须要符合中国企业的工业成本结构，或许苹果、三星等企业使用同一项技术生产移动设备，获取的利润将超过 3%，但是华为在我国的工业成本只能是 3%，因为我国的人力成本等其他成本在现阶段的确要高一些，那么，许可人在要取许可费时则不得不考虑这个因素。如果支付 2% 的许可费，华为将面临无法经营的困境，那么只能将差价转移给消费者，这是远远不符合我国企业的工业成本结构。IDC 给出的许可费不仅超出了我国工业企业所能承受的范围，而且比那些实力更强大的企业相比还要高，因此判定其为不合理。最后，广东省高院根据四个因素判定华为应支付的许可费：华为所在无线通信行业的获取利润的水平；被告方的必要标准专利的创新价值及对标准的贡献；与其他公司所享受的许可费率的比较；原告要求专利许可的实施范围。❶ 由此案可以看出，我国法院已经开始反垄断法在技术标准领域中的适用，而且开始涉及世界各国在技术标准许可中面临的最难问题，即如何界定合理的许可费，这也是界定是否构成超高定价的关键。

---

❶ 叶若思、祝建军、陈文全："标准必要专利使用费纠纷中 FRAND 规则纠纷中 FRAND 规则的司法适用——评华为公司诉美国 IDC 公司标准必要专利使用费纠纷案"，载《电子知识产权》2013 年第 4 期，第 61 页。

3. 反垄断法对技术标准中专利权人超高定价行为的反垄断判定

（1）技术标准权利人超高定价行为的违法构成要件。

从前面的分析及相关案例可以看出，包括我国在内的世界上大多数国家都认同技术标准中必要专利权利人的超高定价可能属于典型的滥用市场支配地位的行为。那么，对技术标准化中超高定价行为进行反垄断规制，也将按照传统的滥用市场支配地位的思路进行分析。首先，需要界定标准必要专利权人是否具有支配地位；其次，超高价格的界定；再次，超高定价是否损害了竞争；最后，分析该行为是否存在合理的理由。

第一，标准必要专利权人在技术市场是否具有支配力。虽然我们在拒绝许可中已经有所论述，这里仍可进行进一步的探讨。所谓市场支配力，欧盟法院认为支配地位是"在很大程度上独立于竞争者、客户，最终是独立于消费者"的地位。❶ 如前所述，学界已经广泛地认为专利权人拥有专利并不会自动地享有市场支配力，标准必要专利权人却自动地享有重大的市场力。因为一旦一项既定技术已成为标准的一部分，而且标准已经实施，那么技术之间的竞争就已经结束，竞争者、客户、最终的消费者对这一专利都再无选择权。标准必要专利权人的市场力将随着标准的推广范围而不断加强，但这是不是意味着标准必要专利权人就一定有实施超高定价的能力呢？此时还需要考虑两个问题。一方面，标准中专利都是互补的，任何一项专利无法单独实施，所以任何一个标准必要专利权人虽是一个独立的市场（因为无替代技术），但是其价格受到其他专利权人索要的许可费的限制。这使得其可能不具有单独实施超高定价的能力。另一方面，技术标准本身就是一个动态发展的过程，例如，移动网络已经从1G发展到4G标准，除非一些专利权人的技术非常独特，例如，一些基础专利在本质上其他人就根本无法复制，否则任何一个专利权人都需要考虑能否加入下一代标准中。因此，由于担心可能会受到标准化组织的惩罚，将可能影响标准必要专利权人进行超高定价的能力。当然，通常情况下，标准必要专利权人具有一定的垄断力。

第二，判定标准必要专利权人的行为是否构成超高定价。这始终是反垄

❶ 许光耀：《欧共体竞争法通论》，武汉大学出版社2006年版，第377页。

断法中的一个难点。超高本身就是一个模糊的界定，而且对不同的对象其认可度也不同。例如一件衣服售价 1 000 元，对于一个月收入过万的人而言，可能觉得该衣服并不贵，但是对于一个月收入只有 2 000 元的消费者而言，那这个价格绝对是超高的。当然，这并不是对超高定价的一种界定，只是说明消费者的个人收入、对衣服品位要求、个人偏好等可能会影响对价格的认可。对于技术标准中专利的许可而言，也存在此类的认识问题。在上述的案例中也可以看出，标准专利许可纠纷的症结所在是双方对许可费的认可不一致。在笔者看来，许可费超高问题其本质就是利益分配的不均等。专利权人希望从专利许可中获得的回报超出了被许可人的期望值，而间接地影响到被许可人的利润。因为专利权人期望的回报越高，许可费便越高，被许可人的利润空间越小。如何在许可人和被许可人的利润之间找到平衡是解决技术标准化中超高定价的关键所在。

第三，该超高定价是否损害了竞争。如果因为专利权人的许可价格过高，而使得标准无法正常实施，毫无疑问，该许可价格是不合适的。所以，标准的实施成本、标准实施者的标准收益、其他竞争者获得许可的成本等，都是应考虑的因素。如果标准实施者无法以合适的价格获得许可，势必会影响标准产品市场的竞争，就如同华为诉 IDC 案中，IDC 公司的超高定价行为，使得华为完全没有竞争的能力，间接地影响了市场竞争。

第四，许可人的超高定价是否有正当的理由。一般情况下，对滥用行为进行抗辩时提出的合理理由大多是从效率和创新出发。如果标准专利权人认为自己的许可价格是合理的，那么其必须证明如果不采用此许可价格，其创新回报将无法得到补偿进而抑制创新，进一步影响社会总体效率。而分析该超高定价能够带来效率和促进创新，其最终也是为了对该滥用行为的整体竞争效果进行比较，以判定其是否违法。

上述四方面是对超高定价进行反垄断规制时通常运用的分析模式，最难点还是关于"超高价格"的界定。在传统市场中，超高定价的界定就不是一个易事，更何况放到技术标准化中。下面将进一步分析技术标准化中对超高定价界定的困难以及介绍国外学者提出的两种判定方法。

（2）技术标准中专利权人超高定价反垄断规制的困难。

专利技术属于无形产品、智力成果，其与有形产品存在很大的区别，这导致在对其许可价格的界定上需要考虑更多的因素，也导致价格界定的困难。

第一，欧洲法院判定超高定价基本还是遵循联合商标案（United Brands）的测试方法，其第一步是产品的销售价格与其成本价格、竞争产品价格的比较。那么，在判定产品价格时，毫无疑问应该考虑其成本。支配地位企业产品的成本多采用经济学上的边际成本或者每单位的平均可变成本来衡量，这对有形产品是适应的。但是，在专利许可的情况下，此类成本计量没有任何意义。因为专利技术一旦开发，其生产每一单位产品的边际成本❶接近于零。如果要求许可价格接近边际成本，那么专利权人的创新投入根本无法得到回报。因此，专利技术的成本基准应该包括研究和开发的成本，以及其他的专利花费。所以，在考虑技术标准专利权人的许可价格时，应充分考虑其创新回报与许可费的平衡。也就是说，为了维持专利权人适当的创新动力，许可成本不仅应该包括研发成本，还需要将那些失败了的项目花费考虑进来，因为任何成功都是建立在无数次失败之上，而这些研发成本的计算，以及该如何分配到许可费中是一个难题。

第二，在传统的判例法中，产品销售价格与成本之间的差额便是利润，如果利润是过高的，则说明该价格是过高的。但是，在技术标准化中，专利权人的许可费利润在什么情况下才是过高的呢？即使抛开成本界定的困难，许可价格与成本价格的差值便是专利许可人的利润，如果这个数额较大，便是过高吗？这也是不一定的。判例法表明，只有当利润是严重过高的，具有支配地位的公司才会被制裁。❷而在专利许可中，专利技术本身就是一个动态的创造过程，创新中会经历失败和一次次的试验，以及需要不断创新的激

---

❶ 边际成本指每一单位新增生产的产品（或者购买的产品）带来总成本的增量。

❷ John Temple Lang & Robert O'Donoghue, The Concept of an Exclusionary Abuse Under Article 82 EC, in GCLC Research Papers on Article 82 at 38, 39（2005）, available at http：// www. coleurope. eu/content/gclc/documents/GCLC% 20Research% 20Papers% 20on% 20Article% 2082% 20EC. pdf.

励。因此，对于专利权人而言，其许可费超过其研发成本是完全合理的，而且不能是高一点点。在考虑专利许可的利润是否过高，必须要考虑该利润能否补偿失败的研发投资，并且为进一步的创新提供动力。在笔者看来，这个利润必须包含一个激励薪酬。那么，这个激励究竟该是多少，也是一个难题。

（3）美国学者对技术标准中专利权人超高定价的反垄断分析的分析方法。❶

尽管专利权人的许可价格是否超高难以判定，但是美国学者针对技术标准中的垄断行为的超高定价仍然尝试提出了一些判定方法。代表性的主要有"事前—事后许可价格比较法"和"必要专利技术与替代技术的许可费比较法"。

第一，事前—事后许可价格比较法。在美国，多位经济学家提出，一个合理的许可费应该是标准在采用之前必要专利权人能够获得的许可费。如夏皮罗和瓦里安（Varian）认为，"'合理的'应该意味着专利权人能够在一个开放的、与其他技术有着前期竞争的时候、所能够获得的许可费，而不是在其他的参与者已经被有效锁定在专利技术的时候，专利权人所能攫取的许可费"。❷ 同样地，斯旺森（Swanson）和鲍莫尔（Baumol）认为，"如果获得RAND许可承诺的主要的目的是阻止知识产权持有人设定许可费、实施标准化所创造的市场力，那么'合理的'许可费应该根据'事前的竞争'界定和实施，例如基于标准选择之前的竞争。"❸ 如果一个适当的事前—事后许可费分析表明，事后的许可费比事前的许可费展现了明显的、更繁重的许可形式，那么可以推断，标准必要专利权人在满足支配地位和没有正当、合理理由的情况下，构成支配地位的滥用。反之，如果一个必要专利权人能够证

---

❶　Damien Geradin, "Pricing Abuses By Essential Patent Holders in a Standard-Setting Context: A View From Europe", *76 Antitrust L. J.* (2009), p. 329.

❷　Shapiro C, Varian H. *Information Rules: a Strategic Guide to the Network Economy*, Boston: Harvard Business School Press, 1999. pp. 87-105.

❸　Daniel G. Swanson & William J. Baumol, "Reasonable and Nondiscriminatory (RAND) Royalties, Standards Selection, and Control of Market Power", *73 ANTITRUST L. J.* 10-11 (2005).

明事后的许可费比事前的许可费不是那么的繁重，尤其当事前和事后的许可条件是相似的，很明显，要么是标准化没有增加许可人的市场力，要么是具有支配地位的许可人没有滥用行为。当然，由于技术许可本身就是一项复杂的工作，在此过程中，还需要考虑多方面的因素，如专利许可人与被许可人是否存在竞争关系、双方是否存在交叉许可等。

第二，必要专利技术与替代技术的许可费比较法。即在存在事前竞争的情形下，比较被选入标准的专利技术和替代性的技术方案之间的许可费率，来判定该许可费是否合理。斯旺森和鲍莫尔以一个模型阐述了这种判定方法。❶ 在这个模型中，假设标准制定机构组织一场类似拍卖的过程，在选择一项技术被纳入特定标准的时候，根据各种竞争性技术的所有者对下游使用者的每一单位的产出提出的叫价许可，作为判定依据。也就是说竞争性技术谁的叫价最低，就最有可能选入标准。为了使这个模型简单，斯旺森和鲍莫尔做出了以下设想：（1）专利权人所有的研发投资都已经沉没，并且不会加入任何其他的经常性的成本；（2）技术选择时，不考虑竞争技术生产的下游产品的质量，仅仅是涉及下游生产的成本；（3）专利权人不是垂直一体化的企业，即专利权人不会既拥有专利同时生产最后的产品，也就是专利权人将专利全部许可给下游生产企业。在这个简单的模型下，存在两个竞争性的技术 A 和 B，分别由 A 公司和 B 公司各自所有。最好的技术选择是 A，它将导致下游生产成本是每一个产出的 5%；使用 B 技术，将会导致下游生产成本是每一个产出的 6%。如果 A 和 B 都知道了上述信息，以及 A 和 B 在标准技术选择竞争中，是以各自提供每一单位的许可费为标准，A 将会以每一单位产出的 1% 提供许可，并最终被选入标准。这是因为根据伯特兰德（Bertrand）竞争定律（或称"伯特兰德模型"）❷，A 和 B 将会相互竞争降到边际成本（而专利产品的边际成本是零），并且 A 将仅仅可能索要一个许

❶ Damien Geradin & Anne Layne-Farrar, The Logic and Limits of Ex Ante Competition in a Standard-Setting Environment, *3 COMPETITION POL'Y INT'L*, Spring 2007, at 18, 19.

❷ 伯特兰德模型指如果 A、B 两个企业的产品存在很强的替代性，那么消费者将选择价格较低的企业的产品，它将导致 A、B 企业竞相削价以争取更多的顾客，直到价格降到边际成本。

可费等同于它的技术的增值价值。因而，根据这个模型，当技术 A 和技术 B 之间的增值价值的不同是很大的时候，许可费将会是很高的，然而当 A 和 B 是接近的或者完全的替代品，许可费将倾向于零。这个模型是一个纯粹以价格竞争为基础的模型，因此在专利许可中并不适用。在高科技行业中，研发成本典型的不是一个一次性的投资，技术和标准都是进化的，"许可费必须涵盖这种持续不断的成本以及提供一个利润激励"，而且该模型的前提是 A 和 B 不考虑质量差异。在斯旺森和鲍莫尔模型中，技术 A 和技术 B 仅仅在一种情况下存在：质量是对称的，但是成本是不同的。但现实中，标准制定中常常包含大量特征各异的技术。标准制定中不仅关注许可费价格，还需要考虑一系列质量参数，例如，该技术使用的容易度，技术被实施的成本，技术性能或程序速度，与其他组件可互操作性程度，或者技术的可靠性。结果是，替代性技术将不仅是基于事前提交的许可费条件进行竞争，还基于各种不同的技术特性进行竞争。

尽管上述两种模型都存在一定的现实上的操作困难，但笔者认为，这两个模型都反映出几个共同的特征。其一，判定专利权人的许可费是否过高，需要寻找一个参照点，或者以专利自身为参照，或者以其他竞争性技术为参照。其二，专利权人的创新投入是在采用各种不同比较方法中都共同考虑到的因素。专利技术不同于一般的产品，其创新研发投入是巨大的，且是需要不间断的，而且这些都是沉没成本。那么，在考察许可费时，必须考虑到专利权人的研发回报，还需要考虑对其进一步的创新激励，那么，许可费高于一般的研发成本也可能是合理的。而这反映了技术标准化中垄断行为规制的一个总原则：必须要保证标准专利权人与标准实施者之间的利益平衡，在促进创新和竞争之间寻找适当的平衡点。关于技术标准中专利权人许可费的界定，将是一个值得不断研究的课题。此处鉴于现有案例的局限和研究的深度，仍无法得出一个完整的标准，有待进一步地研究。

三、技术标准专利权人的价格歧视行为

歧视定价又叫差异定价，一般指对同一种产品销售不同的价格，如公园对老人、小孩收取与成人不同的价格。但有时不同的产品的不同定价也可能构成价格歧视,如对同一本书的内容采用精装本和简易本则收取不同的价格,但实质的内容完全一样,这样也可能构成价格歧视。技术标准化中专利权人的价格歧视,本质上是专利许可中的许可费歧视问题,即专利权人对不同的被许可人收取不同的许可费。通常专利权人的许可价格差异造成的损害有两个方面:一是直接对不同的被许可人收取不同的许可费,从而破坏了下游产品市场上被许可人之间的竞争,典型的如前面提到的 IDC 公司对华为、三星、苹果实施的不同的许可费;二是对许可交易方的购买者实施价格歧视,如对从竞争对手处购买产品的被许可人收取更高的许可费,从而排除自己的竞争者,破坏了许可人和其竞争对手之间的竞争,如高通公司对从竞争对手处购买芯片的被许可人收取更高的许可费。这是技术标准实施中专利权人实施价格歧视行为的最典型的形式。但如同超高定价难以界定一样,价格问题本身就是一个很复杂的经济学问题。作为市场交易主体,专利权利人有权自行决定与谁交易,以及决定交易的条件。而经营者实施不同的定价策略也是正常的商业策略,价格歧视与价格商业策略的区别主要在于前者是破坏竞争的,后者是合理的商业理由,并往往成为反垄断违法指控的抗辩理由。如何区别两者的界限,也就是说如何界定许可人实施了"歧视"性的价格,是本部分的一个难题。

1. 反垄断法对价格歧视的一般态度

关于价格歧视行为的反垄断规制,美国和欧盟的思路基本相同,甚至发展到现代基本趋同。先梳理一下美国反垄断法关于价格歧视的规定。美国1936 年《罗宾逊—帕特曼法》是最早以成文法形式明确对价格歧视行为进行规定的法律。该法第 1 条 (a) 第 1 款规定,"从事商业的人在其商业过程中,直接或间接地对同一等级或质量商品的买者实行价格歧视……是非法的"。虽然该条明确了价格歧视的适用情形:"同一等级或质量"即相同产品,但是在后续的司法实践中,法官们明显对这一法条误解了。以至于后人在总结该法颁布之后的一段时间内关于价格歧视的案件时,发现对"价格歧视行为"的反垄断分析,完全关注"纯粹"的价格差异,"法官们着重考察同类型交易价格是否有所不同，如有不同，则受到禁止，然后由被告证明该价格差异从成本的角度考虑是否是合理的，但这种抗辩的范围很窄，成功率也很低"。❶ 反之，如果价格相同，则不予受理。随着经济学分析方法的兴起，人们清晰地发现，这种纯粹的价格考虑而忽视成本差异，是明显不合适的。这种"纯价格差异比较法"重视销售价格的表面差异，而忽视其实质的差异存在。对于任何一项产品销售而言，他们的成本不可能是完全相同的，在考虑销售价格不同时，应该考虑成本不同，而不能是追求形式的公平而忽视实质的公平。之后，无论是经济学界还是法学界都逐渐关注了这一问题。施蒂格勒（Stigler）在1987年对价格歧视定义做出了修正，将其界定为"当销售两个或两个以上的类似产品的时候，价格与边际成本的比例不一致时，便构成价格歧视"。❷ 波斯纳法官显然是受到了这种影响，"经济学家采用价格歧视这一术语，指的是……各笔交易中，销售价格与边际成本的比率互不相同。"❸ 此后，反垄断对价格歧视的分析逐渐转向对价格成本的差异比较，比较价格之间的差异和成本之间的差异，以及这个差异是否过大等。从"表面差异"过渡到开始重视产品价格的"实质差异"。这种"价格差异—成本差异比较法"一直沿用至今。这种基本原则一旦判定，剩下的难题就是界定成本。关于成本，基本观点多认为应该包括产品生产成本、运输成本、交易成本、支付成本等因素，需要根据个案分析。

在欧盟，《欧盟运行条约》第102条（c）项中规定："对同等交易的其他贸易伙伴适用不同的条件，从而使其处于不利的竞争地位。"对价格歧视行为的反垄断分析依旧关注三要件：支配地位、价格歧视行为、对竞争产生损害。其中核心是"同等条件"和"不同价格"。其实质也是充分考虑成本差异与价格差异，以判定对同一产品销售不同的价格，是否存在真正的成本

---

❶ ［美］赫伯特·霍温坎普著，许光耀、江山、王晨译：《联邦反托拉斯政策——竞争法律及其实践》，法律出版社2009年版，第633页。

❷ Stigler G J, *A theory of price*, New York：Macmillan 1987. 转引自：文学国：《滥用与规制——反垄断法对企业滥用市场优越地位行为之规制》，法律出版社2003年版，第224页。

❸ 转引自许光耀："价格歧视行为的反垄断法分析"，载《法学杂志》2011年第11期，第22页。

上的不同。在其判例中均体现了该思想。典型的如前文提到的联合商标案，欧共体委员会在详细分析了销售给各个销售商的香蕉的原产地、品种、催熟质量、商标品牌，以及销售条件、支付条件和卸货费用、运输条件等各成本的基础上，得出结论是销售商销售给各分销商的成本相同，却收取了不同的价格，因此欧共体委员会认定其构成价格歧视，并最终构成滥用市场支配地位。该案为后续的价格歧视案件提供了很好的分析思路：首先确定"同等条件"，包括是否是同样的商品（质量、产地等），以及是否是相同条件（生产成本、运输成本等），可知在成本差异相同的情况下，价格差异却不一致，从而确定是价格歧视；然后再结合其他要件来判定是否构成违法。

我国的《反垄断法》第17条（6）也对价格歧视作出了规定，"价格歧视是指对条件相同的交易相对人在交易价格等交易条件上实行差别待遇"。根据许光耀教授的观点，这里的"条件相同"应落实到成本上，"交易价格等交易条件"最终指"交易价格"。❶ 也就是说，我国反垄断法对"歧视"的认定遵循的也是"价格差异—成本差异比较法"。

综上可见，关于价格歧视行为，各国反垄断法普遍将其作为常规的规制对象，在对歧视的认定上重点考察成本与价格差异，核心是"成本"的考察。虽然这是针对有形产品的规制方法，但从前面几种典型的滥用市场支配地位的行为的规制来看，标准化中专利许可行为其本质也是销售行为的"变形"，虽然美国在其判例中承认专利权人有定价的权利，但是只要其具有支配地位，如果存在价格滥用行为，仍然受到反垄断法的规制。

2. 技术标准化专利权人价格歧视行为的相关案例及分析

技术标准中专利权人的价格歧视行为往往和超高定价行为一起发生，如同超高定价一样，由于标准专利权人所持有的专利是标准实施者所必不可少的，这为其任意索要价格创造了条件。专利权人可以任意对不同的被许可人给予不同的许可价格，因而便导致歧视的可能发生。目前有关标准专利权人价格歧视行为的案例并不多，影响较大的可能是美国的博通诉高通案、中国

---

❶ 许光耀、王文君："对星巴克咖啡'价格歧视行为'的反垄断分析"，载《价格理论与实践》2014年第3期，第30页。

的华为诉 IDC 案，以及中国国家发展和改革委员会调查高通公司涉嫌的价歧视行为。鉴于前文对前两个案例已有介绍，下文仅对这几个案例涉及价格歧视部分做简单的补充。

案例一：美国的博通诉高通案❶

在该案中，博通公司指控高通公司三宗罪：虚假承诺、过高定价、价格歧视。其中指控存在价格歧视行为基于的事实是，高通公司对其竞争者，以及那些没有使用高通公司制造的芯片组的顾客，收取不合理的许可费，构成价格歧视，该案最终被判定反垄断违法。但回顾前文的分析可知，美国联邦第三巡回法院分析的重心并没有关注高通公司的"价格歧视"行为，而是分析其因为事前故意地虚假承诺，不正当地将自己的专利纳入标准中，从而获得市场垄断力，之后又凭借这种垄断力，实施了滥用行为。法院并没有仔细去分析高通公司是否真正有"价格歧视"，而高通也没有做这方面的辩解，似乎对其实施的不同许可费的行为供认不讳。由于法院对此并未做出进一步的解释，在此笔者只能就该行为做出一些简单的推测分析。该案中"歧视"是非常明显的，高通行为应该可以描述为：基于同一项专利对竞争对手的顾客授予不同的价格。根据歧视的基本分析方法，它符合针对"同等交易"不同"交易条件"的情形。博通以及其他被许可人都是标准的实施者，必须获得高通的专利许可，但是不同的是，其中一部分许可人完全从高通处购买芯片（因为高通自己也是一个芯片制造商），而一部分许可人从博通处购买芯片，但为了生产标准产品，又必须获得高通的许可。事实就是，高通和博通是芯片市场上的竞争者，高通对竞争对手的顾客实施歧视，从而迫使这些顾客放弃博通的芯片投奔高通，从而破坏了移动芯片市场上的竞争。因此，此行为破坏的是许可人与其竞争者在其他产品（如本案中芯片）上的竞争。同一项技术，开发成本相同，一部分许可给自己的顾客，一部分许可给竞争对手的顾客，同一种产品的许可，也没有涉及运输等其他成本，所以该"歧视"是显而易见的，以至于法院都没有加以详细的分析。但是，是不是只要是同一项技术的专利许可，收取了不同的价格，便一定是价格歧视呢？答案

---

❶　Broadcom Corp. v. Qualcomm, Inc., 501 F. 3d 297（3d Cir. 2007）.

并非如此，笔者仅是就高通案的具体案情而论。在笔者看来，高通与顾客之间长期的销售关系会导致其许可的不同，以及是否存在交叉许可或技术回馈等情形，当然还必须结合相关市场来分析。该案中虽没有涉及，但这些因素是应该要考虑在许可成本之内的。这在后文将论述。而类似美国博通诉高通案中的情形在其他国家也发生过。如在 2005 年 10 月，博通（Broadcom）、爱立信（Ericsson）、日本电气公司（NEC）、诺基亚（Nokia）、松下电器（Panasonic Mobile Communications）以及德州仪器（Texas Instruments）八家公司向欧共体委员会对高通公司提出控诉，事实也是因为高通对那些专门从高通处购买芯片的顾客给予较低的许可费。欧盟委员会启动了一个反垄断调查，最终因为原告的撤诉而中止调查。❶ 该案之所以和解，是高通承诺将降低许可费，并且不再区别对待，但这也间接地表明高通对其实施"歧视"行为是无异议的。作为移动芯片领域的主要供应商，如果其真的存在"歧视"的正当理由，如成本理由，相信其不会那么心甘情愿地降低许可费。类似的，2009 年，中国手机厂商便向政府举报高通对中国手机厂商收取的专利许可费远远高于其对苹果、三星、诺基亚公司收取的许可费，涉嫌价格歧视。2013 年 11 月底，我国发改委公开宣布对高通展开反垄断调查，并在 2014 年 2 月 19 日的价格监管与反垄断工作新闻发布会上再次确认了这一消息。❷ 历时一年多，国家发改委裁定高通违反我国的反垄断法并处以 60.88 亿元人民币的罚款，并且高通还需要采取一系列措施以避免再次违法。

案例二：华为诉 IDC 案

在华为诉 IDC 案中，美国 IDC 公司向华为发出的许可要约，按照一次性支付专利许可费，IDC 给华为的报价是 10.54 亿美元，这个价格是其对苹果公司报价的 19 倍多，给三星报价的 2 倍多。而按照专利许可使用费率的标

---

❶ Press Release, MEMO/07/389, Commission Initiates Formal Proceedings Against Qualcomm (Oct. 1, 2007), available at http：//europa. eu/rapid/pressReleasesAction. do? reference = MEMO/07/389&format = HTML&aged = O&language = EN&guiLanguage = ［hereinafter Commission Press Release--Qualcomm］.

❷ "发改委确认对高通公司进行反垄断调查"，载 http：//finance. people. com. cn/n/2014/0219/c1004-24402977. html。

准，也远远高于这两家公司。在该案中，华为构成"歧视"更为明显，IDC公司也没有做出辩解。与上述高通案不同，我国法院的重点是分析 IDC 的许可价格是否合理，是否遵守了其 FRAND 义务，但是同样未分析其"歧视"的要件。一个很大的原因在于价格歧视行为本来很少有单独使用的，往往附随超高定价和其他垄断行为。笔者认为，在华为案中，IDC 公司的"歧视"更容易认定。IDC 公司是一家纯粹以专利许可作为利润收入的企业，因此，IDC 的行为可以描述为：基于同一项专利对不同的被许可人实行不同的价格，此处破坏的是被许可人所在市场（本案中即手机生产市场）上的竞争。IDC 的许可费定价差异，导致华为公司生产成本大幅度提高，甚至逼近了我国手机产业的工业成本。如前述，我国手机行业的工业利润为 3%，IDC 要求收取每一单位产品的 2% 的许可费，这将使得华为企业面临无生存之地，如果想要生存，则必须提高售价从而将成本转嫁到消费者身上，这无疑将消费者推向三星、苹果等公司。在此案中，IDC 的行为基本可以界定为"相同的产品、相同的成本却不同的交易价格"，显然符合"歧视"。在广东省高院做出判决后，2013 年年底，我国发改委也针对 IDC 的行为展开了反垄断调查，调查的效果是很明显的，IDC 终于在 2014 年 2 月承诺不再对中国企业收取歧视性的高价。这一承诺将使得我国智能手机厂商在未来几年的手机市场上处于相对公平的竞争地位，只是如果该案以"价格歧视"来认定反垄断的话，可能还需要进一步分析 IDC 实施歧视的原因。从理论上讲，IDC 作为一家以许可为主要收入的专利许可公司，在 FRAND 情势下，应该是对所有的被许可人尽可能地收取较高的价格，为何对苹果、三星的许可费差异那么大呢？技术开发的成本、许可的成本应该是一样的，那么哪些原因可能会影响其实施"歧视"价格，IDC 公司没有解释，现有公开资料也无法查证，只能留待下一步的研究。

3. 技术标准专利权人价格歧视行为的反垄断判定

尽管现有判例对技术标准化中专利权人的价格歧视都未有太多关注，有些甚至是一笔带过，但是有几个基本问题还是可以确定。

首先，总原则。技术标准化中专利权人的价格歧视行为是广泛存在的，也应该受到反垄断法的制约。尽管专利权人有定价的自由，甚至虽曾在 USM Corp. v. SPS Technology 案中有观点认为"专利权人有使自己专利的利益最大化的权利，而价格歧视是达到该目的的途径之一"。❶ 上述几个案件都表明标准专利权人可以根据 FRAND 义务自由定价，但是仍然得遵守一定的反垄断法的规制。如果该定价是过高的，或者是歧视性的，则受到反垄断法的调整。因此，技术标准化中专利权人的价格歧视行为是反垄断法规制的对象之一。

其次，反垄断违法构成要件。技术标准化专利权人的价格歧视行为只是特定情形下的特殊情况，在判定其是否构成反垄断违法，依然考虑四个要件：该专利权人有无支配地位；是否存在价格歧视；该歧视行为有无正当理由；其对竞争带来的损害是否超过其带来的效率。第一个要件，关于支配地位，在之前已有充分论述。技术标准中必要专利权人的专利具有唯一性和不可替代性，因此每一个必要专利构成一个独立的相关市场，而所有的必要专利一起构成一个整体的产品市场。因此，标准必要专利权人具有市场支配力是毫无疑问的。对其他要件的分析，都围绕一个核心：如何认定歧视，应该考虑哪些因素，将会涉及"歧视的"正当性。笔者认为，在认定是否构成"歧视"时，总方法是遵循"成本—价格差异比较法"，销售价格差异很容易认定，主要是成本方面的考虑。对于专利技术而言，其是智力成果的创新，影响其许可费的因素很多：一次性许可费、按专利产品销售量计算许可费、许可期限、是独占许可还是排他性许可、是否存在交叉许可、是否回授等都将影响许可费的确定，进而引起许可费差异。其中最重要的因素有：（1）交叉许可。专利权人与不同的被许可人是否存在交叉许可，将会影响专利权人的许可费，假设如果 IDC 与苹果存在交叉许可，那么 IDC 在期望得到苹果较低许可费的同时，也会降低其对苹果的许可费。这也是合理的。（2）技术回馈。如果一个被许可人愿意基于专利技术开展的进一步研发创新，在一定程度上反馈给许可人，那么这也会进一步降低许可费的成本。

---

❶ Herbert Hovenkamp, Mark D. Janis &Mark A. Lemley, *IP and Antitrust: An Analysis of Antitrust Principles Applied to Intellectual Property Law*, Aspen Publishers, 2004, pp. 334-335.

（3）量大优惠。如果是按照专利产品的销售量来收取许可费，毫无疑问，销售量大的被许可人肯定具有更多的许可费的谈判筹码。而给予那些销售量大的被许可人一定的许可费折扣，也是合理的。因为这在整体上促进效率。（4）专利许可的数量。在标准化中，标准必要专利权人很少是持有一个专利的，有些专利权人甚至掌握成百上千个专利。那么，某个被许可人只需要一件专利，而其他被许可人需要多件专利，那么这也是专利权人索要专利费时要考虑的问题。（5）此外，许可期限也至为重要。接受许可的时间越长，意味着专利权人可得到的预期回报越多，那么在与其他被许可人的许可费上，也会有所不同。（6）被许可人自身专利的规模和实力。如果一家公司自身实力强大，有许多有价值和一定数量的专利，那么在与其他公司谈判中，自然也会处于一种较优越的地位，这将影响许可的成本。因为，如果此时还坚持强调许可人对所有被许可人一视同仁，收取同样的许可费，很可能就会阻碍技术的传播和标准的实施。（7）专利许可人是否是垂直一体化的企业。如果一家企业本身持有必要专利，其自身也生产标准产品，那么其对其他被许可人就更容易实施价格歧视。此时就更需要结合该企业内部的生产销售成本来界定，这将需要更多的经济学分析。

最后，衡量标准专利权人的价格歧视是否违法，关乎多个因素，即使有"歧视"的存在，还必须进一步证明"对竞争的损害"，否则也难以确定反垄断违法。而这一标准，依然必须遵循创新与竞争的平衡，在衡量价格歧视对竞争的危害时，必须考虑到专利权人的"歧视"行为是否会对其创新造成阻碍，毕竟价格差异直接等同利润，关乎创新的回报和进一步的创新，所以必须平衡专利权人的利益和竞争发展。

四、技术标准专利权人的搭售行为

技术标准中的搭售行为主要出现在标准专利许可中，是指专利权人在实施专利许可的时候，要求被许可人接受另一技术，或者从许可人或其指定的第三人处购买产品。而有时，"一揽子许可"也被涵括在搭售之内。❶ 其中许可的技术称为结卖品，另一技术或产品称为搭卖品。搭售行为发生时，往往会违背购买方的意愿，剥夺购买者的选择权，增加购买方额外的负担，并且破坏结卖品市场的竞争秩序，因此搭售行为往往被认为是有害于竞争的。但是随着经济学分析学派的兴起，人们发现搭售也可能带来一定的积极效应，如搭卖品作为结卖品的配套产品生产的，能促进结卖品更好地利用，也可以减少被许可人从别处寻找配套产品的麻烦，降低其成本。尤其是"专利丛"❷ 的出现使得专利许可中的搭售行为更具有效率意义。当相互间处于阻挡地位、竞争性或补充性关系的技术组成"专利丛"出现的时候，专利权人通过搭售形式之一："一揽子"的方式进行许可，可以节约许可成本、提高专利许可的效率，更快地促进技术传播以及提高创新能力，因此，搭售又可能是促进社会竞争和发展的。技术标准实施中可能产生的搭售有三种情形：专利—产品的搭售、有效专利—过期专利/无效专利的搭售、必要专利—非必要专利的搭售。

1. 反垄断法对专利权人搭售行为的一般态度

专利权人的搭售行为，美国法院最早都是坚持适用专利法判定其是否构成专利权滥用。而在倡导专利权人的绝对垄断权的时代，专利权人的搭售行为多是认为合法的。如在 1912 年的 Henry v. A. B. Dick Co. 案❸中，美国联邦最高法院对专利权人 Dick 公司销售其专利产品同时搭售非专利的油墨、纸张的行为，认为是为了实现专利的最大价值，因此属于专利权人合法的范围，是合法的。但不久这一观点便被否定了，在 1917 年的 Motion Picture Patent Mfg. Co. 案❹中，法院同样运用专利法进行判定，但是认为专利权人只

---

❶ Herbert Hovenkamp, Mark D. Janis & Mark A. Lemly, *IP and Antitrust: An Analysis of Antitrust Principles Applied to Intellectual Property Law*, Aspen Publishers, 2004, pp. 3-12.

❷ "专利丛"是指那些设法使新技术商业化的公司，需要从多个专利权人处获得一套重叠的专利权的许可。Carl Shapiro, "Navigating the Patent Thicket: Cross Licenses, Patent Pools and Standard-Setting", in *1 Innovation Policy and the Economy* 119-126 (Adam B. Jaffe, Josh Lerner & Scott Stern eds., 2001).

❸ Henry v. A. B. Dick Co., 224 U. S. 1, 7 (1912).

❹ Motion Picture Patent Mfg. Co., 243 U. S. 502 (1917).

能在其专利权范围内行使权利，由于电影胶片不属于专利产品范围，因而放映机专利权人搭售电影胶片的行为明显超出了专利权保护范围，构成专利权滥用。但是，"作为非法搭售的专利权滥用并不需要违反反垄断法"。❶ 随着人们开始认识到专利权人的搭售不仅是不正当行使专利权，从而获得超出专利权的保护范围的利益，而且可能产生限制竞争影响的时候，美国开始运用反垄断法对专利权人的搭售行为进行规制，并认为构成"专利权滥用的行为必须违反反垄断法"，典型案例有 1947 年的 International Salt 案、1984 年的 Jefferson 案。❷ 这一观点在 2006 年的 U. S. Philips Corp. v. International Trade Commission. 案中被美国联邦最高法院改变。法院在 Philips 案中认为，"专利权人飞利浦（Philips）的一揽子许可行为不构成滥用，但是可能会违反反垄断法"。❸ 这就清晰地告诉我们：专利权人的搭售行为可能不是滥用行为，但可能是反垄断违法行为，具体应该考察反垄断违法要件。从这些判例中可以看出，专利权人的搭售行为经历了从专利法规制到反垄断法规制历史的变迁。

在立法方面，搭售多是通过限制性协议发生，因此它可能受到《谢尔曼法》第 1 条的规制。但是，现实中，大多数搭售都是依靠结卖品所有人的支配地位才能实施成功，因此它又可能是滥用市场支配的行为，受到《谢尔曼法》第 2 条的规制，此外，《联邦贸易委员会法》第 5 条或者《克莱顿法》第 3 条都可以对其予以适用。而真正开始关注专利权人的搭售行为的是 1995 年《知识产权许可的反托拉斯指南》，该指南肯定了专利许可中的搭售对竞争和效率的积极效应，同时也可能产生限制竞争的影响。另外，运用合理原则确立专利许可搭售的分析要件：专利权人是否拥有支配地位；搭售行为的竞争效应；竞争正负效应的权衡。而关于专利权人是否自动拥有支配地位，

---

❶　Herbert Hovenkamp, Mark D. Janis & Mark A. Lemly, *IP and Antitrust: An Analysis of Antitrust Principles Applied to Intellectual Property Law*, Aspen Publishers, 2004, pp. 21 - 28. 转引自：吴广海：《专利权行使的反垄断法规制》，知识产权出版社 2012 年版，第 214 页。

❷　吴广海：《专利权行使的反垄断法规制》，知识产权出版社 2012 年版，第 215 ~ 216 页。

❸　Philips Corp. v. International Trade Commission, 424 F. 3d 1179（Fed. Cir. 2005）.

美国司法判例做出了很好的解释，明确"专利会赋予专利权人一定的市场力，但是并不必然拥有垄断力"，这在 Jefferson Parish 案和 Illinois Tool Works 案中都得到了很好的体现。❶ 2007 年的《反托拉斯执法与知识产权：促进创新和竞争》中再次重申了合理原则的分析方法，这也将成为分析技术标准化中搭售行为的基本原则。

在欧盟，主要是依据《欧盟运行条约》第 102 条认定搭售行为是否构成滥用市场支配地位。在其著名的 Hilti 案中，喜利得（Hilti）公司在销售其专利产品射钉枪时搭售钉子，这两项产品在 20 世纪 60 年代就一直由不同的生产商生产，属于不同的产品市场，因此喜利得公司是滥用了其在专利产品市场的力量，延伸到非专利产品市场，从而构成滥用支配地位。之后在利乐包（Tetra Pak II）案中同样涉及销售专利产品搭售非专利产品的行为，同样被判定违法。在这些案件中，欧盟竞争法肯定了专利权人合法的垄断力，但是其行使专利权时不能超过其合法的保护范围，否则便构成滥用支配地位。"就欧共体竞争法而言，任何独立的生产者都可完全自由地生产用于他人设备上的消耗品，除非这样做侵犯了竞争者的知识产权"。❷ 由于专利许可搭售的效果是不确定的，因此欧盟在其 240/96 号规章中将专利权人许可时搭售技术或产品、服务列入灰色条款，即需要根据其对竞争的积极效应和负面效应的对比再进行判定。

在搭售行为的判定中，最难的一点就是对结卖品和搭卖品的性质的判定。在欧美的反垄断规制历史上，判定搭售行为是否违法，首先需要判定的是两个产品的性质。其主要依据"独立产品要件""新产品要件"。独立产品要件主要是判定结卖品和搭卖品是不是"单一产品"，主要根据消费者的需求来确定；"新产品要件"是指结卖品和搭卖品结合起来会形成一样新产

---

❶ 吴广海：《专利权行使的反垄断法规制》，知识产权出版社 2012 年版，第 225 ~ 227 页。

❷ 王先林：《知识产权与反垄断法——知识产权滥用的反垄断问题研究（修订版）》，法律出版社 2008 年版，第 244 页。

品，主要依据效率来判定。❶ 其实无论采用哪种规则，最终都是朝着合理原则出发。当然，这些规则也将成为技术标准中专利权人许可的判定规则。

2. 技术标准化中专利权人搭售的典型判例

（1）U. S. Philips Corp v. International Trade Commission 案 以 及 Princo Corp. v. International Trade Commission 案❷（简称 Philips 案）。

Philips 案是一起专利侵权的诉讼，但对搭售行为的反垄断分析具有非常重要的意义。Philips 是一个由飞利浦（Philips）、索尼（Sony）、日本理光（Ricoh）和太阳诱电（Taiyo Yuden）四家公司组成的一个专利联营体，由 Philips 负责管理。该联营体发布了一个关于制造可记录光盘的技术标准（所谓"橙皮书"），并且他们拥有生产该激光光盘的一项重要的技术，即确定激光在磁盘中的位置。Philips 拥有该技术的模拟版本，索尼有一个数字版本。Philips 作为联营体的管理者，只允许第三方从联营中接受事先预定好的专利包，但是不允许第三方在联营体之外接受索尼公司的技术。巨擘科技公司（Princo Corp.）是一家生产光盘的厂家，曾经从联营体中获得了许可，但是不久后就停止了支付许可费，于是 Philips 就向美国国际贸易委员会（ITC）起诉巨擘科技专利侵权。随后，包括巨擘科技几家被许可人向美国国际贸易委员会提出一项控诉，宣称"Philips 强迫他们接受对制造光盘产品不需要的专利"，而且"被 Philips 指定的'必要专利'事实上是非必要的，因为存在'商业上可行'的制造光盘的方法，它们并不需要使用那些专利包含的技术"。随后，ITC 对 Philips 发起调查，在美国国际贸易委员会的决议中提出两点意见：①Philips 的一些"必要"专利，事实上不是"必要的"，并且在事实上是与激光光盘产品的制造的"必要专利"相分离的产品；②Philips将非必要专利和必要专利打包许可构成"本身违法"的搭售，会阻

---

❶　许光耀："搭售行为的反垄断法分析"，载《电子知识产权》2011 年第 11 期，第 82～83 页。

❷　U. S. Philips Corp. v. Int'l Trade Comm'n，424 F. 3d 1179，1183（Fed. Cir. 2005），cert. denied，126S. Ct. 2899（2006）；Princo Corp. v. International Trade Commission，2007–1386（Fed. Cir.，August 30，2010）.

碍非必要技术市场的竞争。❶

对于美国国际贸易委员会做出的决议，Philips 表示不服，向美国联邦巡回法院提出了诉讼，即 Philips 案。与 ITC 的决议相反的是，美国联邦巡回法院认定必要专利和非必要专利打包，并不构成本身反竞争。法院推断如下。❷

① 该案涉及的是一个"专利—专利"（"patent-to-patent"）的搭售，而不是"专利—产品"（"patent-to-product"）的搭售。根据法院的观点，在专利与产品的搭售中，专利权人能够使用专利授予的市场力，来阻止产品市场的竞争。相比之下，一个包含必要和非必要专利的联营许可协议，并没有对被许可人强加任何必要条件，也没有禁止被许可人使用任何可能由许可人的竞争者提供的可选择的技术，因此并不必然存在一个阻碍效果。

② ITC 没有证据证明"被指控的非必要技术"，事实上是"非必要的"，因为没有证据证明，顾客会更加喜欢许可的替代性的技术，而不是宣称为"非必要的"专利，而且在专利联营组成时，一些可选择的技术仍然在开发。因此，法院认定，ITC 委员会错误地将一些"必要专利"认定为"非必要"。法院陈述道，只有对那些现存的专利，还存在商业上可行的替代选择，该专利才是"非必要的"。"如果对这些声称的非必要的专利，没有商业上可行的替代选择，将那些专利和所谓的必要专利打包起来，在市场中不会产生反竞争的效果。"

Philips 判决中确立的"必要专利"分析理论，在之后的很多案例中得到引证。如在 GlobespanVirata v. Texas Instrument, Inc 案❸中，被告被指控为，非法将用于非对称数字用户线路（Asymmetrical Digital Subscriber Line, ADSL）标准技术的专利与那些用于 ADSL 非标准技术的专利联营起来。根据 Globespanvirata 的观点，ADSL 非标准技术的市场，是为了遵循 ADSL 标准

---

❶ U. S. Philips Corp. v. Int'I Trade Comm'n, 424 F. 3d 1184（Feel. Cir. 2005）.

❷ Philips, supra note 56, at 1187-89.

❸ Globespanvirata, Inc.v.Tex.Instrument, Inc., 2006 U.S.Dist.LEXIS 8860（D.N.J.March 3, 2006）.

的非必要特征（产品特点）的市场，以及这些非必要特征仅仅在提升效率时是有效的。Globespanvirata 案的审理法院遵循了 Philips 案中法院的推理，采取了一个更加谨慎的、具体问题具体分析的态度，对这种类型的联营采用合理原则审查。相同的基本原则，也在美国联邦巡回法院于 Philips v. Princo 案❶中体现。在 Wuxi Multimedia v. Koninklijke（2006 年）案❷中，原告声称，被告的 DVD 技术许可协议，根据合理原则是反竞争的，因为它包含非必要专利。然而，南部加利福尼亚州地区法院认为，原告不仅没有确定联营中的哪些专利是非必要的，甚至即使他们确定了这些专利，他们也没有提供充足的证据来支持他们的主张，即他们认为这些专利在事实上是非必要的。

（2）Philips 案中法院对必要专利和非必要专利的观点的一些看法。

从上述法院的一些观点可以看出，技术标准实施中专利权人的搭售问题，主要是指专利权人将"非必要专利"和"必要专利"一起许可，如 Philips 案中，原告控诉索尼的专利并不是联营体的必要专利，不能与 Philips 的专利一起捆绑许可，但是法院似乎并不认为索尼的专利是非必要的，而是从"商业上有无可替代品"来判定必要性，从而进一步判断其是否反垄断违法。从 Philips 案及后续案件中，可以看出美国法院对专利权人将"非必要专利"纳入标准，并通过联营体捆绑许可，主要根据合理原则分析，在结合个案情况的基础上展开详细和谨慎的分析，并且还考虑到"必要专利"的时效性问题。笔者认为，关于必要专利和非必要专利的认定一直没有确定的答案，因此，对非必要专利纳入标准并进行捆绑许可的反垄断分析，需要考虑以下问题。

第一，判定"非必要专利"纳入标准并打包许可，必须分析非必要专利在标准中的竞争作用。一个联营乃至一项标准中包含非必要专利，并不一定是违法的，但仅仅存在特定许可情形下。例如，有些非必要专利，可能对执行一项标准不是必不可少的，但是将其纳入标准中，可以降低被许可人的成本，产生效率。例如，移动电话很大一部分购买者，都把手机的价值归功于

---

❶　U. S. Philips Corp. v. Princo Corp. , 173 Fed. Appx. 832（Fed. Cir. 2006）.

❷　Ill. Tool Works, Inc. v. Independent Ink, Inc. , 547 U. S. 28（2006）.

GSM 手机的文字输入功能，该功能使得他们编辑简短的文字信息更加容易。为了成功地销售一款手机，制造商可能会觉得需要得到该专利的许可，而 GSM 手机标准中并没有包含该技术。在大多数程度上，关于文字编辑功能的技术会被认为是非必要的，而事实上它们为手机使用者带来了便利，而且能够促使手机的更广销售。此时，打包许可该项文字编辑功能的技术是促进效率的，因此可能没有违反反垄断法。

第二，判定"非必要专利"纳入标准并打包许可否违反反垄断法，关键还是对必要专利的界定。原则上，一项标准中只能包含对实施标准而言是必不可少的专利技术。如前所述，学界和司法界对必要专利至今没有统一的界定。如美国联邦巡回法院在 Philips 案中对必要专利的定义，认为必要专利是"不存在商业上可行的替代选择"。至于"商业上"怎么理解，法院并没有给出进一步的解释。国内有学者理解成，该技术与专利技术相比存在成本过高等问题，从而导致使用该技术在商业上不可行。❶ 考虑到美国反托拉斯分析本身就是一种经济学的分析方法，将成本因素考虑进来也有一定的道理。因而，运用反垄断法来判定标准专利许可中的搭售行为，更需要结合经济学的方法综合判定。

第三，非必要专利纳入标准是否构成反垄断违法，还需要考虑专利的时效性本质。在一个动态的世界里，必要专利和非必要专利也应该随着时间而改变。一项在标准建立时是必要的专利，经过一段时间之后可能不再是"必不可少"的，这时继续包含一个此类的必要专利，并不必然是反竞争的，但也有可能产生限制竞争的后果。因此，对标准中必要专利与非必要专利的界定，应该在标准专利许可时而不是标准制定的时间。

第四，对非必要专利纳入标准行为是否涉嫌反垄断违法，还受到一个国家的产业政策的影响。例如，2002 年，欧共体委员会对 3G 专利平台联营协

---

❶ 马海生："技术标准中的'必要专利'问题研究"，载《知识产权》2009 年第 2 期，第 36 页。

议进行反托拉斯审查许可❶时宣布："3G 联营许可协议设定了程序来界定一项专利是否是必不可少的……根据反托拉斯规则，审查许可要求每一个许可协议仅仅限定在必要专利……此外，3G 制造商除了那些他们真正需要的专利，他们不应该被迫为不必要的专利权支付费用。"但是，他们在新闻公告中也陈述道，"考虑到不同的 3G 技术的新颖性，事实上或法律上地位的任何重大的变化，将要求根据竞争法对该协议重新评估"。这说明欧共体委员强调需要依据竞争法来分析联营中专利对实施标准的实际作用。虽然委员会并没有进一步对"必要性"界定明确详细的标准，但是在具体案件中，委员会会采用一种更加"合理"的方法，判定这些非必要专利的促进竞争的利益，是否超过它的反竞争效果。事实上，只有在欧共体有着极大兴趣的领域或者对欧共体经济有着重大影响的联营，如通信行业的 3G 专利平台是世界范围内通信技术的标准联营，通信技术更新程度较快，更重要的是欧洲大型企业要想进入世界通信领域，占据通信领域的一席之地，必须要加快该领域的技术标准的建立，并且使欧洲企业能更方便地纳入标准体系，因此，欧共体才会表现出宽宏的态度，认可包含非必要专利的联营的合法性。一般情况下，要求联营中包含的专利应该为补充性、不存在替代品的专利，否则认定其为本身反竞争的。可以看出，国家的产业政策可能会对标准专利许可中的搭售行为的反垄断分析产生影响。

3. 技术标准化中专利权人搭售行为的反垄断判定要件

一般说来，如果一项搭售行为满足以下四个要件，则视为本身违法而要予以禁止："① 结卖品和搭卖品是各自独立的产品；② 卖方实施了强制，使得买方事实上不得不接受搭卖品；③ 卖方在结卖品市场上拥有相当大的经济力量，来强制买方接受搭卖品；④ 搭售行为在搭卖品市场上产生了反竞

---

❶ Press Release, European Comm'n, Antitrust Clearance for Licensing of Patents for Third Generation Mobile Servs（Nov. 12, 2002）, available at http://europa. eu/rapid/pressReleasesAction. do? reference = IP/02/1651&format = HTML&aged = 0&language = EN&guiLanguage = en, 2011 年 8 月 23 日访问。

争效果"。❶ 对于判定技术标准化中专利权人的搭售行为仍需依据这几个基本要件，但要结合技术标准特定的情景加以分析。所以，技术标准化中专利权人搭售行为的反垄断分析可以遵循这样的思路。

首先，运用"独立产品"及其演进的"新产品"标准来分析必要专利和非必要专利。波斯纳认为，"如果将两种产品联合提供有明显的效率，则应将其视为单一产品"。❷ 对于标准必要专利权人的搭售行为，如果搭售的是过期的专利或者是无效专利，那么肯定不可能产生"新产品"的效率。而如果专利权人在许可技术时，搭售一项产品，除非该项产品对实施这项技术是必不可少的，也就是说在市场上没有实施该项技术的替代品，那么可能有增进效率的效应，但是一般情况下，这种可能性并不大。如果必要专利与"非必要专利"搭售，仍需要对专利必要性进行分析，主要根据前文中的技术要件、法律要件、经济要件、时效要件来进行分析。如果满足这些要件，那么捆绑许可的专利对执行标准都是有促进作用的。但是，如果专利权人捆绑许可的技术并不一定满足上述要件，就需要进一步分析该专利在标准产品中的作用，以及考虑到该技术纳入标准对一国产业政策的影响。

其次，专利权人搭售专利或技术，使得标准实施者是不是必须要接受该搭卖品。"如果卖方在结卖品市场上拥有支配地位，而又迫使买方同时购买其搭卖品，则会使搭卖品市场上的竞争者受到排斥，最终使卖方在搭卖品市场上也获得支配地位。"❸ 这一点，是比较容易判定的。技术标准专利权人组成的联营中，如果联营管理者在要求"一揽子许可"的情况下，也允许专利权人单个协商许可价格，那么一般不会受到反垄断法的规制。但是，如果联营管理者规定必须"一揽子许可"，否则其他的专利许可也不可以，其实质上就是造成被许可人不接受这"一揽子许可"，便无法得到实施标准的必要专利。

---

❶ ［美］赫伯特·霍温坎普著，许光耀、江山、王晨译："联邦反托拉斯政策——竞争法律及其实践"，法律出版社 2009 年版，第 433 页。

❷ 同上书，第 459 页。

❸ 许光耀："搭售行为的反垄断法分析"，载《电子知识产权》2011 年第 11 期，第 81 页。

再次，考察专利权人的市场力。技术标准中专利权人具有市场垄断力，这是前文已经多次强调的事实。就如柯达案中一样，"相关市场被界定在了一个非常狭窄的范围内，即柯达公司专有的零件市场，而对于这一市场，柯达公司拥有100%的份额"。❶ 当其拥有的技术对构成一项标准是必要的，则其专利构成一个独立的市场，必要专利权人也拥有100%的市场份额。那么，搭卖品事实上处于另一个市场，在一定程度上，如果搭卖品并不是被许可人所需要的，那么被许可人被迫接受，其实质是专利权人将其市场力从必要专利市场延伸到另一个市场上，其本质上是无形中扩大了必要专利的专利权的范围。

最后，被许可人的市场地位也应适当考虑。一般情况下，被许可人的力量强大，不会受到搭售的限制；若被许可人力量弱小，更容易被迫接受搭卖品，则要具体分析。

因此，对于标准必要专利权人的搭售行为，鉴于标准必要专利权人拥有市场垄断力，如果其搭售的专利能够被证明是必要专利，那么一般不会涉及反垄断违法。反之，如果其搭售的专利是无效专利或过期专利，而且被许可人又没有拒绝的能力，那么，一般是反垄断违法的。如果标准必要专利权人搭售的专利可能是非必要专利，则需要进一步考察该搭售行为的促进竞争的影响和限制竞争的影响，如搭售该非必要专利可能使得标准产品更加便利，消费者更乐于接受，但是其限制竞争的影响是，破坏了非必要专利产品市场的竞争，如排挤了该非必要技术的类似技术之间的竞争，这就需要综合衡量其竞争影响，判定其是否构成反垄断违法。

五、技术标准专利权人寻求禁令的行为

2010年以来，全球性的"智能手机专利大战"愈演愈烈，信息和通信技术领域中的巨头公司如三星、苹果、微软、谷歌、华为等都卷入了这场战争。在这场专利侵权诉讼和反诉大战中，一方面，专利权人通常请求法官授

---

❶ 李剑："从搭售构成到市场的关联性——对德先诉索尼案的思考"，载《河北法学》2008年第6期，第98页。

予其禁令以阻止对手未获得专利许可产品的销售；另一方面，在专利侵权的反诉中，为了对抗禁令，专利实施者指控专利权人实施了滥用禁令的行为。如三星在欧盟多个成员国内对苹果提起专利侵权诉讼，为此苹果提出了多个反垄断反诉。而这一切，特别是技术标准中必要专利权人寻求禁令的行为受到反垄断机构的关注。最典型的是，欧盟委员会在 2012 年对三星和摩托罗拉发动的两个有关寻求禁令行为的反垄断调查。在介绍案情之前，有必要对专利禁令做一简单介绍。

禁令是法院发布的以阻止专利侵权进一步发生的命令，是英美专利侵权诉讼中常见的救济措施。美国 1819 年的专利法修改后，规定联邦法院有权力"按照衡平法的程序和原则"发出禁令。❶ 之后在多次专利法修改中得到延续。禁令命令必须由法院发出，包括禁止销售未获得许可的专利产品。禁令分为临时禁令和永久禁令，临时禁令作为一项短期内的补救措施，当侵权人未经许可销售专利产品或者未经许可使用专利技术的行为消失时，或者得到专利权人的许可时，禁令予以取消。永久性禁令是指永远不能使用专利技术或销售专利产品，意味着将完全被许可人从专利产品市场中排除出去。无论是哪一种禁令，都可以在一定时间内限制被许可人的生产、销售行为。禁令救济具有积极作用和消极作用。一方面，专利权人的专利创新本应该受到合法的保护，作为一种排他性的权利，任何人都必须经过专利权人的同意才能使用专利，这样才能有效保护专利权人的创新。因此，对于那些未经许可的人，就应该通过禁令来限制其非法使用专利，以有效促进社会的竞争。另一方面，禁令可能变成专利权人索要高额许可费的工具，通过禁令威胁，迫使被许可人接受不合理的许可条件，甚至在一些时候，专利权人通过禁令阻止竞争对手获得专利产品的许可，破坏许可产品市场上的竞争。所以，此时禁令是损害竞争的。在技术标准的环境下，任何一个标准实施者，都必须获得专利权人的许可，而且没有别的专利选择，那么此时，专利权人任意发动侵权诉讼并寻求禁令，则可能对竞争造成更大的损害，如进一步实施价格歧

---

❶ 和育东："美国专利侵权的禁令救济"，载《环球法律评论》2009 年第 5 期，第 124 页。

视、超高定价等行为。因此，专利权人必须在适当的情形下才能寻求禁令，反之，如果不适当运用了禁令，则可能是损害竞争的，那么可能构成反垄断违法。欧美的几个典型的案例将帮助我们去了解这一行为与垄断的关系。

1. 标准必要专利权人滥用禁令的典型案例及分析

案例一：美国联邦贸易委员（FTC）与谷歌（摩托罗拉）关于滥用标准必要专利禁令救济反托拉斯调查的和解❶

谷歌作为世界通信领域中的巨头，拥有超过 3.2 万名雇员，公司每年的收入差不多超过 3800 万美元。2012 年，谷歌花费 1250 万美元购买了摩托罗拉移动（Motorola Mobility，MMI），包括 MMI 的超过 2.4 万个专利的专利包和专利申请。这些专利在十年内至少是一笔可观的收入，以及上百个 MMI 的专利是用于无线连接和因特网技术行业中标准的必要专利。这些标准对智能手机、平板电脑以及游戏系统、操作系统是必不可少的，也在无线网络连接和高清视频相关的设备中应用。2012 年，FTC 收到微软和苹果的请求，开始展开对谷歌（摩托罗拉）的滥用标准必要专利行为的反托拉斯调查。在 FTC 的指控中，谷歌违反了它曾作出的 FRAND 承诺以及对那些需要使用 MMI 的标准必要专利以及愿意根据 FRAND 形式支付许可费的公司申请禁止令，以及发出禁令威胁。特别提出，谷歌在美国联邦地区法院以及在美国国际贸易委员会（United States International Trade Commission，ITC）寻求禁令，来阻碍竞争对手公司获得 MMI 的标准必要专利。

FTC 宣称，这种专利劫持是标准化组织希望通过设置 FRAND 许可要件要阻止的行为。FTC 认为，由于禁令威胁，实施标准的公司可能需要支付更高的许可费，以及将那些较高的价格传递给消费者，这可能导致标准实施者对标准制定过程和实施过程的不信任，以及放弃他们在新技术领域中的投资，是阻碍竞争的。因此，FTC 在 2013 年通过了一个建议同意令。为了消除 FTC 的担心，谷歌同意了 FTC 的同意令，即无论是在美国联邦法院还是

---

❶ Google Agrees to Change Its Business Practices to Resolve FTC Competition Concerns In the Markets for Devices Like Smart Phones, Games and Tablets, and in Online Search, January 3, 2013, available at http：//www.ftc.gov/news-events/press-releases/2013/01/google-agrees-change-its-business-practices-resolve-ftc.

在 ITC，将不会对使用标准必要专利的被许可人寻求禁令，如果谷歌以前曾承诺根据 FRAND 形式许可。该承诺得到 FTC 的同意，最终在 2013 年 7 月 24 日，FTC 宣告通过了最终的和解同意令，与谷歌达成反托拉斯和解协议，持续近 20 个月的反托拉斯调查结束。

案例二：欧盟对摩托罗拉、三星滥用标准必要专利的反垄断调查

摩托罗拉是欧洲通信领域最有影响的标准化组织之一——欧洲电信标准协会（ETSI）的成员，其持有 EIST 制定的 GPRS 标准中的必要专利，GPRS 又是 GSM 标准中的一部分，GSM 标准是移动和无线电通信中一个重要的行业标准。该标准在欧洲被采用时，摩托罗拉曾作出承诺，即它将会对那些其宣称的标准必要专利根据 FRAND 形式许可专利。不久之后，摩托罗拉在德国曼海姆地区法院（the Mannheim Regional Court）对苹果公司针对其所拥有的标准必要专利提出专利侵权，并请求德国法院发布禁令。在德国法院做出侵权判决后，苹果宣称愿意按照德国法院做出的 FRAND 许可费的判决支付许可费时，摩托罗拉仍然寻求禁令。苹果于是指控摩托罗拉涉嫌滥用市场支配地位。欧盟委员会于 2012 年 4 月正式对摩托罗拉可能滥用移动电话标准必要专利支配地位行为展开反垄断调查。

2013 年 5 月 6 日，欧盟委员会向摩托罗拉发送了关于其可能滥用移动电话标准必要专利行为异议书。欧盟委员会在它的初步裁定中通知摩托罗拉，其在德国寻求及实施对苹果的禁令已经构成欧盟反垄断法上的滥用支配地位。尽管寻求禁令是专利侵权的一种可能的救济方法，但是当潜在的必要专利被许可人有意愿按照公平、合理以及非歧视的方法去达成许可协议时，专利权人仍然寻求禁令，便可能是滥用行为。欧盟委员会认为，在这种情况下，有支配地位的 SEP 持有人不应该寻求禁令，这有可能会扭曲许可协商的过程，以及对专利被许可人施加一个不公平的许可条件，此类滥用 SEPs 的行为最终可能会损害消费者的利益。但是欧盟委员会同时强调，发送的异议

书并不是对调查的最终结果的预先判决。❶

　　2014年4月29日，欧盟委员会公布了摩托罗拉利用标准必要专利、滥用市场支配地位案件的最终处理决定，并要求摩托罗拉消除该行为的影响。❷ 在该决定中，基本重申了其在之前异议书中的观点，即摩托罗拉持有标准必要专利，而且其曾对标准化组织承诺将按照 FRAND 条件许可专利，在专利权人与被许可人之间的许可谈判失败之后，如果被许可人愿意按照法院或者第三方仲裁机构确定的 FRAND 形式支付许可费的话，专利权人继续寻求禁令便是反竞争的。这便是摩托罗拉调查案中确立的"安全港"原则。只是欧盟委员会强调，这种情况仅仅适用标准必要专利权人且被许可人是"有接受许可意愿的"，必须结合个案分析。尽管欧盟委员会判定摩托罗拉寻求禁令的行为构成滥用市场支配地位，但是并没有对其施加罚款，主要原因是欧盟委员会或者欧洲法院都没有类似的判例。

　　类似地，2014年4月29日，欧盟委员会在对摩托罗拉做出决定的时候，正式接受了三星在之前被欧盟反垄断调查中所做出的承诺。欧盟委员会对三星的调查缘由与摩托罗拉类似。2011年，三星在德国曼海姆地区法院等多个欧盟成员国的法院对苹果提出专利侵权，在法院做出苹果侵犯三星专利权的判决后，苹果愿意履行德国法院依据 FRAND 原则做出的许可费决定，但三星仍然坚持寻求禁令救济，以迫使苹果达成一个含有非常限制条件的和解协议。在之后欧盟委员会对三星的调查中，三星向欧盟委员会做出了一个承诺，即三星在未来的5年内在欧洲不会基于智能手机和平板电脑中的必要专利对任何潜在的被许可人提起禁令，如果他们同意接受 FRAND 承诺下的特定的许可框架，该框架包括：一个不少于12个月的强制性的协商期间，以及如果协商失败，根据第三方——法院或仲裁机构做出一个符合 FRAND 形

---

　　❶　Antitrust: Commission sends Statement of Objections to Motorola Mobility on potential misuse of mobile phone standard-essential patents, 6 May 2013, http://europa.eu/rapid/press-release_IP-13-406_en.htm.

　　❷　Commission finds that Motorola Mobility infringed EU competition rules by misusing standard essential patents, 29 April 2014, available at http://europa.eu/rapid/press-release_IP-14-489_en.htm.

式的决定支付许可费。❶ 这个承诺在本质上与欧盟委员会在摩托罗拉的决定中确定的"安全港"原则是一致的。

2. 美国 FTC-谷歌案和欧盟委员会的两个决定的意义

FTC-谷歌案的和解同意令对技术标准必要专利权利的适当行使具有重要的意义，甚至可能是技术标准领域中的一个具有里程碑性质的案件，将在标准专利权人和标准实施者之间建立适当的平衡。众所周知，专利侵权诉讼中，禁令是一项极具"杀伤力的武器"，它甚至可以将竞争对手完全排除在市场之外，但是该制度又可以对专利权人给予充分的保护。在美国 2006 年的 eBay, Inc. v. MercExchange, L. L. C. 案❷之前，永久性禁令都很容易得到法律的支持。2002 年，MercExchange 起诉 eBay 侵犯了 MercExchange 的在线拍卖专利。美国联邦巡回法院认为"针对专利争议有一个总的原则，即一旦侵权和有效性被判定，将会发布永久性禁令"。❸ 但是美国最高法院拒绝了联邦巡回法院的观点，认为"专利权人和其他人一样，要想获得一项永久禁令，必须满足传统的衡平法上的四个要素测试方法，即原告必须证明：遭受了一个无法弥补的损害；法律上可以获得的救济例如货币赔偿（金钱赔偿），对补偿损害是不充分的；考虑原告和被告之间的艰难关系的平衡；不会危害公共利益。之后，还增加了一个判定因素，即'市场竞争要件'，指被指控的侵权者和专利权人之间的直接竞争"。❹ 只有 5 个条件都满足，原告才可以获得一项禁令。尽管如此，专利权人寻求禁令的趋势并无太多改善。对于一般的专利权人而言，未获得许可的企业在被判处禁令后，或许还能依赖其他的技术。但是在技术标准中，标准必要专利权人寻求禁令的直接

---

❶ Antitrust：Commission accepts legally binding commitments by Samsung Electronics on standard essential patent injunctions, 29 April 2014, http：//europa. eu/rapid/press-release_ IP-14-490_ en. htm.

❷ eBay, Inc. v. MercExchange, L. L. C. , 547 U. S. 394（2006）.

❸ eBay, 547 U. S. at 393-94（citing Mercexchange, LLC v. eBay, Inc. , 401 F. 3d 1323, 1338（Fed. Cir. 2005）.

❹ Benjamin H. Diessel, Note, Trolling for Trolls：The Pitfalls of the Emerging Market Competition Requirement for Permanent Injunctions in Patent Cases Post-eBay, 106 *MICH. L. REV.* （2007）, p. 310.

后果，就是将企业排除到标准产品之外，这极易破坏标准产品市场的竞争。所以，在 FTC v. Google 案之前，没有任何判例对标准必要专利权人的禁令行为是否涉嫌反垄断违法提供指导。在该案中，为将来的标准必要专利权人行使禁令提供了明确的指导。主要体现在三个方面：（1）确立标准专利权人拥有寻求禁令的权利，标准必要专利权人负有 FRAND 义务，但并不代表其永久、绝对被禁止实施禁令。因为在 FTC v. Google 案，"FTC 的同意令，包括仲裁条款，并没有否定或者改变传统的证明责任，或者剥夺标准实施者去寻求司法审查、挑战专利侵权，或者提出一个对专利有效性、权利穷竭以及必要性的抗辩。"❶（2）标准必要专利权人寻求禁令的限制制度。即如果标准必要专利权人曾向标准化组织承诺按照 FRAND 义务许可必要专利，那么被许可人愿意接受该条件，专利权人便不能对任何被许可人寻求禁令。（3）FRAND许可费仲裁制度。技术标准专利权人通常寻求禁令的一个最主要原因是希望获取更多的许可费，FTC 的同意令明确了在必要专利许可双方对许可费存在分歧的情况下，如何确立许可费的制度。在 Google 案中，确立了必要专利权利人的两个义务：首先，许可人对被许可人必须要提供授权合约，明确自己授予专利的具体条件；如果被许可人接受这些条件，授权合约成立；接着，如果被许可人不接受许可人提供的授权合约，还需要给予被许可人一个仲裁的机会，如果被许可人接受仲裁，将由仲裁人判定之前合约中的争议之处，以及做出一个关于许可费的仲裁裁决。双方应该依据该裁决订立许可合约，若被许可人依然拒绝，许可人便可以申请禁令。很显然，FTC 与谷歌达成的和解令将会促进无线电市场的进一步创新，将确保每一个标准实施者都能公平地实施必要专利，这对标准的顺利推广以及标准产品市场的竞争是至关重要的。

再看欧盟委员会的两个决定。三星的承诺和欧盟委员会对摩托罗拉做出的决定的意义同样巨大。在欧洲乃至全球，标准化组织已经领导了技术标准特别是通信领域中技术标准的大部分制定工作。标准必要专利权利人的市场

---

❶　FTC finalizes settlement in Google/Motorola Mobility SEP case, http：//www.essentialpatentblog.com/2013/07/ftc-finalizes-settlement-in-googlemotorola-mobility-sep-case/.

力量不断增强，而标准专利权人专利劫持的现象也逐渐严重。如何约束标准专利权利人适当行使权利以及遵守 FRAND 原则成为标准实施中的难题。在这两个决定发布之前，欧盟没有专门的针对标准必要专利权人滥用其支配地位的案例，这也是欧盟没有对摩托罗拉处以罚款的主要原因。因此，这两个决定做出之后，将为标准必要专利权人如何在欧盟竞争法下适当实施权利提供一些指导，同时为技术标准领域中必要专利权利人寻求禁令行为提供具体指导。具体而言，这两个决定的内容与 FTC 的同意令极为近似，但又有所发展。这两个决定明确了几点：第一，明确寻求禁令是一个合法的专利侵权的救济手段，而且是最常见的，是保护专利权人创新回报的必要手段。第二，在满足两个条件时，寻求禁令可能是滥用行为，即一个 SEPs 持有人在标准制定期间做出过 FRAND 承诺；潜在的被许可人愿意根据 FRAND 形式达成一个许可，即被许可人是"有意愿的"，这为标准实施者提供了一个免受禁令的保障。第三，若双方无法自行达成授权许可，便需要遵守法院或仲裁机构做出的仲裁。笔者认为，该决定的最大贡献是重申了欧盟对技术标准化中专利权人可能涉嫌垄断行为的基本规制原则，即必须保证在专利权人和标准实施者及消费者之间实现平衡。竞争法和知识产权法都是维持这一平衡的必要手段。正如欧共体委员会负责竞争政策的副主席阿尔穆尼亚（Joaquin Almunia）说道："委员会关于摩托罗拉和三星的决定反映了知识产权和竞争规则的平衡，竞争和知识产权保护对创新和生产都是必不可少的。这也意味着知识产权不能被滥用，去破坏竞争和最终的消费者。"❶ 他同时希望三星的承诺能够解决标准必要专利的争议，而不会出现损害竞争的寻求禁令行为。他同时强调，"公司应该在创新上努力，以及基于他们提供的产品的优点展开竞争——而不是滥用他们的知识产权去阻碍竞争者，并破坏创新和消费者选

---

❶ Joaquin Almunia, Introductory remarks on Motorola and Samsung decisions on standard essential patents, 29 April 2014, available at http: //europa.eu/rapid/press-release_ SPEECH-14-345_ en. htm.

择"。❶

3. 标准必要专利权人寻求禁令反垄断违法的判定要件

根据美国和欧盟的案例，可知标准必要专利权人寻求禁令的行为可能会受到反垄断法的规制。对其规制的基本原则是：在标准必要专利持有人的利益（获得知识产权的适当的回报），以及标准实施者以 FRAND 形式获得标准化技术之间，实现一个公正的平衡。一方面需要保证专利权人的创新能得到合理回报且能激励其进一步创新，另一方面必须保证标准实施者接受公平的许可费。根据这一基本原则，欧盟和美国对标准实施中禁令救济的态度是：标准必要专利权人负有 FRAND 义务，如果被许可人是"有意向的被许可人"，那么便不能对其寻求禁令。如果坚持寻求禁令，便是构成对滥用标准必要专利的垄断行为。在此，有三个关键要件：标准必要专利；FRAND义务；有意向的被许可人。下面分述之。

第一，标准必要专利是指对实施一项特定标准所必不可少的专利。其意味着没有得到一个或多个标准必要专利的许可，便无法生产遵循标准的产品。事实上，获得那些标准必要专利的许可是任何一个在市场中销售可互操作性产品的公司的先决条件。此外，关于必要专利的理论探讨，在前面章节中也有涉及。

第二，FRAND 义务是标准化组织的一项重要的知识产权政策，是指标准制定中，专利权人必须向标准化组织承诺，在未来的专利许可中，将依据"公平、合理、非歧视"的许可原则。它对于保证所有的有关当事人以合理的条件获得标准化技术，是非常重要的。

第三，有意向的被许可人（willing licensee）。何为"有意向"？这本身就是一个不太确定的概念，也是一个难题。欧盟委员会在其决定中阐述了判定的两个基本原则：（1）一个公司能否被认为是一个"有意愿的被许可人"，需要根据具体问题具体分析的思路，考虑特定的事实进行判定。如在

❶ Antitrust decisions on standard essential patents（SEPs）-Motorola Mobility and Samsung E-lectronics-Frequently asked questions, 29 April 2014, available at http：//europa.eu/rapid/press-re-lease_ MEMO-14-322_ en. htm.

摩托罗拉和三星案中，苹果公司愿意根据法院或者仲裁机构（如果能够在双方当事人之间达成仲裁意向）决定的 FRAND 形式支付许可人，认为其是"有许可意向的"。（2）一个潜在的被许可人有挑战标准必要专利有效性、必要性的行为，甚至是侵犯了必要专利，并不必然被认为是"无许可意愿的"。❶ 因为专利涉及社会公共利益，以及最终消费者的福利，无效的专利应该受到挑战，而且所谓的专利侵权人也没有义务为无效的专利支付赔偿。此外，在欧盟委员会做出两个决定之前，德国联邦最高法院法官（the Federal Supreme Court，FSC）曾在其 2009 年的"橙皮书"❷ 规则中有提到"willing licensee"，即规定，一个潜在的被许可人如果证明：（1）它已经发出一个专利权人不能合理拒绝的许可要约；（2）被许可人按照好像它已经是被许可人的情形在行为，如将许可费交付给第三方保管，以待条件实现时接受许可。遗憾的是，德国联邦法院的司法判决并不是特别针对 SEPs，以及它并不会直接适用到欧盟委员会的决定中，但是也不会与欧盟委员会的决定相冲突。反之，如果一个潜在的被许可人对达成一个许可协商的要求是消极的、反应迟钝，或者被发现采取了明显拖延许可谈判的策略，通常就不能被认为是"有意愿的"。笔者认为，鉴于我国企业在技术标准许可中的弱势地位，我国反垄断法可以很好地借鉴"免受禁令的安全港原则"。上述关于"有意愿的被许可人"的观点将成为实践操作的有益参考。

第四，欧盟委员会和 FTC 都认为仲裁机构将是最好的确定 FRAND 费率的机构，而且将为其他成员国法院提供指导，但是有关摩托罗拉和苹果之前的标准必要专利争议的 FRAND 许可费率的设定问题，具体详情欧盟委员会将会在适当的时候进行公开，所以下一步的研究还有待跟进。

---

❶ Antitrust decisions on standard essential patents（SEPs）– Motorola Mobility and Samsung E-lectronics – Frequently asked questions，29 April 2014，available at http：//europa. eu/rapid/press-release_ MEMO-14-322_ en. htm.

❷ 橙皮书是飞利浦和索尼的科技路 CD 事实标准的非正式名字。参见 Judgment of the Bundesgerichtshof of 6 May 2009 – Case KZR 39/06 – Orange Book Standard. available at www. ipeg. eu/blog/wp-content/uploads/EN-Translation-BGH-Orange-Book-Standard-eng. pdf last accessed on June 1，2013. Imp.

第三节　技术标准实施中专利转移所涉垄断的违法构成要件

技术标准实施中，专利权人可能将专利转让给其他人获取收益，方式有二，一种是单方面转让，如前述的 N-Data 案，另一种是以企业合并/收购的方式转让。近年来，专利转让的受让人出现了一种新的形式：专利主张实体（Patent Assertion Entity，PAE）。据美国加州圣克拉拉大学专利法学教授科林·陈（Colleen Chien）负责展开的一项研究报告显示，截至 2012 年 12 月 1 日，2012 年在美国进行的专利诉讼案中 62% 的案例均由 PAE 提起诉讼。❶更有数据表明，2011 年美国公司支付给非实施主体（Non-practice entity，NPE，"专利流氓"的形式之一）的诉讼费用高达 290 亿美元，其对美国经济的竞争和创新造成巨大的影响，已日益受到立法、司法、实务部门以及学界的重要关注。❷ 如在 2012 年 10 月 12 日，由美国司法部和 FTC 联合举行了一场关于 PAE 的工作会议，主要内容即讨论 PAE 将对美国经济产生的影响。❸ PAEs 模式下所涉垄断行为已逐渐成为反垄断法关注的对象之一。

一、标准专利转移的新媒介：专利主张实体（PAEs）

1. PAEs 概念与特征

PAEs 是专利流氓❹（Patent Trolls）的一种新的典型形式，他们从专利权人处购得专利，不用于生产或技术传播，而是不断寻找、锁定可能侵权的

---

❶ "美六成专利诉讼为'地痞专利'，不研发产品只为获利"，载 http://tech.ifeng.com/it/detail_ 2012_ 12/11/20055057_ 0. shtml，2013 年 12 月 28 日访问。

❷ "美国'专利流氓'将被遏制"，载 http://finance.ifeng.com/a/20140525/12405215_ 0. shtml，2014 年 5 月 25 日。

❸ "美联邦贸易委员会和司法部举办研讨会探讨'专利流氓'对竞争的影响"，载中国保护知识产权网 http://www.ipr.gov.cn/guojiiprarticle/guojiipr/guobiehj/gbhjnews/201212/1717720_ 1. html，2014 年 2 月 28 日访问。

❹ 专利流氓最早于 1993 年出现在美国，被用来形容那些本身不制造专利产品或进行专利许可，而是通过积极发动专利侵权诉讼获取利润的公司。恶意提起专利诉讼是"专利流氓"的典型特征。也有学者将此类主体直接称为 NPE（nonpracticing entities）或 PAE，但笔者认为，PAE、NPE 都仅是专利流氓的形式之一，PAE 与 NPE 也有所不同。

目标公司,然后对目标公司主张专利权利或提起诉讼,从而获得高额的许可费或者和解费用,甚至远远超过专利技术本身的价值。美国联邦贸易委员会将 PAE 界定为:"主要集中于购买和主张货币化专利,并以此对抗市场上的经营性公司的专利许可公司"。❶ 美国学界多将其指称为,以许可专利为主要商业模式的企业。美国著名的反垄断学者夏皮罗将 PAE 分为三种类型:❷ 纯 PAE("Pure"PAEs),指主要从事购买大量专利,然后专门从事专利许可,主张专利权利的上游企业,其本身对任何其他经营业务没有一点兴趣,唯一的兴趣就是许可专利和提起诉讼。混合型 PAE("Hybrid"PAEs),指那些同下游生产性企业有合作关系,但是他们自己并不从事产品制造,仅在上游技术市场从事许可业务的企业。还有一类是指下游的生产型企业,也可能成为一个 PAE,既从事产品生产,也购买大量专利囤积起来。这种区别可以用来分析 PAE 购买大量专利和发动诉讼的动机的参考依据。如纯 PAE 的目的很单一,购买专利、发动诉讼、获得利润;混合型 PAE 与下游企业有联系,可能根据下游企业的利益去购买专利、发动诉讼;而下游市场中生产型企业组成的 PAE,更多的是为了自身防御。笔者认为,PAE 的本质为:购买大量专利只是为了将来的专利诉讼布局,本意并不为制造专利产品或提供专利服务,通过专利诉讼或诉讼威胁获得许可费,谋求的利润将远远超过单独进行专利许可可获得的利润。其具体特征体现如下:(1)有目的性地购买大量专利。PAE 几乎不从事专利研发,通过从个人发明者或者小公司处购得发明或专利,组成自己的专利包。这在信息技术领域尤为突出。通过将专利包不断组合,并购进新的专利,以逐步完善专利包,一旦目标锁定,将利用整个专利包提起诉讼。最新的趋势表明,PAE 特别偏好于技术标准中的必要专利,这将为其以后提起诉讼增加更多的筹码。因此,PAE 在购买专利的时候,会特别关注购买的专利的未来价值。(2)不从事实际的生产,往往

---

❶ FED. Trade Comm'n, the Evolving IP Marketplace: Aligning Patent Notice and Remedies With Competition 50 FN. 2 [hereinafter 2011 FTC REPORT], available at http://www.ftc.gov/os/2011/03/110307patentreport.pdf.

❷ Fiona Scott Morton & Carl Shapiro, Strategic Patent Acquisitions 17.18 - 20 (Working Paper, July 2, 2013).

在专利侵权发生或者专利锁定之后主张专利许可权利。PAE 立足于个人利益最大化，不关注创新。PAE 有针对性地购买大量专利之后，不会立即将其商业化，而是等待时机，通常选择在未来的被许可人已经发生侵权和发生专利锁定的情况下，才提出专利许可。此时可获得的许可费远远超过其他专利经营公司可以获得的利润。可见，PAEs 利用专利的诉讼制度和专利锁定而获得额外利润，或者实施"流氓策略"，因此，PAEs 也被称为最典型的"专利流氓"。（3）以诉讼或威胁诉讼获得高额许可费或和解费，远远高于正常的许可费。PAEs 一旦完成自己的专利包组合，就会开始搜寻目标公司，往往他们会定位那些侵犯其专利权的中小企业，或者是终端用户，小型零售商也常成为其攻击对象。主要是这些公司实力相对薄弱，难以维持旷日持久的专利诉讼，一场专利诉讼基本可以将小公司拖垮，甚至还会对其声誉造成影响，因此大部分公司一旦面临专利诉讼侵权指控时，会选择和解或支付许可费。利用这种可预见的结果，很多 PAEs 定位目标公司后，首先给其发送一封许可要约信，让侵权公司自己决定是否接受，如果不接受，PAEs 再提起专利诉讼，往往这种策略是行之有效的。

2. PAEs 的产生背景

PAEs 的产生与美国专利制度的漏洞密不可分。林肯在 1859 年曾说："专利制度为天才之火浇上了利益之油。"美国国会赋予发明者排他性的专利权利，旨在鼓励他们的创新发明能够得到回报，进一步激励创新。然而，为了保护专利权人的排他性权利，设置的专利侵权诉讼制度和赔偿制度却直接推动了 PAEs 的产生。

（1）专利侵权诉讼的高成本和高风险。专利诉讼较一般诉讼案件而言，技术性、专业性较高，诉讼持续时间长，将消耗大量的时间和金钱，对于毫无思想准备的小公司而言，一旦被提起诉讼，人力、财力上很难持续这旷日持久的诉讼。而且，专利制度为了保障专利权人的利益，设置的禁令救济和赔偿救济，对被起诉的对象也是一个致命打击。禁令救济将可能使得被诉对象永远无法使用该专利，从而完全从市场排除出去。而美国专利侵权案件的赔偿金额也是非常高昂的，这使得很多小公司被判令侵权赔偿后，将濒临破产的境地。专利侵权诉讼的高成本和高风险，使得小公司不敢轻易地将诉讼进行到底，即使很多情况下，原告主张的专利存在瑕疵，被告也禁不起这种诉讼的折腾，他们更愿意选择一种相对保险的方式，在诉讼开始不久，便接受原告的和解，支付一定的和解费或许可费。

（2）PAEs 较经营型专利权人❶更有优势去展开专利诉讼。专利侵权诉讼的案件易和解，是大多数专利权人展开诉讼的优势。然而，PAEs 具有更多的优势。首先，一般专利权人（尤其是自身从事生产经营活动的专利权人）之间展开专利诉讼后，被告通常会提起反诉，指控专利权人的专利无效，或者利用自己的专利，对原告同样提出侵权指控，双方将形成一种"专利对峙"的情况。也就是说，在经营型的专利权人之间的专利诉讼，双方风险对称，而在 PAEs 和经营性企业之间的专利诉讼，PAEs 不从事专门生产，没有面临反诉的危险，PAEs 诉讼具有典型的"风险不对称"的特点，这使得 PAEs 有动机不断发起诉讼，且以发起诉讼为惯常经营模式。其次，PAEs 不会面临经营性公司常常面临的声誉损失。一般经营型企业，一旦遭遇侵权指控或者反诉，或者败诉，其声誉都会受到一定的影响，尤其被判决侵权后损失更大。但是 PAEs 公司，作为专门的许可公司，完全不担心这一点。再次，如果专利权人是标准化组织的成员，其专利成为标准必要专利后，希望利用标准必要专利的优势地位来索要更高的许可费，不仅会被指责其违反标准化组织一般所要求的 FRAND 承诺，也可能在标准化组织的下一代标准制定中，该技术不能被纳入标准。但是，PAEs 则不需要担心这一点。因为它们大多不是标准化组织的成员，标准化组织的许可承诺和惩罚措施对其都没有约束力。最后，PAEs 提起专利诉讼时，聘用的律师都是采用"胜诉酬金"的方式支付代理费。即使 PAEs 被判决败诉，侵权指控不成立，其也不需要为此支付大笔的律师费用，一旦胜诉又能带来丰厚的利润。这些都是刺激越来越多的 PAEs 出现的重要原因，而且不断激励他们发起诉讼，利用专利制度的漏洞去赚取高额的利润。

---

❶ 本书将 PAE 界定为专门进行专利许可非公司，而有些专利权人自己拥有专利，但是同时利用别人的专利进行生产或制造，所以将其称为经营型的专利权人。

3. PAEs 对竞争和创新的影响

PAEs 是基于专利许可制度产生的一种专利商业化经营模式，在一定程度上可推动技术传播和促进创新，但是，正如美国联邦贸易委员会所说，PAEs "可能会扭曲技术市场的竞争，提高价格以及降低创新的动力"，并警告 PAEs 要适当地行为。❶ 可见，PAEs 对竞争的影响同样具有双面性。

PAEs 通过从小公司处购买专利组成专利包，然后将其一站式地许可给合适的对象。这是 PAEs 通常的操作过程，其对技术传播和创新具有一定的积极效应。具体表现为：第一，PAEs 帮助小发明者获得创新回报，推动专利市场化。PAEs 可以帮助独立的发明者以及那些自己没有能力从发明努力中获得合理回报的公司，为其提供资金，推动专利的市场化。很多小发明者以及一些小公司，缺乏足够的资金将专利投入生产，又找不到合适的被许可人，其发明根本无法得到回报，容易完全丧失继续创新的动力和资金。PAEs 购买了他们的专利，可以为他们的继续创新提供动力。因此，在一定程度上，PAEs 可以推动技术的传播和创新的发展。第二，PAEs 便于专利的商业化、规模化。单个的专利权人逐个进行专利许可，一则不容易找到合适的许可对象，二则成本较高。由 PAEs 这样专门的专利经营公司来一站式地管理零散的专利，可以实现规模效应，尤其是 PAEs 已将相关专利形成专利包，对于被许可人而言，许可成本会降低，技术许可得到更优化的配置。第三，PAEs 便于定位专利侵权人，保护专利权人的权益。PAEs 从专利权人购买专利时，可选择一次性付费方式，也可能是与原专利权人共享将来的许可费，尤以后者居多。因此，专利权人将专利交予 PAEs，在获得更多回报的同时，可依赖 PAEs 强大的搜索能力，更加容易定位专利侵权人，也有更大的实力去提起侵权诉讼。在一定程度上可以遏制侵权事件的发生，给予创新成果更多的保护。

正面效应也是 PAEs 目前为自己的合法性进行辩解的主要理由。然而，

---

❶　FED Trade Comm'n, the Evolving IP Marketplace: Aligning Patent Notice and Remedies With Competition 8 (2011) [hereinafter EVOLVING IP MARKETPLACE], available at http://www.ftc.gov/os/2011/03/110307patentreport.pdf.

事实证明，PAEs 在收购专利之后，创新发明人只能获得很少的回报，而 PAEs 锁定经济实力比较弱的小企业，通过诉讼或诉讼威胁，索要高额赔偿，可能会阻碍企业的发展与创新，最终可能对专利权人、消费者和竞争带来负面影响。具体表现有：第一，PAEs 会攫取更多的许可费，而专利发明人获利很少，阻碍了进一步的创新。虽然 PAEs 与专利权人可能签订共同获得将来许可费的专利转让协议，但整体而言，PAEs 获得的利润远远超出原专利权人可以获得的回报，这在一定程度上会抑制原专利发明人的创新动力。第二，PAEs 将加重消费者的负担，减少消费者福利。PAEs 从被指控的侵权人处获得高额许可费或者和解费，将由这些生产型企业转移到消费者的头上，最后由消费者为 PAEs 的高价许可行为埋单。第三，PAEs 可能会破坏正常的竞争秩序。PAEs 可能成为原专利权人提高生产型竞争对手的成本的工具，也会成为原权利人避免 F/RAND 承诺的手段。PAEs 还可以利用自己的诉讼优势，对被许可人收取超高许可费，实施价格歧视、搭售等行为。这些都会破坏正常的竞争秩序。

虽然美国的 FTC 和司法部关于 PAE 是促进竞争的还是反竞争的还没有达成一致意见。但是 PAEs 的一些实例，显然已经阻碍了专利权人的创新、减少了消费者的福利，其还存在反竞争的可能，而且一些行为极明显地违反了反垄断法规则，受到美国各界的关注。

二、PAEs 模式下可能涉及的垄断行为及法律分析

PAEs 可能带来抑制竞争的影响已不容置疑。而近年来，美国信息技术领域的一些著名公司的专利转让行为，引起了反垄断部门的极大关注。如苹果（Apple）、动态研究公司（RIM）、微软（Microsoft）以及其他企业一起合伙在 2011 年收购了北电网络（Nortel）的专利包（其中很多是通信领域标准的必要专利），虽不是典型的 PAE，但也是在收购方承诺不会对标准必要专利的使用者寻求禁令后，才通过美国司法部的反垄断审查。❶ PAEs 可能

---

❶ Fiona Scott Morton & Carl Shapiro, Strategic Patent Acquisitions 21（Working Paper, July 2, 2013）.

涉嫌垄断的最典型的案件是 2011 年诺基亚与微软的合作，随后将其大量的专利转移给加拿大的一家 PAE Mosaid，与其达成一个转让协议。这起案件代表了 PAEs 模式的新发展。

1. 诺基亚、微软和 Mosaid 案❶介绍（以下简称 PAE Mosaid 案）

20 世纪 90 年代，诺基亚是开源塞班（Symbian）移动操作系统的先锋，与微软 Windows 移动操作系统是竞争关系，而且诺基亚还做出公平、合理、非歧视（F/RAND）承诺支持开源软件。该承诺的内容包括对实施标准的被许可人进行专利包许可时，收取最多不超过 2% 的许可费，而不论获得许可的专利数量。但是当塞班系统失去优势时，诺基亚在 2011 年与微软联合起来，开始部署 Windows Phone 7（WP7）作为诺基亚的主要操作系统。因为此时在移动设备终端市场上，安卓系统已经占据大部分的市场，成为微软和它的桌面操作系统的最大的威胁。而使得该次收购进入美国反托拉斯部门视野的主要原因，还是由于之后诺基亚、微软与加拿大的一家 PAE Mosaid 之间的三方协议中的专利转让行为。在该协议中，诺基亚转让了一个非常重要的专利包给 Mosaid，其中包括超过 1 200 个无线电标准中的标准必要专利。这个转让协议的主要内容如下：（1）Mosaid 获得诺基亚的超过 2 000 个专利，包括诺基亚核心的无线电子公司拥有的 1 200 个标准必要无线电专利；（2）诺基亚以一个名义上的价格（19 975 美元）来转让这些专利；（3）Mosaid 同意将这些专利收取的许可费的 2/3 支付给微软和诺基亚，并且它同意"货币化这些指定的专利以及最大化许可费"；（4）如果 Mosaid 没有履行对诺基亚和微软的许可费义务，微软和诺基亚则将这些专利转让给其他的当事人。❷ 该转让是非排他性的，微软依然享有专利许可权。简单地讲，就是微软和诺基亚共同将上百个无线电标准中的标准必要专利，转让给一个 PAE，

---

❶　Mark S. Popofsky and Michael D. Laufert，Patent Assertion Entities and Antitrust：Operating Company Patent Transfers，American Bar Association（ABA）：Antitrust Source（April，2013）12-4 Antitrust Src.

❷　Jay Montano，MOSAID acquires 2000 Nokia patents to monetize Nokia IP，http：//mynoki-ablog. com/2011/09/01/mosaid-acquires-2000-nokia-patents-to-generate-more-revenue/（last visited Mar. 7，2014）.

而且首先，PAE Mosaid 将会依照微软和诺基亚的指示（战略利益）来进行许可，若不遵从，微软仍有权利将这些专利许可给其他人；其次，微软和诺基亚在这次转让中可以获得更多的收益。而事实上，Mosaid 在许可这些专利时，对使用安卓系统的被许可方收取了较高的许可费，这更加重了该次转让行为可能带来的反竞争的危险。

2. PAE Mosaid 案中可能涉及的垄断行为及法律适用

（1）标准必要专利权利人与 PAE 达成共同的动机，利用 PAE 提高对手的成本，实现其反竞争的目的，可能违反《谢尔曼法》第 2 条。

《谢尔曼法》第 2 条所调整的"垄断"行为，有三个构成要件："① 行为人须具有垄断力；② 行为人实施了取得或维持垄断力的排他性行为；③这种行为具有取得或维持垄断的意图。"❶ 从 PAE Mosaid 案中可以看出：① 微软在桌面操作系统一直是居于垄断地位的，但是安卓的兴起，极大地威胁了它的这种优势地位，并成为其强劲的竞争者，而 Mosaid 在获得诺基亚的通信标准领域的必要专利之后，亦具有了一定的垄断力。② 诺基亚、微软与 Mosaid 之间的协议第 4 点表明，Mosaid 将会按照诺基亚，特别是微软的战略利益来行为，将其目标锁定安卓系统的设备制造商，以间接地提高使用安卓系统的成本。PAE Mosaid 对这些设备商收取较高许可费的行为，已经构成一个排他性的行为。③ 由于 PAE Mosaid 不会面临反诉，该行为将隐秘性提高对手的成本，从而打击微软的对手安卓系统，进一步维持微软的垄断地位。此外，在该专利转让中很难看到将会给消费者带来积极利益。通过这个转让协议，诺基亚之前完整的必要专利包，被分成几部分，其中一部分转让给 PAE Mosaid，还有一部分随后也被转让给另外的两家 PAEs Sisvel❷和 Vringo❸。这些 PAEs 在进行专利许可时都将收取许可费，这将提高设备制造

---

❶ 许光耀、肖静："《谢尔曼法》第 2 条意义上的'垄断'"，载《时代法学》2010 年第 5 期，第 104~106 页。

❷ "诺基亚出售 450 项专利给授权公司 Sisvel"，载 http://tech.qq.com/a/20120113/000398.htm，2013 年 11 月 5 日访问。

❸ "诺基亚 500 项无线专利约 2200 万美元售给 Vringo"，载 http://tech.sina.com.cn/t/2012-08-10/03057488060.shtml，2013 年 11 月 5 日访问。

商的成本，并且增加消费者的负担。可见，经营性公司将专利转让给 PAEs
可能涉嫌一个维持垄断的排他性的行为，违反《谢尔曼法》第 2 条。

（2）经营性公司利用 PAEs 逃避对标准制定组织的 F/RAND 承诺，从而
获得更高的许可费，可能违反《谢尔曼法》第 2 条或者是美国《联邦贸易
委员会法》（Federal Trade Commission Act，FCT AcT）第 5 条。❶

诺基亚拥有无线电标准中的上百个标准必要专利，在标准制定过程中，
诺基亚曾承诺按照 FRAND 的形式进行专利许可，还做出一个"无叠加许可
费"（"no stacking" pledge）❷ 的承诺，即诺基亚对标准必要专利包最多收取
不超过 2% 的许可费，不考虑被许可人获得专利的数量。正是这个承诺使得
标准制定组织采用了诺基亚大量的技术，而不是其他的技术。现在诺基亚将
标准必要专利包部分转让给 PAEs Mosaid、Sisvel、Vringo，自己还留有一部
分。但诺基亚和它的 PAE 受让人也没有一致同意，共同遵守这个"无叠加
许可费"承诺，相反地，诺基亚公开强调，它对 Mosaid 与"无叠加许可费"
承诺不一致的行为，是没有办法控制的。❸ 事实上，即使 Mosaid 遵守"无叠
加许可费"的承诺，Mosaid 也仅仅保证自己不收取超过 2% 的许可费，诺基
亚和 PAEs 收取的许可费加起来，仍然会超过 2% 的标准。这使得诺基亚获
得了比原先的专利包许可更多的许可费。通过这个协议：① 诺基亚并没有
违反其 FRAND 承诺；② 诺基亚获得了"事实上的"叠加的许可费，获得了
超额的利润。诺基亚利用 PAE 这种模式，为其加入标准后创造了一个事实
上的"专利劫持"。而这种情况，即标准化组织成员不遵守 F/RAND 承诺的
行为，涉嫌《谢尔曼法》第 2 条违法。前文讨论的 Rambus 案和博通案，以

---

❶　Mark S. Popofsky and Michael D. Laufert, Patent Assertion Entities and Antitrust：Operating
Company Patent Transfers, American Bar Association（ABA）：Antitrust Source（April, 2013）12-4
Antitrust Src.

❷　Nokia, Nokia Licensing Policy on Long Term Evolution and Service Architecture Evolution Es-
sential Patents, Internet Archive（WayBackMachine）（July 2010 - Oct. 2010）, http：//
web. archive. org/web/20101015065029/http：/www. nokia. com/press/ipr - information/statement/
nokia-licensing-policy-on-lo.

❸　Paul Melin, Chief Intellectual Property Officer, Nokia, Patent Assertion Entity Activities
Workshop--Session 2/4（at 1：21：25）（Dec. 10, 2012）, available at http：//www. ftc. gov/
video-library/index. php/ftc-events/patent-assertion-entity-activities-session-24/2028431449001.

及 N-Data 案都是此类故意不遵守 FRAND 承诺的实例。❶ 但是此处不同的是，诺基亚公司并没有自己不遵守承诺，而是通过将必要专利转让给 PAE，在事实上造成不遵守 FRAND 承诺的现实。如果援用 Rambus 案，则需要证明：① 如果诺基亚当初没有 F/RAND 和 "无叠加许可费" 的承诺，SSO 将会选择一种不同的技术；②PAE Mosaid 专利转让便利了对原先承诺的逃避；③ 这种行为使得诺基亚在标准实施中获得了 "专利挟持"（hold-up）的地位，攫取了超过专利技术本身的价值。而若根据 N-Data 案例，诺基亚的行为可能构成 FCT AcT 第 5 条的不正当的竞争行为。

（3）标准必要专利权人与 PAE 商谈许可价格的行为，可能涉嫌《谢尔曼法》上的 "共谋"。

除了上述两种典型的垄断行为之外，标准必要专利权人与 PAEs 之间商谈许可价格的协议，还可能涉嫌《谢尔曼法》第 1 条的 "共谋"。如果诺基亚和微软将他们的专利联营起来，并且给 Mosaid 列一个清单，利用这些专利去起诉竞争者，这就可能提高了诺基亚和微软的对手的成本，或者将对手从市场中排除出去。而在苹果、微软、谷歌、高智发明（Intellectual Ventures Management LLC，IV）、专利公司 RPX Corp. 以及其他人一起收购破产的柯达公司的数字成像技术时，反垄断机构要求这个收购团体中的苹果、微软、谷歌等经营性公司不会与 PAE IV、PRX 合谋来损害其他竞争者的利益，也反映了反垄断机构对 "共谋" 的担心。❷

（4）PAE 也可能在专利许可过程中存在过高定价、搭售、价格歧视等垄断行为。

对于一个纯粹的以购买专利、通过专利诉讼或诉讼威胁为主要经营模式的 PAE 而言，在利润的驱动下，其自身也可能涉及垄断违法。最典型的是，当 PAEs 拥有的专利是某一标准中的标准必要专利，其本身就拥有了一定的

❶ 罗蓉蓉："技术标准制定中垄断行为的规制及对策研究"，载《法学杂志》2013 年第 10 期，第 103~105 页。
❷ Michael A. Carrier, Patent Assertion Entities: Six Actions the Antitrust Agencies Can Take, CPI Antitrust Chronicle, Winter 2013, Vol. 1 No. 2, p. 10.

垄断优势，借标准实施过高定价、搭售、价格歧视的行为，都有可能。此时，在确定 PAE 具有垄断优势之后，然后根据过高定价、搭售、价格歧视等垄断行为的传统的反垄断分析方法，以进一步确定 PAE 是否涉嫌滥用垄断行为，是否涉嫌《谢尔曼法》第 2 条违法。

三、我国商务部 2014 年第 24 号公告：微软收购诺基亚设备和服务业务经营者集中案

微软和诺基亚合并之后，将一部分专利转让给 PAE Mosaid 的行为受到美国反垄断机构的调查，这说明国外对 PAE 这种新兴的专利经营公司在技术标准化时代对竞争可能造成的影响的重视。同样地，标准必要专利权人与其他经营性主体合并，其本质上也是专利转让的行为，其间可能引发的标准必要专利权人滥用的行为，也引起了我国反垄断机构的重视。2013 年，微软向中国商务部递交收购诺基亚的设备和服务业务的申请之后，商务部对这一起经营者集中案件进行了详细的审查。最终，我国商务部在 2014 年 4 月 8 日做出了附加限制性条件批准该经营者集中案。❶ 对于微软收购诺基亚可能产生的限制竞争的效果，商务部从五个方面进行了分析：微软在专利许可市场的控制力；微软限制竞争的动机；被许可人是否有与微软抗衡的能力；标准必要专利的许可是市场进入的主要障碍；微软滥用诺基亚的必要专利将对中国市场的影响。此外，该项集中还可能引发诺基亚滥用其"标准必要专利"，导致专利流氓事件。因为一旦收购成功，诺基亚将不再受到标准必要专利权人的 FRAND 承诺的限制，而且诺基亚在手机市场的业务完全退出后，其更需要从许可业务中获得更多的收入，因而可能利用微软滥用其标准必要专利。

我国商务部之所以做出此类的分析，其最根本的问题便是诺基亚曾是2G、3G 标准中重要的标准必要专利权人，而专利权人将专利转移给其他人

---

❶　"商务部公告 2014 年第 24 号《关于附加限制性条件批准微软收购诺基亚设备和服务业务案经营者集中反垄断审查决定的公告》"，参见商务部网站 http：//fldj. mofcom. gov. cn/article/ztxx/201404/20140400542415. shtml。

甚至是 PAE，不再受到 FRAND 义务的约束，更容易引发限制竞争的问题。这起并购案也引起国内手机厂商的担心，因为诺基亚作为标准必要专利权人，一旦将上百件标准必要专利转让出去，那么很可能沦为"专利流氓"，从而索要高额的许可费。

为了获得商务部的通过，微软和诺基亚对这起并购案都做出了承诺。微软的承诺为，继续遵守对标准化组织的 FRAND 承诺，而且在中国境内不会对智能手机制造商寻求禁令或排除令。诺基亚的承诺为：遵守对标准化组织的承诺、必要专利寻求禁令的限制、标准必要专利权人寻求禁令的"安全港"原则，以及必要专利转让时义务附随等。尽管如此，我国手机厂商对此仍然存在顾虑。毕竟这起收购案，与微软在美国对诺基亚的收购是紧密相关的，上述所提到的 PAE 案例中涉及的垄断行为，很可能成为微软、诺基亚获取高额许可费、排挤竞争的手段。因此，我国反垄断机构还需要对微软和诺基亚在未来的动向密切关注。

四、标准必要专利权人转让专利对 PAE 或其他经营实体的规制

尽管到 2012 年年底为止，还没有一例真正运用反垄断法对 PAE 提起指控的案例，即使一些 PAE 已受到反垄断部门的警告。但是美国有关法律对标准必要专利权人转让专利给 PAE 可能带来的对竞争和创新的负面影响，已经提前防范，现阶段主要是通过专利法改革来实现这一目的。2011 年 9 月 16 日，时任美国总统奥巴马签署发布了《美国发明法案》，其中很多措施都能有效地制约 PAE 提起专利诉讼，此外司法实践中也不断改进和完善，如限制永久性禁令的过广适用；改变专利诉讼中故意侵权的判断标准，限制奖励性赔偿金的使用；降低提起确认判决（Declaratory Judgment）的标准，以及改革专利有效性的质疑机制，鼓励被指控侵权人积极反击专利权人的专利权利；逐渐减少美国国际贸易委员会（ITC）利用"337 条款"，限制侵权产品进入该国的门槛；

运用"权利穷竭原则",来对抗 PAE 对消费者提起的诉讼。❶ 但是,专利权人主动将专利转让给 PAE 或其他经营实体,是近年来的新动向,尤其是标准化成员将标准必要专利转让给 PAEs,并突破了标准专利许可费的"非叠加"界限,基本可以将标准化组织的 FRAND 原则完全颠覆,从而影响标准实施、妨碍竞争秩序,因此还必须反垄断法通过事后制裁予以进一步的保障。对此,笔者认为,结合上述的两起案件,在对标准必要专利权人转让专利行为进行反垄断分析时,需要分析以下几个方面:标准必要专利权人转让专利的动机可能为逃避其对标准化组织的承诺,因而可能是反竞争的;标准必要专利权人转让专利后,其继受者可能滥用禁令,以迫使被许可人接受不合理的许可条件;PAE或经营性实体受让必要专利后,可能不受到 FRAND 承诺的限制,并提高竞争对手的许可成本,破坏下游市场的竞争;标准必要专利权人专利转让义务附随以及禁令限制,将有效地减少对竞争的损害。通过建立禁令限制制度和细化安全港原则,将对这一问题的解决大有裨益。

---

❶ Ahmed J. Davis and Karolina Jesien, The Balance of Power in Patent Law: Moving Towards Effectiveness in Addressing Patent Troll Concerns, Summer, 2012, 22 *Fordham Intell. Prop. Media & Ent. L. J.* 835.

第四章　转型时期中国应对技术标准化垄断的困境

　　技术标准化垄断产生于国外，泛滥于国内。前面三章主要是结合国外的情况，讨论技术标准化垄断的一般理论。然而，为什么一个国外的产物会在我国泛滥，甚至对我国经济造成巨大的危害，我国又将如何应对和解决，是本书余下章节所要解决的问题。陈云良教授曾指出："中国经济不是完全的市场经济，而是正处在向市场转轨的路上，至少不是成熟的市场经济，当前中国最主要的问题不是市场失灵，而是市场不成熟、发育不全。"❶ 特定的经济基础导致意识、观念和行为都处于落后阶段。正因如此，当国外专利权人利用市场经济的新的竞争工具——技术标准，占领竞争的制高点并频频对我国企业实施垄断的时候，我国企业对标准的认识尚停留在工业时代。相对落后的标准化意识、陈旧的竞争观念，专利匮乏和科研创新发展缓慢，都是从计划经济向完全市场经济转变中的必然产物，也是我国企业近年来的真实写照。这些导致企业在应对技术标准化垄断时毫无还击之力。同时，由于从计划经济向市场经济转化的不完全，相关法律适应国际化新问题相对迟缓，对于来势汹汹的技术标准化垄断，我国缺乏可行的法律予以引导、规制和约束，即使是最新实施的几部法律也仅能发挥绵薄之力。这些导致国外专利权人在我国滥用技术标准化实施垄断时，如入无人之境，肆意横行。因此，笔者认为，转型时期中国急需完善相关法律来化解技术标准化困境。

---

　　❶ 陈云良："回到中国——转轨经济法的存在及其价值"，载《法制与社会发展》2007年第 6 期，第 66 页。

第一节　转型时期的中国市场与标准化垄断

一、转型市场经济尚未生成市场型技术标准化

改革开放虽已 40 年，自 1979 年邓小平提出"市场经济"的概念，代表着"完全"计划经济时代的终结。1992 年，党的十四大正式确立"建立社会主义市场经济体制"，到 2014 年李克强总理刊文提出"使市场在资源配置中起决定性作用"，表达了党和国家要建立完全、真正意义上的市场经济社会的最终目标。这个过程表明我国尚处在向完全市场经济转轨的时期。计划经济时代行政权力对经济的干预虽然已经在慢慢缩减，然而，在一些领域，政府对市场的干预仍然比较严重。如电力、交通、石油等行业一直还掌握在政府手上，烟草等行业虽已放开但仍流于形式，并没有真正地交给市场来决定，而一些地方政府为了追求片面的 GDP，仍然对市场加以干涉，典型的如我国的房地产市场。国家的各种限购政策，虽然在一定程度上限制了高房价，但是实践证明，我国的房价并没有真正降下来，也没有真正地回归市场主导价格。完全的市场经济就是要发挥"市场这只看不见的手"的杠杆作用，将所有市场活动交给市场决定。然而，长期、强大的行政权力导致我国并没有从计划经济向完全的市场经济转变，而是处于转型时期，这也在很多方面直接导致人们思维意识的落后和相应法律的滞后。

以本书讨论的技术标准化活动为例，技术标准是市场竞争不断发展的产物，其已从最早的统一性规范演变成竞争的工具。技术标准化垄断的产生是完全市场经济国家的必然产物，由于高额垄断利润的诱惑，以及标准成为竞争的工具，所以垄断难以避免。然而，我国由于受到长期的计划经济体制的影响，很多企业对标准化的认识以及国内相关法律的制定都相对落后。在我国，技术标准化活动仍是政府主导下的标准化活动，大部分企业都认为标准化是国家的事情，甚至是为了遵循国家的行政管理而不得不去参与标准制定、使用标准。简言之，我国很多企业并没有认识到技术标准是市场的产

物，而不是政府的产物，也不是政府的行政管理的范畴。然而，国际标准化活动是以市场为主导的标准化活动，无论是国际性标准制定机构组织下的，还是企业联合形成的事实标准，都是企业积极、主动地参与到标准化过程中，根据市场发展的需要，适时地在相关领域制定标准。国外的专利权人在市场竞争中认识到需要开发哪些专利，而且根据市场竞争的需要，使自己的技术成为新兴行业标准的一部分。因此，目前我们在谴责国外专利权人利用技术标准实施垄断时，应反过来思考，如果其没有达到垄断的界限，那么则是国外的专利权人适当地运用了这一完全市场内生的产物。所以，在一定程度上，技术标准化垄断是转型时期中国必然的遭遇。

二、开放的市场为国外技术标准化垄断提供契机

改革开放以来，为改变我国落后的经济现状，发展对外贸易成为我国企业的主要发展路径。随着经济的日益发展，我国经济已从改革初期位居世界两百多位，成为今天的世界第二号经济大国，成为世界发达国家的最主要的经济合作伙伴，可见，我国在世界经济发展中占据了重要地位，这也决定我国更多的产品走向世界以及国外的产品进入我国。

然而，就当中国成为最大的"世界制造工厂"的时候，我国企业对世界发达国家的企业们造成了竞争压力。2003 年"思科诉华为案"❶中，国外企业首次基于"私有协议"中的专利对国内企业提起专利侵权指控，至于思科能否拒绝其"私有协议"中的专利，似乎并无定调，但是为何一家视专利侵权诉讼为"绝望公司的绝望举动"❷ 的公司会对华为提起此类指控呢？其最终根源就是华为对思科的日益增加的竞争压力。所以，当我国企业在国际贸易中获得优势时，国外的专利权人便开始采取标准这种新的贸易壁垒，以另

---

❶ 详细案情参见：张平、马晓："从思科诉华为案谈发明、产业标准与知识产权"，载《科技与法律》2003 年第 1 期，第 119~120 页。
❷ 张平、马晓："从思科诉华为案谈发明、产业标准与知识产权"，载《科技与法律》2003 年第 1 期，第 123 页。

外的一种方式从我国企业获取利润。再如，DVD 3C、6C 案❶，该案从 1999 年持续发酵，并带来一系列的连锁反应，不仅国外的 DVD 联盟对国内生产企业征收许可费，其他一些高科技行业如数码相机、可视电话、蓝光 DVD 等的生产企业也面临国外专利权人高额许可费的要求，这使得"中国制造"企业在占领世界市场的同时，也开始频频遭遇技术标准化垄断。再如 2007 年的彩电事件，美国在彩电行业发布了 ATSC 标准，所有出口到美国的彩电都必须遵循该标准，如果我国企业彩电不出口，是完全不会受到该标准的垄断影响，但事实是 2007 年我国的彩电出口量已超过国内销售量，若此时停止出口，也不符合市场的发展趋势。再如前文中多次提到的 2013 年"华为诉 IDC 案"，国外专利权人瞄准华为，并利用技术标准对其索要高额许可费的原因，也正是因为华为大量的产品出口到国外，只是这一次美国交互数字集团的算盘打输了。随着 2013 年 10 月 28 日广东省高院对该案的终审判决，表明我国企业在开放的国际市场中，已经慢慢熟悉国际标准市场的游戏规则和竞争规则。2013 年，英国《知识产权管理》（MIP，被誉为知识产权领域的福布斯）根据"华为诉 IDC 案"在世界范围内的影响，将 2013 年度案例奖（Case of Year）授予华为。❷ 我国企业从被动挨打到成功逆袭实属不易。国内企业从最早的不知所措、毫无反击之力，开始意识到需要依靠法律、制度来对抗国外企业利用标准对国内企业的欺诈。而这也恰恰说明，在中国市场走向开放的过程中，在与世界逐步融合的过程中，技术标准化垄断在我国将越来越多，因此，我国企业无论在意识、还是制度上，以及我国国内的法律，都必须慢慢转型，并逐渐适应世界技术标准化潮流的改变。

第二节　转型时期中国企业应对技术标准化垄断之困境

转型时期的中国经济是一种不成熟、不完全的市场经济，政府对经济活

---

❶ "'DVD 专利事件'的前前后后"，载 http：//www. people. com. cn/GB/jinji/32/176/20020403/700792. html.

❷ "深圳市中院首次披露华为诉美国 IDC 公司案件审理过程（5）"，载深圳特区报 http：//www. s1979. com/shenzhen/201401/14111978214_ 5. shtml.

动的长期影响和干预，导致企业在各方面发展都相对缓慢。在国际技术标准化大潮中，我国企业由于自主创新储备不够以及标准化意识低，相关的专利防范意识不强，国际标准化活动参与度不高。而我国经济又处于开放期，要求我国企业必须与国际接轨，事实也证明我国企业的确占据了世界产品制造的重要地位。然而，在这个接轨中，由于内在经济环境的不成熟，我国企业只能被动接受和使用国外标准。常所谓，"落后便要挨打"，我国企业在国际标准竞争中的弱势，使得国外企业频频对我国企业实施垄断，而企业自身发展存在的短板，导致中国企业在应对技术标准化垄断时困境重重。

一、企业尚未适应标准竞争新模式

第一，长期的计划经济体制使得我国技术远远落后于国外企业，在专利技术方面丧失了主动权。改革开放以来，我国企业认识到科学技术是社会发展第一生产力。但在长期的计划经济体制下，自身技术基础薄弱，要谋求发展，引进、学习和借鉴成为企业提升技术水平的主要模式。因此，采纳国外先进技术、先进产品成为 20 世纪 90 年代最主要的发展模式，在一定程度上，企业自身的技术水平得到了一定的提高，但在一些高科技领域，技术仍远远落后于他人，科研人员相对不足，一些核心技术领域我国很多企业难以涉及。而科学技术日新月异的发展速度，使得国外技术远远走在我国前列，如前面所提的移动通信技术，我国还停留在 1G 技术水平的时候，国外已发展到 3G 技术。技术的落后，带来的直接影响是专利量少，当国外专利权人对各种先进技术都申请专利之后，我们就只有缴纳许可费的遭遇了。这也使得国内企业自然将发展重心放在纯技术研发之上。

第二，标准竞争成为新的竞争工具之后，我国企业还停留在技术竞争时代。技术标准本不是一个新生产物，早在远古时代就已经有标准化活动。遗憾的是，当人类社会进入新经济时代的时候，我国企业对标准化的认识依然停留在工业时代，将技术标准作为产品规格、质量的衡量标准。如我国《标准化法》第 2 条第 1 款就规定为"工业产品的品种、规格、质量、等级或者安全、卫生要求"制定标准，而殊不知技术标准已具有新时代的特征：竞争力的代表。世界上欧美发达大国基本已完成"产品—技术—专利—标准"竞争模式的转变，标准成为掌握世界的新工具。因此，当标准竞争已成为新的国际竞争方式，国外专利巨头们纷纷运用它们的专利制定各种技术标准的时候，我国企业依然停留在专利创造阶段。标准化整体意识落后，以及竞争观念未及时转变，让本已在工业时代远远落后的我国企业，在知识经济时代仍然被别人牵着鼻子走。很多企业丝毫没有意识到"技术标准化"给社会带来的巨大冲击，这也是技术标准化垄断行为能够很快在中国蔓延的原因所在。

第三，即使国内一些企业注意到技术标准化活动的必要性，如制定一些企业标准，或者由于国际贸易的需要被动接受国外标准。然而，我国企业所从事的标准化活动与国外企业的标准化活动的性质和目的都有所不同。其一，如前所言，国外企业的标准化活动是将标准作为一项竞争工具，将专利融入标准，以在更宽、更广的范围内控制其他企业，也可以借标准实施获得更多的利润。反观之，我国企业的标准化活动，是在我国《标准化法》模式引导下的标准制定活动，即大多数是在遵循国家标准的前提下，制定各企业的企业标准。企业标准在企业内部适用，而且大多数企业的标准化活动更强调的是对自己企业产品、管理、环境等各方面的内部约束，以提升自己内部质量，虽然也有提升企业竞争力的作用，但更多是为了规范企业内部的行为。所以，两者的根本区别在于，国外标准中融入了更多的专利技术，国内企业标准更多的是行为规范。前者已迎合了知识经济时代的发展和需要，而后者还停留在工业时代的标准化意识。其二，国内外企业参与标准化活动的方式也有所不同。国外企业是积极研发技术或者购买专利，参与到标准化制定中，通过合法的途径成为标准专利权人，其目的是提升企业自身的竞争力。而国内很多企业参与标准化活动是为了迎合消费者的需要，甚至有一部分企业为了让消费者相信其产品达到国际标准规范，有不惜重金购买标准认证的现象。可见，国内大部分企业的标准化活动都是滞后且流于形式，无非为博取消费者的信任，这使得我国标准化进程发展缓慢，更无法与技术标准的竞争功能很好地融合。

二、企业专利运用与预警能力薄弱

如前所言，技术标准化垄断产生的背景是标准与专利的结合。既然技术标准与专利融合具有必然性，也存在必要性，那么便要想办法躲避其可能带来的不良影响。然而，我国企业在专利运用能力方面不强，国内缺乏系统的专利预警机制。如果说我国企业科学技术发展缓慢是由于先天不足，那么，企业的专利运用能力不强，缺乏预警制度则是后天不努力。企业的无意识和疏忽为国外专利权人实施垄断提供了机会，也增加了胆量。

第一，我国企业专利运用能力不强。专利运用主要体现在专利申请、专利许可、专利转让以及专利诉讼的应对能力上。如前 DVD 事件中，我国企业侵犯他人标准专利是事实，然而，企业事先根本未认识到标准中含有专利的事实，本已是一大失误，而在后续的专利侵权诉讼中，也没有仔细辨明自己侵犯了哪些专利，对方是否含有过期专利、无效专利等。而据学者后续调查，DVD 联盟中很多专利都是无效或者过期的，这为国外专利权人实施垄断提供了可乘之机。近年来，随着国际贸易的频繁，以及国家知识产权战略的实施，我国企业的专利意识虽然逐渐增强，但极为有限。比如，我国在进行科研创新时，经常忽视现有相关专利的查询，每年申请的专利有一半以上可能是无效的，缘由就是企业不重视前期的专利查询，许多早已在国外期刊、杂志上发表，这使得科研工作重复，也难以真正提高科技创新能力。

第二，专利预警机制的欠缺，使得企业难以躲避专利地雷。随着知识产权保护意识在我国的逐渐增强，很多企业已经清楚专利侵权的后果，因此也尽可能希望能避免专利侵权。然而，国外专利权人对自身专利构建的层层壁垒，设置了无数的专利地雷，常常使得国内企业防不胜防。欧美等发达国家都已经有着相对成熟的专利预警机制，尤其是一些大企业，从创新思想的确定、技术的研发到专利的申请，层层严格把关，通过专利预警机制，构建自己的专利防线和展开对外攻击。反观我国，到目前为止，国内还没有建立真正的专利预警机制，专业的专利预警机构也很少。例如，我国 2003 年才成立国内首家专利预警机构"北京国之企业专利应急和预警咨询服务中心"。

十多年过去了，专利预警机构的数量仍然有限。企业方面，除了少数大型企业如海尔、中国航空工业集团等建立了自己的专利预警机制，一些中小型企业对专利预警的重视度很低，甚至是一些研发机构的专利预警意识和需求都非常不足。❶ 优质的专利预警可以为政府科学决策、行业风险预警、企业建立知识产权攻防体系提供有力支撑。❷ 反之，技术标准中专利预警意识薄弱、机制缺失，大部分企业只是通过简单的专利查询，这使得我国企业在采用国外标准、产品的对外出口中屡陷困境，屡招诉讼，有时落入了他人的专利地雷，还完全未有察觉。在一场完全没有阻挡措施的战争中，企业遭遇技术标准化垄断侵害是必然的。

三、企业核心专利处于弱势

随着企业对"掌握标准，便掌握世界"这一规律的认识，以及近年来我国经济的迅速发展，我国在国际标准化活动中频繁出动。整体上看，标准化组织（ISO）和国际电工技术委员会（IEC）是国际上最具影响力的两大标准化组织。"ISO 共 740 个技术委员会和分委员会，截至 2014 年，我国参与了 720 个技术委员会的活动，排列世界第 5。"❸ "在 IEC 共 177 个技术委员会和分委员会中，我国以积极成员参与了 175 个技术委员会和分委员会，排列世界第 2。"❹ 这说明整体上我国正积极参与到世界标准制定的行列。从个别企业的参与程度来看，2006 年，中兴通讯有组织地、广泛地参与了 ITU、3GPP、3GPP2 等 50 多个国际标准化组织，在提交的 1 000 多项标准提案中有 3 项国际标准已在全球正式发布。华为在 2006 年已参加 75 个国际标准组织，数百件专利进入了国际标准。❺ 截至 2012 年，华为公司加入了 150 个标

---

❶　贺德方："中国专利预警机制建设实践研究"，载《中国科技论坛》2013 年第 5 期，第 122 页。

❷　"提升能力　服务社会　改革创新——国家知识产权局专利局专利审查协作北京中心"，载《知识产权》2014 年第 2 期，封面。

❸　数据来自 http：//www. iso. org，2014 年 6 月 21 日访问。

❹　数据来自 http：//www. iec. ch，，2014 年 6 月 21 日访问。

❺　"中兴华为透露参与国际标准制定情况"，载 http：//tech. sina. com. cn/t/2006 - 11 - 09/00201227615. shtml.

准组织，担任 180 多个职位，2012 年上半年提交标准提案超过 2 100 件。❶
而其他一些企业如海尔、联想、海信、中关村企业都积极参与了国际标准制
定活动。从行业内来看，一些行业积极组成企业联盟，制定自己的标准并努
力纳入国际标准提案，典型的有 AVS 专利池、❷ WAPI 安全接入标准联盟、❸
TD-LTE-Advanced 专利池❹等，这些都代表着我国在技术标准化活动中发展
势头一片大好。

但是，与欧美大国在技术标准化中的绝对领军地位相比，无论从整体到
个别，都存在不少的差距。第一，国内企业的科研创新能力处于发展初期，
在很多重要领域，一般企业都无法涉足。尤其是通信领域，核心技术几乎全
是发达国家的。从目前积极参与国际标准化活动的企业来看，大多为国内行
业内科研创新能力位居前列的企业，一些中型企业很少甚至几乎没有参与。
例如，在 IEC 制定新一代空调安全国际标准 IEC60335-2-40 时，中国仅有
海尔空调全程参与。❺ 而在通信领域，我国看到最多的也是华为、中兴、大
唐电信等几个典型企业的身影，这充分反映出我国企业在技术研发创新这一
块的短板。中小企业长期依赖国外标准，寄希望获取微薄的生产利润，使得
国内研发实力整体提升较慢，进而影响到国际标准的参与度。第二，国内企
业喜欢单打独斗，欠缺合作与发展。从前面列举的几个典型的专利池的组成
来看，基本都是在政府和官方研究机构的积极推动下形成的，行业内企业联
盟往往还在各自为政，无法形成行业内统一的标准，无法提升参与国际标准
竞争的整体实力。较早的如蓝光 DVD 标准和 HD-DVD 标准在中国之争，因

---

❶ 郭丽君："从跟随到领先的转变——中国通信企业的创新发展之路"，载光明日报—光
明网 http：//wo. gmw. cn/gmrb/html/2012-11-27/content_ 110797. htm？div=-1，2013 年 6 月
21 日访问。

❷ AVS，数字音视频编解码技术标准，应用于数字电视、宽带网络流媒体、激光视频等
数字音频产业。

❸ WLAN，无线局域网鉴别和保密基础结构，是无线局域网的一个安全接入技术标准。

❹ TD-LTE-Advanced，第四代移动通信标准之一，我国第一个拥有完全自主知识产权的
无线通信国际标准。

❺ "海尔空调唯一代表中国参与国际标准制定"，载 http：//www. chinanews. com/it/
2011/03-30/2940631. shtml，2013 年 6 月 22 日访问。

为最终采用哪一个标准，会直接影响下游产业的标准竞争。❶ 之后在国内的小家电行业也发生了标准之争，❷ 2010 年爆发的移动支付标准之争，以银联为首的移动支付产业联盟推行的 23.56MHz 标准和中国移动自主创新的 2.4GHz 标准之争，导致我国在移动支付产业链发展上出现极大的困难，也无法上升为国际标准。❸ 我国行业标准竞争乱象百出，无法形成中心合力，极大地阻碍了我国标准上升为国际标准。唯有合作，才能成功，如移动 4G TD-LTE-Advanced 标准，是政府、科研院所与国内十几个通信企业共同的成果。反之，移动支付之争，最终损害的是产业链的发展，阻碍标准化的统一和发展。

综上所述，我国作为一个发展中的国家，引进、使用发达国家的先进技术是在 20 世纪谋求发展的必然之路，然而，这也为我们在现在的"世界标准竞争"中埋下了隐患，很多企业对国外技术依赖太高，缺乏自主创新的动力，对技术标准实施带来的威胁意识不强，防范措施不足，因而在技术标准中频频遭受垄断侵害。而国内企业由于自身研发能力的限制，行业内的无序竞争，导致参与国际标准化活动的企业有限，且行业内也不能形成一致对外的合力，形成行业内资源共享以提高整体研发实力。这使得国内企业与国外专利权人双方力量悬殊，其悬殊不仅体现在技术较量上，还有意识较量、制度较量。如果自身足够强大，就像前文多次提到的华为诉 IDC 案，虽然我国反垄断法发挥了很大的作用，但是华为作为国内较早涉及技术标准化垄断纠纷的企业，其自身也有一个从落后挨打到成功反击的过程，而能取得这样的成绩，也得益于华为自身各方面的发展。此外，国际技术标准化垄断主要是以小企业为侵害对象，也正是因为这些企业的力量弱小。"唯有自强，方能御敌"，这是国内企业遭遇技术标准化困境时必须努力的方向。

---

❶　"下一代 DVD 标准之争：中国将往何处走？"，载 http：//www.ce.cn/cysc/zgjd/hyfx/200801/24/t20080124_14345396.shtml，2013 年 6 月 22 日访问。

❷　"风扇行业标准之争谁统江湖？美的独占标准高地"，载 http：//www.ce.cn/cysc/zgjd/kx/200903/16/t20090316_18510525.shtml，2013 年 6 月 22 日访问。

❸　蒋水林："标准之争何时休？"，载 http：//www.cnii.com.cn/index/content/2010-12/22/content_823789.htm，2013 年 6 月 22 日访问。

四、企业应对技术标准化垄断的思考

国外专利权人的技术标准化垄断行为已伸向我国企业，大部分原因是企业自身的不作为。因此，"自强不息"才是唯一的生存之道。对于国际技术标准化垄断中企业自身的困境，企业应该从强化自身力量，尽可能将自身面临的威胁降到最低，可以从以下几个方面着手。

1. 努力谋求发展，提升自身竞争能力

首先，信息技术时代，"知识是社会第一生产力"。企业从最初的产品竞争转化为技术竞争。而此时，努力谋求自身的发展，提升企业竞争能力，是参与国际标准化的必要资本。而谋求发展最直接的方法，便是重视自身的科研创新能力，加大科研创新投入。以计算机领域的巨头微软为例，微软每年有95亿美元左右的研发投入。从2001年起，华为在技术研发上的投入年均超过30亿元。❶ 到2013年，华为研发投入330亿元人民币，2004～2013年，华为累计在研发上的投入已经超过1 539亿元人民币。❷ 在新兴计算领域，例如云计算的研发投入，早在2008年，微软总科研计划投入为80亿美元，2011年更是达到95亿美元，其中90%的费用投向云计算相关领域。自2012年起，更是全面加大云计算的研发投入，并调整研究队伍。华为将云计算列为核心战略，研发投入超整体10%，并且加大与Intel、IBM的合作。❸ 加大科研投入，保持科技不断创新，是国际巨头微软和国内信息巨头华为屹立不倒的重要秘诀。微软依靠创新维持其标准垄断地位，华为通过创新逐渐进入世界标准的制定行列。对于其他的企业而言，也应以创新为要任。所以，加大科研创新投入是提升自身竞争力的首要任务。

其次，加强产学研合作，是企业提升自身竞争能力的最佳途径。现代大学担负着三大任务：培养人才、服务社会、科学研究。现代大学聚集了无数新思想、新技术，是新知识的发源地。但是这些思想需要转化为社会生产

---

❶ http：//tech. sina. com. cn/t/2005-07-21/1104669464. shtml.

❷ http：//tech. hexun. com/2014-01-15/161447634. html.

❸ http：//tech. ifeng. com/telecom/detail_ 2011_ 11/01/10302973_ 0. shtml.

力，则需要借助于企业。目前，加强产学研合作几乎成为各地政府培育企业发展、提升科技水平的首要途径。高校有思想、有技术、有专利，但是没有生产能力，而企业有机器、设备、资金，但是不一定能够网罗到足够的研究人员，很多企业都没有自己专门的研究队伍，所以，将两者很好地结合起来，是一些企业朝技术型企业发展、提升自己的竞争实力的较好选择。

再次，企业要充分利用各地政府对科技企业的政策支撑，尤其是一些规模较小的科技型企业要寻找孵化机会。充分利用各地的技术支持、政策扶持，朝科技含量高的企业发展。而企业内部，也要重视学习和借鉴。尤其是一些小型企业，可以通过加强与大型企业的合作，例如，通过股权共享、利润返还的方式，向一些大型企业寻求一些必要技术支持；在法律允许的条件下，也可以聘请一些大型企业的技术人员兼职提供技术支持，以破解一些技术研发中的关键问题，尽可能通过各种途径提高自身的研究能力。

最后，企业要积极建立自身的专利申报机制和知识产权保护机制，加大国际专利申请的力度。技术是竞争的武器，那么如何对这武器给予适当的保护和发挥其最大效用，便是让该武器充分发挥其威力，获得专利无疑是最佳途径。我国很多企业不仅不重视别人的专利，对他人专利带来的威胁也是缺乏防备意识；同时，也很少重视自身的专利申报，没有专门的知识产权保护制度。在国际专利申请中，近年来，我国企业虽有发展，但整体还有差距，这与我国企业缺少国际专利的申请技巧、申请经验密不可分，而且很多企业针对自己研发的技术缺乏完整的专利申报规划，无法形成自身强大的专利壁垒，尚未发挥"对外以御敌，对内以守城"的功效。构建专利城堡可以说是增强企业竞争力的有效武器，这需要引起企业的重视与加强。

2. 提升危机意识，建立专利预警机制

我国 2008 年《国家知识产权战略纲要》明确要建立知识产权预警应急机制。当前国际贸易中，专利纠纷是知识产权纠纷中最重要的形式，我国企业为此付出了沉重的代价。例如，当年 DVD 事件中，国外的 DVD 3C 或 6C 联盟要求我国 DVD 生产企业支付高额的专利许可费，否则面临侵权诉讼，于是我国企业纷纷"掏腰包"了，结果让这些专利权人越来越猖狂。导致这一结果的重要原因就是我国企业在生产制造产品之前根本没有分析自己采用的技术是否真正侵犯他人的专利权，而在被诉侵权之后，也没有企业去分析自己是否真的侵权。事实上，据北京大学张平教授的分析，当时 DVD 联盟中很多专利都是无效专利、过期专利和非必要专利，但是当时因为国内政府、行业以及企业自身都没有专利预警制度，所以对这些专利带来的风险毫无防范意识。随着专利纳入标准之后，专利的价值得到进一步提升，而这种提升主要是因为"沉没成本"，企业一旦投入便难以转产，所以对于一些生产企业而言，在采纳国际标准时，主要是要分析标准中包含的专利是否含有非必要专利，因为标准专利权人将非必要专利纳入标准也是常有的事情。此外，在标准专利许可费谈判中，事先对专利权人的专利保护范围、专利保护的地域、对方专利中是否有自己的专利、专利有效期、该专利对标准的价值贡献等进行分析，都将成为专利许可定价中的重要因素。总之，专利预警机制将帮助企业在国际化道路中躲避技术壁垒等障碍，为我国企业在标准战争中获得较多的主动权。在国外专利巨头掌控的标准世界中，我国企业唯有以防御为主、以进攻为辅。当专利诉讼纠纷将要来临之际，及时为企业提供警报，让企业及时寻求应对之策。此外，专利预警机制有利于更好地发现标准专利权人的一些垄断行为，比如将非必要专利纳入标准以及不合理许可，这样也可以便于标准实施者考虑通过反垄断法予以回击。

专利预警作为企业防范专利风险尤其是国外专利风险的重要保障措施，仅仅依靠企业自行建立是不现实的，必须依靠政府出台相关的规范性文件进行指导，而要在全国范围内推动这一制度的实施，由国家知识产权局和科技部共同出台一部行政性法规较为适当，专门指导政府、行业、企业的专利预警制度建设工作。目前建立专利预警制度需要从下列几个方面出发。

第一，建立国家级和省级专利预警机构。由国家知识产权局和省级知识产权局牵头，建立各行业的国家级专利数据库，具体可以包括国内专利数据库、国外专利数据库以及各世界知名的标准化组织涉及的主要标准所涉专利数据库。在知识产权局下设立专业的专利信息分析中心，并建立相关的专家库，以便企业在寻求帮助时，可以由信息分析中心联合专家一起为企业产品技术所涉专利进行分析。同时，在省级知识产权局的领导下，各省要建立一个统一的专利预警机构，其主要任务是针对省内的一些重要产业，提供专利信息收集、分析和建议的服务。此外，各省级知识产权局还需要出台一些政策法规进一步指导企业建立自身的预警机制，如 2011 年 9 月，北京市发布《企业海外知识产权预警指导规程》，"该规程详细规定了专利预警工作的运作体系，包括保证专利预警工作常态化开展的相关保障，以及预警工作实际操作中的数据检索和筛选、数据统计分析、法律侵权分析、风险规避策略四大模块和关键环节。"❶ 该规程将为企业建立自身的专利预警机制提供指导。各省、直辖市、自治区可以在效仿北京模式的前提下，制定各地区的相关规程，以推动专利预警制度的建立。政府的支持对企业的发展至为重要，如"日本特许厅每年把预算的 10% 左右用于专利文献的深加工，指导日本企业实施专利战略，帮助日本企业通过外围专利、小专利封杀欧美上游专利的实施、改进路径，指导日本企业在欧美国家直接、间接收购专利"❷ 在目前标准专利多为国外企业掌握的时代，日本的这种专利战略是我国企业改变标准中被动地位的可选途径之一。

　　第二，由行业协会主导建立行业内的专业预警制度。在我国，"行业协会是政府和企业之间的联结，其在一定程度上担负着促进和保障国家与企业互相沟通的功能"。❸ 专利预警机制还必须积极依赖行业协会的努力。行业协会作为行业内的自治机构，对协会成员有管理和帮助的职责，当企业遭遇专利纠纷时，行业协会要积极协助解决。而行业协会对本行业内的信息动态最为熟悉，因此，行业协会应该积极建立本行业内的专利预警平台，收集本行业的国内外专利信息，并积极跟踪国际标准的最新动态，成立行业内专利分析中心，为本行业的企业提供咨询意见和建议，例如，如何避开国外的专利陷阱、预测行业内专利发展态势、如何围绕自己的专利构建专利防御等。

---

❶ "全国首个企业海外知识产权预警指导规程在京发布"，载 http：//www. sipo. gov. cn/dtxx/gn/2011/201109/t20110902_ 618624. html，2011 年 9 月 4 日。

❷ 陈荣、唐永林、严素梅："建立专利预警机制，减少知识产权纠纷"，载《科技情报开发与经济》2006 年第 6 期，第 168 页。

❸ 鲁篱：《行业协会经济自治权研究》，法律出版社 2003 年版，第 5 页。

第三，企业自身要逐步建立专利预警的意识，并在条件成熟的时候，组建自己的专利预警平台。目前我国大多数中小型企业专利预警意识弱，大多采用最基本的专利防范措施，如到政府专利信息库或者是一些商业的专利数据库查询，以确定自己是否侵害他人专利，而这种简单的专利查询不足以防范国外专利巨头的陷阱，因此，企业必须要强化专利预警意识。对中小型企业而言，现阶段完全建立自己的专利预警机构也是不现实的，但是一些大型的企业必须要向这方面发展。例如，我国企业海尔，通过建立和完善专利与标准预警机制，建立起完善的知识产权和标准保护体系，并在企业的全球化战略阶段显示出强大的威力，取得累累硕果。❶ 海尔并因此获得了参与到众多国际标准制定的机会，开始慢慢掌握行业内的主动权。海尔的成功经验值得我国一些已初具实力的企业借鉴。

总之，在我国，预防专利风险对每一个企业来讲已是一项紧迫的工作，而专利预警机制无疑是最佳选择，但是在我国建立专利预警机制也不是一朝一夕的事情，需要政府、行业协会与企业以及一些社会机构的通力合作。政府和行业协会可以充分利用自身的地位优势，尽可能收集更多的专利信息，以及对专利信息进行深加工、深挖掘，为企业提供更多的资源。对于企业自身而言，要充分利用政府和行业内的专利预警机构，在不侵犯他人专利的情形下，积极进行自主创新，提升专利质量。此外，国外的专利预警机构已经非常成熟，对于一些发展国外市场的企业而言，在产品制造之前，寻求国际性专利预警机构的专利分析，也可以减少将来侵权的可能。

3. 提高国际技术标准化引起的专利侵权诉讼的应对技巧和策略

随着更多的企业走向国外，以及国际标准的全球化推广，国际技术标准垄断在我国已经进入高发期。在面对国际技术标准垄断时，很多企业如临大敌，缺乏必要的应对技巧和策略。如前所述，目前我国企业面临的国际技术标准化垄断中，主要是国外专利巨头企业在实施标准化垄断时，往往辅以专利侵权诉讼威胁，很多企业不知如何应诉。笔者认为，需要重视以下方面。

---

❶ 刘宁、黄贤涛："海尔的专利与标准预警机制"，载《中国发明与专利》2007 年第 2 期，第 50 页。

第一，清楚国外专利巨头企业发动专利侵权诉讼的动机，以及清楚明晰自己所处的地位。专利侵权诉讼已经成为信息时代的一种常态诉讼，专利地雷的布置更是使得很多企业防不胜防。而那些与标准融为一体的专利更是容易导致侵权。所以，在标准化中，遭遇专利侵权诉讼或者对方发出专利侵权诉讼的通知信时，首先要弄清楚自己是否真的侵权，侵犯了哪些专利，侵权诉讼因何而生。如果真的存在侵权，且对对方企业造成损害，则着手与对方协商和解的途径。其次要弄清楚侵犯了哪些专利，所侵犯的专利是否是有效专利，是否是过期专利，这既是为赔偿额做准备，也是为自身赢得反诉的机会。再次，弄清楚对方发动该侵权诉讼的动机，如果仅仅是为了获得赔偿，那么则从赔偿的角度来考虑该承担的责任。如果发动侵权诉讼是为了其他目的，甚至是为了顺利实施其垄断目的，那么我国企业则需要进一步分析对方真正的行为目的，并尝试扭转自身的不利地位。总之，了解对方动机，明确自身地位，是面对侵权诉讼时的首要准备。

第二，沉着冷静与国外专利巨头企业谈判，适时地提出反诉。对于每一个受到专利侵权诉讼通知的小公司而言，都会有一个紧张甚至恐慌的过程。很多时候不清楚自己到底有没有侵犯对方的专利，如果此时，自己能非常肯定地确定绝对不会侵权，那么可以沉着冷静应战。有些公司若不能非常肯定自己是否侵权，此时应该不要忽视对方的通知信，而是积极与其协商谈判。当然，并不是意味着自己就一定要接受许可的条件，此时在谈判中，最好聘请专业的律师和专利代理人，在谈判过程中了解究竟侵犯了哪些专利，尽可能将许可费降低，控制在可接受的范围内。如果在谈判过程中，发现对方有可能涉及垄断行为，则请专业的反垄断诉讼律师，适当地提起反垄断反诉。此外，如果确定自己没有侵权，或者即使构成侵权，但认为对方的条件过于苛刻，而且如果企业有强大的经济实力做后盾的话，可以积极准备应诉。因为一些专利公司提出的专利主张很多时候是不成立的，大部分的专利侵权诉讼也是以和解结束的，许多专利权人正是利用了这一点。进入诉讼阶段，被指控的侵权人还可以积极提出专利无效的反诉。

第三节　转型时期中国应对技术标准化垄断之法律缺位与乏力

企业自身不足固然是陷入技术标准化垄断困境的主要原因之一，然而更重要的是技术标准化垄断缺乏法律的必要规制和约束，这是技术标准化垄断在我国得以盛行从而导致困境重重的主要原因。众所周知，法律是社会经济活动的重要保障，既为经济活动提供指引，也为其提供救济。技术标准化活动主要包括标准的制定、管理、实施，最核心的是标准专利的许可行为。我国《标准化法》严重滞后，无法给予标准化活动正确引导。而与标准化垄断相关的反垄断法、专利法也存在救济不足的问题，这使得在中国境内发生技术标准化垄断行为时，无合适的法律予以规制，其导致的结果是既无法对国内企业提供有效的保护机制，也无法为企业提供有效的指引。

一、标准化法过于原则难以适应新型垄断

《标准化法》应当是规范、指引我国标准化活动，并规制标准化违法行为的主要法律依据。而我国《标准化法》是 1989 年实施的，标准化法颁布的时候我国还处于改革开放的中期，当时世界的经济发展模式、科技发展水平与今天都不可同日而言。当时国内最紧迫的任务是为各行业确立国家标准，相关标准要求也很低，甚至完全没有考虑到标准与专利的问题。而有关国际标准的规定，全文 26 个条文中仅有第 4 条规定："国家鼓励积极采用国际标准。"当时特定的经济、时代背景使得标准化法无法重视国际标准化问题。然而，如果说《标准化法》制定时我国企业并没有面临国际标准化活动带来的垄断危机，在 DVD 事件、华为思科事件之后，我国的《标准化法》仍未修订，这便是法律滞后性所带来的直接不良影响。近年来，当标准化垄断事件频发，我国企业频受侵害，才逐渐引起相关立法机构的重视。可喜的是，2018 年修订的《标准化法》开始重视并支持由团体、协会等制定团体标准，明确标准为促进技术创新服务，并在第 22 条规定："禁止利用标准实施妨碍商品、服务自由流通等排除、限制市场竞争的行为"，即对标准化垄

断逐步重视。2014 年实施的《国家标准涉及专利的管理规定（暂行）》也体现了我国技术标准化立法的明显进步，该规定充分重视了技术标准与专利的关系，尤其是标准中必要专利权人的专利劫持问题；同时确定了标准制定中专利权人的信息披露义务和专利许可声明的义务。但美中仍有不足，如关于必要专利的界定、专利披露义务的范围、许可声明的具体内容，以及不遵守相关义务的法律责任依然没有涉及。该规定的实施效果将如何，我们拭目以待。但目前从理论上看，其有关条文仍无法为技术标准化活动提供充分的规范和指导。

二、专利法强制许可制度过于原则且操作困难

技术标准化的顺利实施依赖于专利许可的顺利进行，因此需要重视与"专利许可"相关的法律。我国 2009 年修订的《专利法》第 48 条第 2 款规定："专利权人行使专利权的行为被依法认定为垄断行为，为消除或者减少该行为对竞争产生的不利影响的。"国务院专利行政部门可以给予强制许可。这为我国企业在遭遇专利权人的拒绝许可时提供了较好的救济方式，而这一条也很好地与《反垄断法》第 55 条呼应起来，《反垄断法》第 55 条规定，"经营者滥用知识产权限制竞争的行为"，受到反垄断法的规制。但是该条强调对垄断的认定，并没有明确如果知识产权限制竞争的行为被认定为垄断行为后，接着该怎么做。反垄断法中规定的责任有行政责任、民事责任、刑事责任，行政责任多由反垄断执法机构处以罚款，而民事责任多为损害赔偿。除行政责任较具体之外，民事责任上的损害赔偿实践中可操作性并不强，但需要注意的是，这些责任承担方式都无法彻底解决标准中专利权人拒绝许可行为带来的不良影响。标准必要专利权人的拒绝许可，其导致的结果便是被拒绝的生产者无法生产标准产品，将标准产品生产者完全排除在标准市场之外，即使能够通过反垄断法认定其为垄断、对其给予处罚，也未必能解决其愿意许可的意愿，希望得到许可的被许可人的标准使用权仍然未能得到救济。因此，反垄断法对标准专利权人的拒绝许可行为的救济可能不够充分，因为我国并没有像《德国限制竞争法》那样规定，只要构成关键设施，

便可以发布强制许可。综上，专利法中规定强制许可制度在一定程度上能弥补反垄断救济的不足，此乃《专利法》第48条第2款的意义，但《专利法》第48条如何能在实践中很好地运用，仍是一个大难题。

第一，该条规定过于原则。该条中规定"专利权人行使专利权人的行为被认定为垄断行为"，那么垄断行为该由谁认定。众所周知，2018年国务院机构改革之前，我国反垄断执法是一个多头执法的现状，以及还可以通过反垄断司法诉讼，即在我国垄断行为认定的主体包括发改委、工商总局、商务部以及法院。反垄断执法虽然不统一，但是其层级还算较高。但是法院判决中认定的专利权行使的垄断行为，是不是就可以申请强制许可呢？这就存在一个层级效力的问题，因为我国反垄断案件一审法院是中级人民法院，其认定的垄断行为是否可以作为专利局强制许可的依据？笔者认为，可能有些不太适当。反垄断案件本身复杂，中级人民法院能否有能力正确、科学地认定专利权行使中的垄断行为尚存疑问，所以，对于垄断行为的认定主体还需要进一步明确。此外，为避免挫伤专利权人的创新积极性，防止强制许可制度的滥用，在强制许可程序上也有必要进一步细化。

第二，专利法的强制许可制度对国外专利权人垄断行为的规制可操作性不强。标准必要专利权人的拒绝许可行为，是我国企业目前遭遇的典型的技术标准化垄断行为之一。国外专利巨头企业多为标准专利权人，标准实施者多为生产标准产品的出口型企业。标准使得专利权的地域性扩张，即使该专利未得到我国专利机构授权，任何想要实施标准的企业都必须得到许可。即使有能力在其未授权的情况下使用了专利技术，产品没有销往国外，或许不会遭遇专利侵权指控，但是只要销往国外，没有得到许可依然会遭遇侵权指控，所以这些都使得标准实施者必须要得到许可，这也使得拒绝许可行为的作用变大。根据《专利法》的规定，专利行使行为构成垄断，由国务院专利行政部门授权强制许可。如果国际技术标准中的专利没有在国内申请，便不属于我国专利局的管辖范围，自然也就无法对其实施强制许可。因此，该条针对国外专利是没有强制执行力的，那么只能依靠反垄断法予以规制。专利的地域性使得强制许可制度只对一国领域内的专利有执行性，想要对国外专利予以适用，还需要进一步探讨双方间的专利协作条约。但是，在当前各国知识产权竞争加剧的情况下，任何一国都在一定程度上倾向于本国专利的保护，又怎能寄希望于该国专利机构对其发布强制许可的决定。因此，鉴于我国实行的是行政机关发布强制许可决定，专利强制许可制度只能解决一国国内的专利权人的拒绝许可问题。

第三，关于技术标准化拒绝许可的认定，本身就是一个难题。如前文所述，技术标准化中的拒绝许可行为要被成功认定为垄断行为，需要利用关键设施理论来进行认定。目前我国反垄断法中还没有真正建立这一制度，因此需要通过完善反垄断制度，与这一制度加以衔接，这是认定拒绝许可构成垄断的前提。在建立必要设施理论时，应该考虑哪些因素，其又该如何与强制许可衔接，也是一个难题。

三、反垄断法适用仍待完善且需提高保护力度

毫无疑问，作为市场规制法的反垄断法，其宗旨是维护市场竞争、提升消费者福利，应该可以说是规制技术标准化垄断行为最适合的法律。其是否对这些垄断问题都能迎刃而解呢？否也。反垄断分析方法本身的复杂性、我国反垄断相关法规的不完善，以及反垄断执法队伍的薄弱，种种问题表明，反垄断法应该是规制垄断行为的最核心的法律，但是现阶段同样存在一些操作困难。

1. 技术标准化垄断对反垄断分析方法提出更高的要求

信息技术时代，促进创新这一基本理念已经融入社会经济发展的每一个角度，科技创新也是一国持续发展的原动力。技术标准的推广和实施，离不开专利权人的技术支持，尤其是创新性技术的支持，因此，即使技术标准化中专利权人实施垄断产生了限制竞争的影响，在对其规制时，也必须要考虑到兼顾专利权人的创新动力。因此，反垄断法对技术标准化中垄断行为的规制必须要实现专利权人的利益和社会公共利益的平衡。只有充分保障专利权人的利益，才能为其提供持续的创新激励，技术标准才能不断地优化，反过来维护竞争也是为了更多人参与到创新中。因此，这两者利益该如何平衡，

也是反垄断制度构建的难题之一，这对反垄断分析方法提出了更细致的要求。此外，反垄断分析方法主要采用经济学分析方法对竞争效果进行分析。经济学分析本身就是一项极为复杂的工作，在前文第三章讨论超高定价、价格歧视等行为时，就普遍反映了这个问题，对这些价格的界定需要依赖各种经济学的分析方法，这也提高了反垄断法的适用难度。

2. 我国反垄断相关法规尚待完善且存在实际操作困难

反垄断法在我国算是一个较新的法律。首先，我国目前并没有专门针对技术标准化中垄断行为的法律。我国《反垄断法》第 55 条规定了滥用知识产权排除、限制竞争，受到反垄断法的规制。关于这一条款的批评很多，如过于原则、可操作性不强、只是提了一个大纲。其次，国家工商总局在2009 年年底启动了《关于知识产权领域反垄断执法的指南》的制定工作，发改委、商务部各自起草了知识产权领域反垄断指南，最终，由国务院反垄断委员会提出的《关于滥用知识产权的反垄断指南（征求意见稿）》于2017 年 3 月向社会公开征求意见，截至 2018 年年底该指南尚未正式发布。此外，2014 年 6 月 10 日，国家工商行政管理总局发布《工商行政管理机关禁止滥用知识产权排除、限制竞争行为的规定（征求意见稿）》，并于 2015年 4 月 7 日发布《关于禁止滥用知识产权排除、限制竞争行为的规定》（以下简称《禁止滥用规定》），自 2015 年 8 月 1 日起施行。该《禁止滥用规定》是《反垄断法》第 55 条在知识和产权领域反垄断执法的细化，可谓是立法的一大进步。《禁止滥用规定》对"知识产权行使中的拒绝许可行为、限制交易行为、搭售行为，附加不合理限制条件的行为、价格歧视、专利联营，以及在标准实施中的隐瞒必要专利和违背公平、合理、非歧视原则"进行了规定。具体而言，涉及以下几个主要问题：

（1）明确反垄断法和知识产权的关系，指出滥用知识产权限制竞争应该受到规制。

（2）明确知识产权滥用可能是垄断协议，也可能是滥用市场支配地位，尤以后者居多，并列举了经营者在行使知识产权中，滥用支配地位的典型行为：拒绝许可，限定交易、搭售、附加不合理限制条件、歧视。

（3）规定了知识产权行使中几类特殊的行为，其中包括利用标准制定和实施排除、限制竞争的行为，并列举了两类。其第 13 条第 2 款规定："具有市场支配地位的经营者没有正当理由，不得在标准的制定和实施过程中实施下列排除、限制竞争行为：（一）在参与标准制定的过程中，故意不向标准制定组织披露其权利信息，或者明确放弃其权利，但是在某项标准涉及该专利后却对该标准的实施者主张其专利权。（二）在其专利成为标准必要专利后，违背公平、合理和无歧视原则，实施拒绝许可、搭售商品或者在交易时附加其他的不合理交易条件等排除、限制竞争的行为。"这将成为未来我国企业遇到标准化垄断行为进行规制的最直接的依据。

（4）明确了知识产权垄断行为认定的分析方法。

（5）明确了知识产权垄断行为的法律责任。

该《禁止滥用规定》是目前我国对标准化中垄断规定得最详细和最直接的法规，且对国际性标准有些许涉及，如《工商行政管理机关禁止滥用知识产权排除、限制竞争行为的规定（征求意见稿）》第 13 条第 2 款第 1 项规定："（一）在知道其专利可能会被纳入有关标准的情况下，故意不向标准制定组织披露其权利信息，或者明确放弃其权利，但是在其专利成为某项强制性标准后却对该标准的实施者主张其专利权。"其将标准实施中隐瞒专利的行为限定为"强制性标准"，大大缩小了专利权人的违法性。那如果一项标准是标准化组织制定的推荐性标准，但是该标准在市场上已经具有非常大的影响力，那么之前的隐瞒专利、事后主张专利的行为是不是就不能认定为垄断？实际上，一些国际标准化组织制定的标准大多数都是推荐性的，这为国外标准专利权利人隐瞒专利或虚假承诺的行为，提供了更多的辩解机会。在《禁止滥用规定》中便规定为"但是在某项标准涉及该专利后却对该标准的实施者主张其专利权"。这是《禁止滥用规定》的明显进步之处。但是，该《禁止滥用规定》仍然存在一些不足。

（1）《禁止滥用规定》中涵盖的技术标准化中的垄断行为的类型还不够全面。

如本书前几章详细讨论了标准制定和实施中的垄断行为，主要包括标准制定中的共谋、排除竞争对手的行为；隐瞒标准必要专利信息、不尽披露义务；不遵守 FRAND 许可承诺的行为；标准必要专利权人的拒绝许可、超高定价、价格歧视、搭售、滥用禁令行为，以及标准专利权人转移必要专利引发的垄断等行为。这些都是已经在技术标准活动中产生的行为，虽然这些行为在国内还不是很常见，但在国外，它们都已经有相关的案件，所以估计很快会在中国出现。然而，《禁止滥用规定》中仅在其 7 条、第 11 条、第 13 条对拒绝许可、歧视、故意不披露专利信息或做虚假承诺，以及违反 FRAND 原则进行了粗放式的规定。对于最新出现的标准必要专利权人滥用禁令，以及转移必要专利行为的垄断完全没有涉及，这可能导致当出现新形式的垄断时，没有合适的法律依据。

（2）关于专利权人利用标准制定和实施中排除限制的具体条文的可实施性仍有不足。

其一，第 7 条的拒绝许可和第 11 条的歧视，是放在知识产权滥用的一般垄断行为中。其规定比较简单，在实际适用中还需要结合"技术标准化"的特征进行考虑，例如，分析技术标准化中的拒绝许可，可能需要考虑更多的创新因素，以及专利权人的激励、标准能否顺利实施等，关于歧视的规定也存在同样的问题。此外，拒绝许可行为中引入了"关键设施理论"，如何将"关键设施理论"与技术标准衔接起来，也是将来要解决的问题。其二，第 13 条的"标准制定和实施中垄断行为"的规定。第 1 款中关于专利权人的故意不披露行为和虚假承诺行为（如明确放弃主张权利）的规定，范围偏窄、限定过多。或许立法者考虑的是首次规定标准化中垄断行为，尽可能将其明确，而且尽可能简单，但是现有案例已经提供了一些经验。例如，①"故意不向标准化组织披露"中的"故意"，众所周知"故意"的认定是十分困难的，是证明其主观意识，还是通过反证推测，这给反垄断具体规制时增加了难度；而且，限定了"故意"行为才可能构成垄断，那么"疏忽大意"呢，如果标准化组织已经强制性要求披露专利信息，但是却"疏忽"了，能否认定为垄断呢？②"披露权利信息"，那么这个披露范围、披露内容、披露时间都是不确定的因素，以及不披露的权利信息是否包含"专利申请"，将为垄断行为的认定增加难度。第 2 款（2）中的规定同样存在一些实践操作困难的问题。如"附加其他的不合理交易条件"，该表述使得操作有些困难，如何判断附加的交易条件是不合理的，如何使这些条件更具有可操作性，又不违背立法者的最初意图，需要对这些问题做进一步的规定和完善。

（3）《禁止滥用规定》中规定的法律责任较轻，可能无法解决我国企业在标准化中面临的困境，以及在专利权人和标准实施者之间的利益实现两者的平衡。

《禁止滥用规定》对滥用知识产权排除、限制竞争的行为的行政处罚主要有：责令停止违法行为、没收违法所得，以及罚款。这表明当标准中专利权人实施了垄断行为，我国反垄断执法机构将会给予实施垄断的经营者予以罚款、责令停止。首先，从罚款来看，我国处以的罚款相对于标准专利权人可以借标准实施获得的垄断利润，是微不足道的，不足以起到震慑作用。其次，停止违法行为。对于那些隐瞒专利和虚假承诺的专利权人，其之后主张专利权利，如果要求其停止违法，具体表现形式是什么呢？鉴于主张专利权利包括要求对方支付许可费，以及如果未果便可以提起侵权诉讼甚至禁令。那在这里是禁止其提起侵权诉讼，还是要求其免费许可，还是依然可以以合理的价格许可？这些都需要进一步地讨论。如果是免费许可，当事人又不愿意呢，可能会有涉及专利法上的强制许可问题。如何解决？再次，法律的最终目的是解决问题，为人们行为提供指引。即使一项行为依据《禁止滥用规定》被认定为垄断行为，如拒绝许可，或者以不公平的条件许可，而且对其给予了罚款，但是专利权人要想实施这项标准，依然需要得到专利权人的授权，否则一些技术上的问题是没有办法解决的。所以，技术标准化中最关键、核心的问题是需要在专利权人和标准实施者之间确定一定适当的许可费。如何保证在双方都认可的基础上接受一个许可费，而且是依据相对科学、公正的方法来确定，是未来反垄断法最终解决技术标准化垄断的关键。毕竟标准制定出来，需要推广和运用，才能更进一步地促进技术传播和创新，才能增进消费者福利。

3. 技术标准的复杂性对执法队伍提出了更大的挑战

2008 年《反垄断法》实施以来，我国反垄断执法一直由商务部、发改委以及工商总局分头负责，发改委主要负责查处价格垄断，工商总局主要处理滥用市场支配地位的行为，而商务部主要是处理企业集中案。技术标准化垄断其本质是知识产权领域中的垄断，虽然大部分是滥用支配地位的行为，但是有时也涉及价格垄断，如超高定价、价格歧视等行为，所以，便会出现多头执法的现象，如对超高定价行为，发改委和工商总局都有管辖权，如何分配其管辖权，对反垄断执法提出了挑战。尽管 2018 年随着国务院机构改革，商务部、发改委、工商总局的反垄断职能统一归属到国家市场监督管理总局，我国将有统一的反垄断执法机构，有利于反垄断的统一执法，但实际上，一个机构能否处理不同类型的垄断行为，笔者依然尚存疑虑，或许还需要机构内部进一步分工明确。此外，我国技术标准化垄断行为更为复杂，需要反垄断执法人员具有一定的经济学分析的背景，本身就比一般的法律分析要困难，而技术标准化中的垄断行为还涉及大量的技术问题，这是一般的执法人员所不具备的。因此，这将对未来的反垄断分析和执法提出更大的挑战。

总之，技术标准化垄断是知识产权领域中的新型垄断，然而我国在相关法律法规上的储备严重不足。虽然国家工商行政管理总局在 2015 年通过了《关于禁止滥用知识产权排除、限制竞争行为的规定》，但其有关技术标准化垄断的相关规定与 2014 年的《工商行政管理机关禁止滥用知识产权排除、限制竞争行为的规定（征求意见稿）》并无实质变化。在过去的十多年中，与技术标准化垄断相关的法律缺失以及保护乏力，导致我国企业在面对国外技术标准垄断时无能为力。而后续出台的一些法律，由于各种原因仍然无法为国内企业遭遇技术标准化垄断时提供有效保护机制，这是当前对技术标准化垄断规制所面临的法律困境。

综上所述，对尚处于转型市场经济中的中国而言，技术标准化垄断对我国造成的危害也是特定的。在现阶段，技术标准化垄断对我国的主要危害表现是：由于国内企业并未形成"以市场为主导"的标准化意识，相关存储严重不足，因此国外专利权人频频利用技术标准化活动，对国内企业实施垄断，获取垄断利润。面对这些行为，我国企业可用来保护自己的法律极为有限。对技术标准化垄断加以规制的法律的匮乏，使得国内企业在被侵害之后，缺少法律的保护和支撑，也使得国外专利权人更加有恃无恐。因此，转型中我国应对技术标准化垄断困难重重。

企业自强固然能在一定程度上缓解企业在技术标准化垄断中的困境。笔者在前文对我国企业的一些思考也可供参考。然而，笔者同样认为，企业发展、强大需要一个长期的过程，即使企业要自强，也不足以立刻解决技术标准化垄断所带来的侵害以及消除其影响。而国外专利权人已频频利用国际标准，将其垄断之手伸到我国国内，如美国交互数字集团对华为索要的高额许可费、高通公司对国内企业的超高定价行为。此外，国外专利巨头在国外也不停地挥舞其垄断大棒，对我国企业提出专利侵权诉讼并扣押产品。如2008 年，在德国举行的国际消费电子展（CeBIT 2008）上，西斯威尔（SIS-VEL）公司对中国海尔、海信、创维等企业提出侵犯专利权的指控，致使大量的参展品被没收，并在国际上造成不良影响。国外专利权人的垄断行为不仅使得我国企业无法顺利实施标准，而且导致我国企业在国际贸易中损失惨重，这些遭遇也是非企业自身即能解决的。因此，现阶段，完善约束和规制技术标准化垄断行为的相关法律是首要任务。一方面，我国急需完善的法律制度对技术标准化垄断行为予以规制，从而对国内企业提供充分的保护和支持；另一方面，随着技术标准化垄断相关法律的完善，也可以很好地为国内外专利权人的标准化活动提供正确的指引。所以，基于转型时期中国在技术标准化中的遭遇，探索技术标准化垄断行为在中国的法律规制路径及完善相关制度，是当前也是本书第五章要解决的重要内容，作为本书对技术标准化在中国产生的垄断问题的法律回应。

第五章　技术标准化垄断行为规制的
法律路径与制度完善

　　如第四章所述，由于我国企业自身力量弱小且意识落后，在国际技术标准化大潮中，备受国外专利权人的侵害，更严重的是，遭遇侵害之后，甚至无任何法律提供救济。基于我国国情的考虑，笔者提出，对技术标准化垄断行为应采取事后规制和事前预防相结合的法律路径。事后规制要求在我国建立以反垄断法规制为主，标准化法和专利法规制为辅的三位一体的事后法律规制体系，事前预防主要完善标准制定组织的相关政策和制度。

　　首先，反垄断法一向被誉为"经济宪法"，其对垄断行为的打击力度以及对市场竞争秩序的保护，起着非常重要的作用，应该将反垄断法作为规制技术标准化垄断行为的基本法律。反垄断法规制分为两大部分：垄断行为的违法认定；减轻或消除垄断行为限制竞争影响的主要措施。关于垄断行为违法认定，前面的章节已经对垄断行为进行归类，而且对每一种典型的垄断行为进行了分析，基本界定了各种垄断行为的违法要件。这是反垄断执法机构判定垄断违法的前提基础。一般情况下，当一项行为被确定为垄断时，反垄断执法机构会追究其法律责任，如要求其停止侵害、处以罚款等，或者追究其他民事责任。然而，笔者认为，在实践中，要保证这些行政或民事措施切实可行，以及尽量快速解决这些纠纷，甚至能促使国外专利权人不再实施类似的垄断行为，是当前我国技术标准化垄断中亟须解决的问题。因此，可通过完善经营者承诺制度、健全强制许可制度、建立标准必要专利滥用支配地位的"安全港"制度以及强化反垄断法的域外适用。其次，将标准化法和专利法作为技术标准化垄断行为规制的辅助法律。虽然反垄断法具有极强的威慑力，然而，当其规制和执法存在困难时，如证明垄断违法要件困难的时候，可以视情况采用其他的法律。当然，这些辅助法律也应该尽可能以最小的成本消除垄断的不良影响为核心。最后，事后规制通常是垄断侵害发生后，有些不可避免的损失都已经产生，而对受侵害人的一种补救措施。对于我国企业而言，在标准化实施中，垄断侵害实施的时间越久，其所受损害越大。而作为技术标准制定组织而言，标准实施得越顺利，标准采用者越多，标准所能带来的网络效应便愈加明显。所以，标准制定组织要尽可能完善自己的相关政策，以预防垄断行为发生。作为我国企业而言，熟悉国际技术标准化组织的相关政策，积极向国际化标准制定组织的知识产权政策和管理政策靠拢，这是推动我国制定的标准能够上升为国际标准的重要前提，还可以有效地阻止国内外专利权人对垄断行为的涉足。

第一节　基础路径：反垄断法对技术标准化垄断行为的规制

一、重视并完善经营者承诺制度

经营者承诺制度是各国反垄断执法中一项重要的和解制度，由于能够节约执法成本和提高执法效率，并实现反垄断执法目的，而备受各国反垄断法青睐。一般认为，经营者承诺制度是指在反垄断执法机构对涉嫌违法者进行调查期间，被调查的企业向执法机构做出一个承诺，通过该承诺消除涉嫌垄断行为可能对竞争带来的消极影响，而反垄断执法机构停止调查的制度。该制度最早起源于美国反托拉斯实践中司法部的"同意判决"和联邦贸易委员会的"同意令"。根据美国"同意判决"的实践，司法部在对垄断行为提起正式起诉之前，涉嫌违法者可以通过做出一定承诺与司法部达成反垄断和解，然后通过法院审查后发出"同意判决"。而在联邦贸易委员会的调查期间，涉嫌垄断者也可以通过做出一个承诺，若被接受后，联邦贸易委员会将会发布一个"同意令"。在欧盟，经营者承诺制度规定在《执行欧共体条约

第81条和82条竞争规则的第1/2003号条例》第9条。根据该条规定，欧共体委员会在调查期间，可以接受被调查者的承诺申请，在经过社会公示和利害关系人抗辩，以及"社会测试制度"、承诺咨询制度之后，由欧共体委员会决定是否接受其承诺，然后发布"承诺决定"。❶经过多年的司法实践，该制度在欧美反垄断执法中取得了很好的效果，如美国司法部处理的反托拉斯案件中有60%以上、欧盟有50%左右的非核心卡特尔案件以承诺的方式结案。❷ 我国在《反垄断法》第45条规定了该制度，并在发改委的《反价格垄断行政执法程序规定》和《工商行政管理机关查处垄断协议、滥用市场支配地位案件程序规定》中对该制度进行了细化。也有学者认为，《经营者集中审查办法》中规定的"附加限制性条件批准"的决定，本质上也是一种承诺决定。❸ 对此，笔者也表示赞成，因为经营者承诺制度其目的就是在垄断行为的危害还不是很严重的阶段，便积极地消除这些行为的影响，而附加限制性条件批准，也是希望通过这些附加性条件的承诺能够及时消除这些行为对竞争的危害，从而更好地维护垄断侵害者的利益，因而两者是同质的。

从我国实践来看，经营者承诺制度也不止一次出现。2011年发改委对中国联通、中国电信进行反垄断调查案，此后两家公司做出了整改承诺而中止调查。虽然后续再无相关执法信息发布，但是多认为这是经营者承诺制度在我国的首次出现。而使笔者认为该制度可以适用到技术标准化垄断的救济中，源于2013年我国发改委对美国交互数字集团提起的反垄断调查之后，该公司向发改委做出一系列消除涉嫌垄断行为的承诺，发改委最终于2014年5月22日做出了终止调查的决定。❹ 而在2014年4月8日商务部发布的

❶ 殷继国："论欧盟经营者承诺制度及其实践"，载《价格理论与实践》2013年第4期，第24页。
❷ 焦海涛："反垄断承诺制度适用的程序控制"，载《法学家》2013年第1期，第82页。
❸ 焦海涛："我国经营者承诺制度的适用与完善"，载《当代法学》2012年第2期，第120页。
❹ "发改委对美国IDC公司涉嫌价格垄断案中止调查"，载http://news.xinhuanet.com/2014-05/22/c_126533694.htm，2014年5月22日。

《关于附加限制性条件批准微软收购诺基亚》的公告中，诺基亚和微软也是做出了一系列承诺，包括在未来 8 年内对我国相关企业不实施不合理许可、不寻求禁令等行为的承诺。后面两起都是涉嫌技术标准垄断的案件，既然我国实践中已经采纳，说明这一制度在处理技术标准化垄断中也具有一定的优势。因而笔者认为，要解决技术标准化中垄断给竞争和消费者带来的消极影响，必须要重视运用经营者承诺制度并将其完善。

1. 经营者承诺适用于技术标准化垄断的优越性

就我国技术标准化垄断现状来看，如何通过细化反垄断实体规则（如分析各垄断行为的构成要件），对技术标准垄断行为"定罪"，将其认定为违法并给予反垄断惩罚，在一定程度上给予其威慑固然重要，但是更要侧重垄断行为发生之后的"救治"。"反垄断执法的目的在于规制违法的垄断行为，而非惩罚涉嫌企业，处罚仅仅是手段，而非目的。"● 我国企业主要面临国外企业利用技术标准实施的垄断，垄断行为一旦发生，我国企业便面临高额许可费、禁令、被排除市场的威胁，这些都直接影响到企业的发展甚至存亡。如果在垄断行为实施期间，涉嫌垄断者能够改过自新，自觉、及时、有效消除垄断行为的不良影响，那么将可以很好地解除我国企业的困境。或许给予涉嫌垄断者悔改的机会不如给予其处罚那么大快人心，但是在技术标准化中，我们更需要重视技术标准制定和实施的可持续发展，必须兼顾专利权人和实施者的利益均衡。笔者认为，能够在较短的时间内，解决专利权人与实施者的纠纷，保障标准实施者顺利采用标准，对专利权人和实施者都是双赢的，这才是首要问题。同时通过经营者承诺制度，涉嫌垄断者和被侵害者之间在将来也不会陷入旷日持久的诉讼中，所以，在现阶段，基于我国需要运用标准发展经济并谋求发展的角度考虑，经营者承诺制度适用于技术标准化中的垄断是非常有效益的，也是非常必要的。

2. 技术标准化垄断与经营者承诺适用范围

这是经营者承诺制度的适用范围问题。笔者认为，技术标准化垄断行为属于经营者承诺制度的适用范围。

● 盛杰民："完善反垄断实施之我见"，载《中国物价》2013 年第 12 期，第 16 页。

第一，从现有学者关于经营者承诺制度适用范围的观点来看。如学者介绍，美国的同意判决、同意命令、欧共体的承诺决定，基本适用于核心卡特尔之外的其他垄断行为。❶ 根据欧共体委员会 2010 年发布的《委员会关于适用〈欧共体条约〉101 条、102 条最佳程序实践的通知》，经营者承诺制度不适合那些就其性质而言应该施以罚款的行为。❷ 而根据欧盟的执法经验，固定价格、划分市场行为等严重卡特尔不宜采用经营者承诺制度。黄勇教授认为，"在中国承诺制度的适用范围应主要立足于垄断协议和滥用市场支配地位领域"。❸ 焦海涛博士认为，"违法性严重的案件、具有典型性的案件、非常复杂的案件、未进入调查程序的案件、执法机关已掌握垄断违法确切证据的案件排除在适用范围之外。"❹ 并提出，"理论上，不仅四大类垄断行为是否一概可以或者不可以适用承诺制度需要作具体分析，而且即便某类垄断行为可以适用承诺制度，在面对具体案件时也应慎重适用承诺制度。"❺ 这里其强调的应该是要结合垄断案件中的具体案情来分析是否可以适用承诺制度。无论是国外实践还是我国学者观点，均没有明确将技术标准化中的垄断行为排除在外。

第二，从我国反垄断立法来看。经营者承诺制度主要细化在发改委和工商总局发布的执法程序规定中，这两个规定主要是涉及垄断协议和滥用市场支配地位行为的执法工作，而我国技术标准化中的垄断行为都无外乎这两大类，并且也没有涉及非常严重的卡特尔，如固定价格、划分市场等行为。按照我国现有立法中对经营者承诺制度的粗放性规定，现阶段对技术标准化中垄断适用经营者承诺制度也是在其范围之内。

第三，从我国技术标准化垄断的表现形式来看。根据前文分析的技术标

---

❶ 焦海涛："我国经营者承诺制度的适用与完善"，载《当代法学》2012 年第 2 期，第 126 页。
❷ 黄勇、赵栋："经营者承诺制度研究"，载《价格理论与实践》2012 年第 2 期，第 12 页。
❸ 黄勇："经营者承诺制度的实施和展望"，载《中国工商管理研究》2008 年第 4 期，第 12 页。
❹❺ 焦海涛："反垄断法承诺制度的适用范围研究"，载《法商研究》2013 年第 2 期，第 83~84 页、第 87 页。

准化垄断的表现形式，以及根据我国《工商行政管理机关禁止滥用知识产权排除、限制竞争行为的规定（征求意见稿）》（2014）及《关于禁止滥用知识产权排除、限制竞争行为的规定》（2015）第13条来看，未来我国技术标准化垄断规制重点主要放在以下方面：标准专利权人的故意不披露、虚假承诺、不遵守FRAND许可承诺、拒绝许可、不公平许可、搭售、价格歧视等行为。这些都是专利权人希望借标准获得更多的许可费、滥用标准专利支配地位的行为，本质上并不是极端严重必须重罚的行为，并且现阶段更多的是涉及对国外专利权人的处理，重罚是否具有可实施性暂且不论，更重要的是要促使这些行为及时得到纠正，对被侵害人而言，获取的利益可能更多，而且可能确立一个良好的大竞争环境。例如，IDC对发改委的承诺便包含"不对我国企业收取歧视性的高价许可费、不将非标准必要专利与标准必要专利进行捆绑许可、不要求我国企业将专利向其进行免费反许可、不直接寻求通过诉讼方式迫使我国企业接受其不合理的许可条件等"。❶而在微软案中，微软和诺基亚也承诺将按照与华为谈判的条件与其他企业进行许可谈判，并且不会对我国所有手机企业收取超过FRAND许可费。从这两个承诺的内容来看，其积极效应是很明显的。首先，我国企业不需要再担心实施相关标准时被诉侵权，只要支付合理的许可费；其次，不用担心IDC、诺基亚将来漫天要价，为今后的许可谈判增加了一层保障；再次，也不需要单独就垄断行为与国外专利巨头开展漫长的诉讼，而这对我国的中小企业发展是极为有利的。如果没有这一制度，意味着即使国外专利巨头不对华为等大企业实施垄断行为，仍可能对不堪诉讼重负的中小企业进行垄断掠夺。因此，经营者承诺制度适用于技术标准化中垄断，将可以对更广、更基层的侵害人提供救济，整体上讲既可以为私人提供垄断救济，也保障了社会公众整体利益，这与反垄断法增进消费者福利的宗旨完全吻合。

3. 技术标准化垄断适用经营者承诺制度的具体程序

经营者承诺制度在我国毕竟还是一项新生制度，相关立法也较原则、粗

---

❶ "发改委对美国IDC公司涉嫌价格垄断案中止调查"，载 http://news.xinhuanet.com/2014-05/22/c_126533694.htm，2014年6月25日访问。

放，给执法者留下了极大的自由裁量权，以及也存在大量需要完善的地方。学者们多是建议需要从程序控制方面规范经营者承诺制度，以防止其变成执法机关滥用行政权的工具，以及损害涉嫌违法者利益，或者不能很好地保障社会公众的利益。具体的程序控制主要从申请、承诺、中止调查的做出、监督和违背承诺的处罚等方面进行讨论。在此，笔者认为，为了保障技术标准化中垄断行为在适用经营者承诺制度时遵循标准化垄断规制的基本指导思想，即兼顾专利权人和垄断被侵害者利益的均衡，有几个方面需要注意。

第一，中止调查申请的提起主体应放宽到反垄断执法机构。根据我国现有法律规定，只能由经营者提出中止调查申请，自行提出承诺的具体内容。笔者认为，技术标准化垄断在我国目前处于执法实践的初期，相关执法部门的执法经验也还不是很成熟，尤其是在技术标准化垄断行为认定的具体标准还不是非常明确的情况下（如前文对《工商行政管理机关禁止滥用知识产权排除、限制竞争行为的规定（征求意见稿）》第13条的分析），无法轻易地对一起技术标准化中的垄断做出精确的认定。同时鉴于国外专利权人所处的优势地位，一般也不大愿意主动退让，可以赋予反垄断执法机关在调查过程中主动提出和解的权利，由反垄断执法部门建议涉嫌垄断者做出纠正垄断行为的承诺。当然，这并不代表担心我国反垄断执法的执法无能，而是从成本和效率的角度考虑，并且，经营者承诺制度是一项和解制度，由谁提出并无太多的不妥。

第二，关于申请提出的时间。应为调查开始后不久，执法机构进行基本的调查，并形成初步调查意见之前。提出太早，反垄断执法机构都还没有了解基本违法事实，难以对垄断者的承诺内容做出客观评价，且事实上也不大可能，垄断者也很少有在调查一开始的时候便提出的，所以，重要的是要限制最晚时间。笔者认为，最晚不能超过反垄断执法机构已经掌握全部的违法事实的证据之前。这与民事诉讼程序中的和解制度有所不同，民事和解可以在诉讼中的任何阶段做出，只要对方予以接受，但是一般的民事诉讼和解只是涉及当事人私人的利益，反垄断执法毕竟是公共执法行为，承诺做出时间太晚，不能体现承诺制度的优越性。

第三，建立承诺做出后的公示制度以及听证制度。技术标准化中垄断行为的实施，不仅损害某一个人的利益，也同时会损害到其他利益相关者乃至社会公众的利益。因此，涉嫌垄断者做出的承诺必须在公开网站上公布，并向社会征求意见，特别是征求标准实施利害关系人的意见。意见征求之后，还需要举行听证会，以全面评价该承诺意见的竞争效果。而这一程序不仅保证了经营者承诺制度的公正，也可以很好地保障垄断行为相关利益者的整体利益。同时，对于将来可能出现的国内标准化组织中专利权人的垄断行为，也可以防止反垄断执法机关在执法过程中的不公正行为。因为在强大的行政执法力量面前，涉嫌垄断者相对处于较弱势的地位。

第四，明确承诺内容的审查标准。经营者承诺制度旨在提前消除垄断行为带来的竞争危害，根据我国反垄断法相关规定，将从行为性质、持续时间、后果及社会影响来评价该承诺的效果，然后决定是否中止调查。笔者认为，其根本标准仍应为评估该项措施是否能够消除对竞争的排除、限制影响。

第五，逐渐建立执法机构与涉嫌垄断者的协商制度。根据现有规定，我国的经营者承诺制度都是由涉嫌垄断者自行提出，然后由执法部门根据承诺的具体内容，自行决定下一步的处理方案。基本上就是反垄断执法机构处于主动地位，虽然这能充分保证其执法的权威性，但使得涉嫌违法者处于非常被动的地位，这对技术标准化垄断中的和平解决是极为不利的。因为技术标准化垄断不仅破坏竞争，也阻碍标准的顺利推进，而在此过程中还必须考虑到专利权人的激励机制，不同主体实施垄断行为的成本、后果也是不同的。因此，为了使该承诺能适应中国本土问题，在承诺做出期间，还需要加强反垄断执法机构和涉嫌违法者之间的协商。

第六，加强对涉嫌垄断经营者承诺的监督。对经营者承诺进行必要监督至关重要。目前配套规定中只规定工商总局和发改委的监督权。笔者认为，仅仅依靠反垄断执法机构的监督是不够的。一方面，反垄断执法机构在接受承诺之后，可能会放松对垄断者的管制；另一方面，我国反垄断执法力量本身不够，处理反垄断案件都应接不暇，又哪有多余的力量来实施监督呢？在经营者承诺制度中，监督承诺的顺利实施，是保障经营者承诺制度目的实现，实现各方利益的最终保证，因此，必须予以重视。有学者提出，可借鉴美国微软反垄断和解案中，成立独立的技术监督委员会，分别由司法部和微软公司各推举一名，再由推举的两人来推举第三人。❶ 笔者认为，在技术标准化垄断中可以适用。而且，在技术标准化垄断中，可能还存在第三方被侵害人，因此，可以由垄断者、反垄断执法机构、垄断侵害者共同组成一个监督机构。除此之外，充分发挥行业监督和公众监督的作用。技术标准化活动涉及社会公共利益，即便一般公众不会关注，但是该技术标准的实施会涉某一个行业内的竞争秩序，以及影响整个行业的发展，可以充分发挥行业协会（当然行业协会本身涉嫌反垄断违法的除外）和该行业内的相关企业对该承诺的实行情况进行监督，并将违法承诺的行为及时反馈给反垄断执法机构。

第七，违反承诺的法律责任。经营者承诺制度旨在提前消除垄断行为对竞争的影响，但是若一些垄断者不能很好地执行承诺中规定的措施，非但不能消除对竞争的影响，其危害可能是更大的。因此，有必要对其设置违反承诺的法律责任。目前，我国只是规定违反承诺由执法机构恢复调查，并没有对违反承诺行为进行惩治，这极不利于经营者承诺制度的实施。目前，国外可供借鉴的措施有加重处罚、声誉罚，前者是通过惩罚性的罚款对违法者形成威慑，后者是在将来的涉嫌垄断者的违法行为中不再接受其承诺，并向社会予以公布。欧盟针对微软公司违反其 2009 年向欧委会的承诺的严重行为，开出了 7.32 亿欧元的罚单，这也是欧委会对首例违反经营者承诺的行为开出的罚单，委员会在确定罚款标准的时候，考虑了该违反承诺行为的严重程度、持续时间、罚款要确保该处罚具有足够的威慑力等因素，而微软在调查中的积极配合以及提供信息以帮助委员会有效调查，将成为减轻处罚的考虑因素，❷ 并且欧盟委员会还根据持续的时间采取了"日罚款"制度。如学者所言，"欧盟委员会需要借助向微软

---

❶ 叶兵兵："我国反垄断法经营者承诺制度适用问题探析"，载《中国价格监督与反垄断》2014 年第 3 期，第 46 页。

❷ Joaquín Almunia, Statement by VP Almunia on Microsoft, http：//europa. eu/rapid/press -release_ SPEECH-13-192_ en. htm.

的重罚来警告其他公司，如果不遵守和解协议，它们就将付出惨重的代价"。❶ 对于经营者承诺及其处罚措施的整体评价，我们可以引用欧盟委员会负责竞争政策副主席阿尔穆尼亚（Joaquín Almunia）的话，"承诺决定是欧盟反垄断执法中一个重要的执法制度。这种决定是一种能够快速地解决反垄断问题的很好的途径，因为其避免了漫长的诉讼，在快速变化的市场，例如 IT 部门，这种制度是特别有用的，可以使得我们更容易为消费者获得切实的利益。"❷鉴于此，我国也必须设置违反承诺的处罚措施，这样才能实现技术标准化中适用该制度的最佳效果。

二、构建必要设施理论与强制许可制度的衔接机制

1. 建立必要设施理论与强制许可制度的衔接机制的意义

《关于禁止滥用知识产权排除、限制竞争行为的规定》（2015）第 7 条规定："具有市场支配地位的经营者没有正当理由，不得在其知识产权构成生产经营活动必需设施的情况下，拒绝许可其他经营者以合理条件使用该知识产权，排除、限制竞争。"技术标准化中专利权人的拒绝许可行为毫无疑问是知识产权拒绝许可的典型表现，那么在进行违法判定时，该条成为最重要的法律依据。然而，如之前笔者的观点，技术标准化中垄断行为，尤其是标准专利权人拒绝许可行为，导致的直接结果便是标准的不能实施，被拒绝许可的经营者无法进入市场竞争，所以，仅仅是认定其构成反垄断违法而给予处罚，并不能完全消除我国技术标准化垄断造成的不良后果。因此，为了真正消除该行为的不良影响，还需要与强制许可制度衔接。通过强制许可制度，专利权人将获得专利技术的使用权从而进入市场。关于强制许可的制度，主要规定在我国《专利法》第48 条（2），"专利权人行使专利权的行为被依法认定为垄断行为时，为消除或者减少该行为对竞争产生的不利影响的，国务院专利行政部门根据具备实施条件的单位或者个人的申请，可以给予发明专利或者实用新型专利的强制许可"。从该条可以看出，如果专利权

---

❶❷　"欧盟对微软开出 7.32 亿美元罚单，不会对处罚上诉"，载 http：//tech. ifeng. com/internet/detail_ 2013_ 03/07/22814541_ 0.shtml.

人的拒绝许可行为被认定为垄断违法之后，便可以申请强制许可，其目的是减少对竞争的不良影响。因此，在笔者来看，《关于禁止滥用知识产权排除、限制竞争行为的规定》第 7 条的必要设施理论是认定反垄断违法的关键，而《专利法》第 48 条是保证第 7 条真正实现消除竞争影响的进一步措施，只有两种制度紧密结合，才能够保证技术标准化活动的顺利进行。因此，需要建立必要设施理论与强制许可制度衔接机制。

2.《关于禁止滥用知识产权排除、限制竞争行为的规定》第 7 条与《专利法》第 48 条的具体衔接

拒绝许可行为的最大危害是直接将市场竞争者排除在市场之外，从而维持标准专利权人的垄断地位，为其实施进一步的垄断如过高定价、歧视定价等行为提供便利。所以，让市场竞争者顺利进入市场，将有效地减弱标准专利权人的垄断力。基于此，针对标准专利权人的垄断行为，我们分两步来解决。

（1）根据《关于禁止滥用知识产权排除、限制竞争行为的规定》第 7 条来认定拒绝许可是否构成垄断行为。首先，判定市场支配力。如果标准专利权人持有的是必要专利，而该项标准在市场上又是唯一的或者占据重要市场份额，那么他所持有的必要专利构成一个独立的许可市场，该专利权人便具有市场支配地位，在该市场上，标准必要专利拥有 100% 的市场份额。其次，判定标准必要专利是否是"关键设施"。根据《关于禁止滥用知识产权排除、限制竞争行为的规定》第 7 条第 2 款，分析思路如下：第一，被许可人无法在市场上获得合理的替代品，而且是被许可人参与标准产品市场所必不可少的。第二，标准必要专利权人的拒绝许可将会导致被许可人无法进入市场竞争，从而阻碍相关市场上的竞争；许可必要专利是标准制定和实施的必要程序，专利权人愿意将专利纳入标准，便已经可以预见到这一行为，如果将会对经营者造成合理损害，在标准制定之时，便可以放弃纳入标准。那么，从反面推测，许可该专利不会对经营者造成不合理的损害。综上，标准必要专利对标准实施者是必不可少的，构成"生产经营必需设备"。再次，该专利权人拒绝许可是否有正当理由，例如，被许可人愿意给出的许可条件

过低，或者许可会破坏专利的进一步创新，或者其他企业使用该专利不经济等。如果没有，综上根据《关于禁止滥用知识产权排除、限制竞争行为的规定》第 7 条第 2 款规定，可以判定其构成反垄断违法。

（2）与《专利法》第 48 条的衔接。根据第 48 条，拒绝许可行为被认定为反垄断违法后，被许可人可以申请强制许可。之所以必须要与《专利法》第 48 条对接起来，是因为对于被许可人而言，只有在获得强制许可之后，标准必要专利被许可人才可以不用担心在愿意支付合理许可费的条件下，不会被诉侵权，这将可以真正消除被许可人进入市场的威胁。"只有将专利强制许可制度建立在合理界限的基础设施之上，通过竞争法和知识产权执法机构联合实施，防止专利权人拒绝许可给要求以合理条件使用的其他竞争者，扩大市场支配力量而垄断相邻市场，以维护市场竞争。"❶

3. 增强"强制许可"制度的可操作性的建议

如前所析，我国专利法中的强制许可制度存在可操作性困难的问题，无法有效解决技术标准化垄断带来的消极影响。因此，增强"强制许可制度"的可操作性，如何让强制许可制度切实解决我国企业现在面临的问题，是一个难题。笔者认为，可以从以下几个方面改进。

第一，确立市场监督管理总局为确认标准专利权人拒绝许可行为违法的唯一机关，以提高反垄断违法认定决定的权威性，为国家专利行政机关发布强制许可决定做好铺垫。专利法规定"专利权人行使专利权的行为被依法认定为垄断行为"，根据现有反垄断违法认定的模式，有行政执法和司法诉讼两种方式。前者是由反垄断执法机构开展反垄断调查之后，做出反垄断违法的决定。后者是根据《最高人民法院审理因垄断行为引发的民事纠纷案件的规定》，受垄断行为侵害的经营者可以提起反垄断民事诉讼，由法院做出反垄断违法的判决。拒绝许可属于典型的滥用市场支配地位的行为，根据《工商行政管理机关查处垄断协议、滥用市场支配地位案件程序规定》第 3 条的规定，"工商总局及其授权的省级工商行政管理局都可以查处并做出处罚"，

---

❶ 彭志刚：《知识产权拒绝许可反垄断法律问题研究》，法律出版社 2011 年版，第 211 页。

但根据第 23 条第 2 款，"省许级工商管理机关在做出决定前应当向工商总局报告"。因此，依据行政执法模式做出的构成垄断的决定，由于工商总局的层级较高，鉴于其执法经验相对丰富，且与国家专利局是平级行政机构，该裁决具有较高的权威性，可以直接依据该裁决申请强制许可。而根据 2018 年国务院机构改革的有关规定，撤销工商总局，工商总局的部分职能收归市场监督管理总局，因此，将市场监督管理总局确立为认定标准专利权人拒绝行为违法的机关较为合适。

但是，反垄断民事诉讼由省、自治区、直辖市人民政府所在地的市、计划单列市中级人民法院以及最高人民法院指定的中级人民法院管辖，那么能否依据这些法院做出的拒绝许可违法判决请求专利行政机关强制许可？笔者认为，强制许可是对知识产权人权利的限制，如果限制范围过广，便会影响到专利权人的创新报酬和激励影响，所以强制许可也必须要注重专利权人的利益，尤其是由于垄断行为认定错误而实施强制许可，将会极大地打击专利权人的创新积极性。因此，对于垄断行为违法性的认定必须慎重。对于人民法院做出的垄断违法裁决，如果需要进一步申请强制许可，必须要请市场监督管理总局复审，以确保违法认定的正确性。同时，保证垄断行为认定机构的权威性和统一性，否则，若各个法院做出的裁决都可以申请强制许可，可能会影响专利权人的合法利益，进而影响整个社会利益。此外，对于反垄断执法机关做出的强制许可决定不服的，应赋予涉嫌违法者提起复议的权利。

第二，通过知识产权领域的国际条约或双边协定加强国际合作，请求境外的专利行政机关对境外的违法专利权人的拒绝许可行为实施专利强制许可。目前在技术标准化大战中，多数为我国企业惨遭国外专利巨头的垄断侵害，国外专利巨头动辄拒绝许可或者以此为要挟，索要高额的许可费，如果国内企业不予理睬，又会遭遇侵权指控。虽然我国反垄断法出台了知识产权领域反垄断执法，也规定了强制许可制度，但是专利法上的强制许可是一种公共执法，而且仅在一国国内有效，针对国内企业借标准实施的拒绝许可行为，尚且可以通过中国专利局发布强制许可。但是如果是国外的专利巨头拒绝许可，我国的专利局又如何采取强制许可的途径呢？这便是强制许可制度在面对国外知识产权垄断者时遇到的最大瓶颈。笔者认为，要突破这一瓶颈，途径有两种。其一是通过国际合作，请求境外的专利机构发布强制许可，这样我国企业不用担心使用这些专利生产产品销售到国外会被诉侵权或者被扣押。当然，这是一种较理想的状态，其前提是我国专利局需要与多国专利局建立协作关系。其二是借助反垄断执法机构的高额罚款，迫使国外专利权人自动许可其专利。在现阶段，估计我国与国外的行政执法协作并不是很完善，而欧美发达国家也非常重视对专利权人的保护，不会轻易发布强制许可。所以，如果不能得到有效的行政执法的协助，那么只能通过国内现有反垄断执法措施，如采用重罚的方式，迫使其自动给予许可，或者通过上述的经营者承诺制度，允许其自行消除拒绝许可的不良影响，以求能解决强制许可制度对国外专利权人无法适用的困境。

第三，对于专利权人拒绝许可行为实施强制许可，在强制许可决定发布后，被拒绝的许可人仍然需要支付合理的许可费。还要强调一点，发布强制许可的目的是可以消除或减少该行为对竞争产生的不利影响，如果不能达到这一目标，则不宜发布强制许可。

三、建立标准必要专利权人滥用支配地位的"安全港"制度

在《关于禁止滥用知识产权排除、限制竞争行为的规定》中，第 13 条将成为规制技术标准中垄断行为的最直接的法律依据。如前所述，该条虽然详细列举了两类垄断行为，但是范围依然过窄，而且条文中具体规定还有待改善。该条第（2）款还特别强调了标准必要专利权人许可专利中的垄断行为，为了使该条更具有可操作性，建议在我国建立标准必要专利权人滥用支配地位的"安全港"制度和确定 FRAND 许可费的第三方仲裁制度。

1. 《关于禁止滥用知识产权排除、限制竞争行为的规定》第 13 条的具体认定

《关于禁止滥用知识产权排除、限制竞争行为的规定》第 13 条第 2 款（1）规定："在参与标准制定的过程中，故意不向标准制定组织披露其权利信息，或者明确放弃其权利，但是在某项标准涉及该专利后却对该标准的实施者主张其专利权利。"

第一，披露的前提条件要更加细化。条文中只规定"在参与标准制定的过程中，故意不向标准制定组织披露其权利信息"，笔者认为，经过前文讨论，专利权人未披露"专利申请"也应在之列。因为专利申请期是漫长的，如果仅仅认可"未披露专利"的情形，将会导致在标准制定时，大量待授权的专利申请被纳入标准中，一方面，此时专利权人不自行披露，他人很难察觉；另一方面，专利申请被隐瞒，事后却被批准，此时对标准专利权人的行为可能无计可施。而根据马海生博士对 29 家国际标准化组织的披露政策进行的调查，有 12 个组织是明确要求披露专利申请，还有 3 个组织是特定条件下要求披露"专利申请"。❶ 美国著名的 Unocal、Rambus 案中都有涉及"未决专利"，这些案件中争议产生的根源在于不仅相关标准化组织没有做明确的规定，也没有专门针对技术标准中垄断行为的法律。既然我国现在制定了明确的法律，那么还是应该将"不披露专利申请"也包括在内，就目前来看，不披露专利申请可能引发的垄断更为严重。

第二，关于"故意"的认定，思路有两种。一种思路；正向认定。由原告提供证据证明，被告未披露是主观恶意，比如证明标准制定组织明确要求必须要披露，而且披露的范围也限定为与标准有关的所有信息，有些组织甚至限定了披露的时间，那么专利权人仍然不予披露，则是明显的故意。但是如果标准化组织没有明确的规定，要证明没有披露是否故意可能就比较困难了，因此要视标准化组织的具体知识产权政策而定。所以，正向认定"故意"受到标准制定组织政策的影响较大，而且原告的举证责任较重。另一种思路：举证责任倒置。由被告提供证据证明，其"未披露的行为"不是"故意"的，如果其不能证明，便推定其为故意。笔者认为，采取举证责任倒置对于未披露行为的"故意"认定更加有效。反垄断案件中，被侵害的一方当事人地位本身很弱，而且垄断行为有时都是隐秘的，原告取证本身困难。再者，我国《反垄断民事诉讼司法解释》也规定了举证责任倒置制度，所以，在技术标准垄断的反垄断行政执法中也可以采取该制度。

---

❶ 马海生：《专利许可的原则——公平、合理、无歧视许可研究》，法律出版社 2010 年版，第 98~103 页。

2. 建立标准必要专利被许可人"安全港"制度与 FRAND 许可费第三方仲裁制度

第 13 条第 2 款是关于"标准必要专利权人在违反 FRAND 义务的情况下，实施拒绝许可和不公平许可行为"的规定。之前本书在讨论拒绝许可行为时，就总结出技术标准化中专利权人的拒绝许可其本意并不是一定要排挤竞争者，大多数情况下是双方对许可费的标准存在不一致，专利权人认为自己是根据 FRAND 原则实施许可费，但是被许可人认为该价格过高，所以也就会出现该款中的"拒绝其他经营者以合理的条件实施该专利"。其症结在于无法确定其他经营者是否以合理的条件实施，或者无法判定什么样的许可费。那么，在专利权人对许可费不满意的情况下，如何限制其行使专利权利，如拒绝许可或者发起侵权诉讼，或者如何限制双方达成合理的许可费？这就要通过一个机制来判定何为公平、合理且双方能接受的许可费。笔者认为，可以借鉴美国 FTC v. Google 案和欧盟委员会对摩托罗拉、三星滥用标准必要专利支配地位的两个决定中的观点，在我国建立标准必要专利权人滥用支配地位的"安全港"制度和确定 FRAND 许可费的第三方仲裁制度。

其一，上述几个案件中确立的标准必要专利权人滥用支配地位的"安全港"制度，是指如果标准必要专利权人事前做出了 FRAND 承诺，而被许可人愿意按照公平、合理的价格支付许可费，那么标准必要专利权人便不可以诉求禁令。从此处可见，禁令限制的前提条件有 3 个：标准必要专利权，FRAND 承诺，被许可人愿意以合理的条件支付专利使用费。这些前提条件与我国《关于禁止滥用知识产权排除、限制竞争行为的规定》第 13 条（2）中的前半句规定非常类似。笔者认为，该法条要表达的意思的重点是：如果被许可人是非常有诚意的，那么标准必要专利权人便不能轻易拒绝许可。言下之意，"被许可人如果被认为是愿意合理支付许可费"，那么专利权人实施拒绝许可便是违法的，反之，专利权人便是"安全的"；接着重点就是要判定在何种情况下"经营者/被许可人愿意以合理的条件实施"，即为类似欧美判例中的"有意愿的被许可人"，我们可以参照前文中国外的一些判定经验。首先，被许可人积极主动与标准必要专利权人协商，主动提出许可价格，或者就专利权人给出的许可价格积极与其谈判，并陈述自己不能接受该许可费的原因及相关证据，以表明自己不接受该许可条件是有正当理由的；其次，被许可人在其提出的许可要约中，清楚表明如果双方最终仍不能就FRAND 许可费达成一致，愿意将双方之间的 FRAND 争议递交给第三种仲裁机构决定；最后，反之，如果被许可人消极谈判甚至拖延许可谈判，可认定其是无许可意愿的。

其二，建立 FRAND 许可费的第三方仲裁制度。《关于禁止滥用知识产权排除、限制竞争行为的规定》第 13 条第 2 款提到 FRAND 下的公平、合理的许可费，但是并没有提出，如何判定公平合理许可费的标准，以及由谁来判定的解决办法。如果根据该条文的字面意思，理所当然就是由反垄断执法机构来认定其他经营者给出的条件是否合理，或者专利权人给出的价格是否不合理。笔者认为，我国反垄断执法机构在对垄断行为的经济分析方面并不擅长，也不一定熟悉每一行业内产品的成本价格，技术标准中专利许可费涉及技术的前期投入成本、研发成本、转化成本等，必须对该行业内技术的成本构成有清楚的了解。所以，建议在标准制定组织之下设定一个仲裁机构，专门处理标准中专利许可费的争议。相比之下，标准化组织下的专门的仲裁机构将集结该领域内的技术专家、经济专家、法律专家，做出的裁决可能更加客观真实。此外，仲裁制度本身就是一种自治性很强的制度，它是在双方自愿选择的情形下做出裁决，更便于当事人的接受。试想一下，一种是由反垄断执法机构做出许可费的裁决，一种是专利权人和被许可人自行选择的仲裁程序裁决的许可费，很明显，专利权人对后者更易于接受，这样也有利于纠纷的解决。

笔者认为，技术标准化中专利权人和被许可人之间的大多数垄断问题，都是源于 FRAND 许可费的判定。通过仲裁制度来解决 FRAND 许可费争议，较其他方式更容易让双方当事人接受。同时，鉴于一般的仲裁机构并不熟悉技术标准内技术的成本结构、临时聘用相关专家成本高昂，建议由标准制定机构设置专门的仲裁程序，以更有效解决标准专利许可费问题。因此，建议在第 13 条第 2 款中规定，若双方发生许可费纠纷时，应采用第三方仲裁制度。

四、强化反垄断法域外适用制度

反垄断法的域外适用是指，一国反垄断法在国外的效力问题，即是否可以对一国领域外的垄断行为实行管辖权。根据我国《反垄断法》第 2 条规定，"中华人民共和国境内经济活动中的垄断行为，适用本法；中华人民共和国境外的垄断行为，对境内市场竞争产生排除限制影响的适用本法"。这一条便明确确立了，国外企业在境外的垄断行为只要对我国国内市场竞争产生限制影响，我国法院仍可以管辖。反垄断域外效力最早是在美国的铝公司案❶中确立的，通过该案美国确立了反垄断域外适用的"效果原则"。"即使是发生在本国领域外的垄断行为，只要该行为对本国产生了限制竞争的某种程度的效果时，即可域外适用本国反垄断法。"❷ 效果原则由于极大地侵犯了他国的管辖权，具有"霸权主义"倾向，因而受到很多国家的反对，因此美国在 1976 年通过廷布莱因木材公司诉美洲银行（Timberlane Lumber Co. vs. Bank of America）案❸将"效果"诠释为"直接的、重大的和可预见的，而且在个案中还应当考虑相关因素"，主审的乔伊法官还列举了判断效果需考虑的因素，❹ 从而确立了域外适用的"合理管辖原则"。尽管美国"效果原则"及其改进的"合理管辖原则"仍然争议不断，但是世界上其他地方的反垄断法也纷纷在其反垄断法中确立了反垄断法的域外效力。"欧盟关于域外适用的原则主要有效果原则、履行地原则、单一经济实体原则。"❺ 欧盟对效果原则规定在其第 4064/ 89 号规则中。其规定："只要共同体市场外所为的行为对共同体成员国间的贸易产生影响，就可以适用欧盟反垄断法"。❻ "履行地原则是指虽然协议的达成地点在欧盟

❶ United States v. Aluminum Co. of America，148 F. 2d 416，443（2d Cir. 1945）.
❷ 王晓晔："美国反垄断法域外适用析评"，载《安徽大学法律评论》，安徽大学出版社 2002 年版，第 244 页。
❸ Timberlane Lumber Co. v. Bank of America，549 F. 2d 597（9th cir. 1976）.
❹ 王中美："美国反托拉斯法域外管辖权研究"，载《美国研究》2007 年第 4 期，第60页。
❺ 沈吉利、胡玉婷："美欧反垄断法的域外适用及其启示"，载《现代国际关系》2003 年第 6 期，第 50 页。
❻ 梁慧星：《民商法论丛（第 9 卷）》，法律出版社 1998 年版，第 779~799 页。

领域外，只要其履行地点在欧盟领域内，就可以适用反垄断法。"❶ 而单一经济体原则是指跨国公司的子公司在欧盟领域内，只要该子公司存在垄断行为，那么应将该子公司及其母公司视为一个经济体，欧盟反垄断法都可以适用。欧盟委员会对这几个原则视具体案情而采用，但用得最多的还是效果原则。根据上述介绍，可知我国也是采纳了效果原则，但是有很多学者提出，"我国反垄断法规定的效果原则过于笼统，应该根据不同的情形适用不同的原则，并归纳了分别适用履行地原则、单一经济体原则、合理管辖原则的情形"。❷ 笔者赞同这种观点，并尝试运用这种观点来处理技术标准化中垄断的域外适用问题。

1. 强化反垄断法域外适用效力是应对技术标准化国外垄断的必要

世界贸易一体化的发展，使得全球经济变成一个共同体。在国际贸易中，我国企业不得不采纳发达国家的标准化组织制定的先进标准，因此也就出现了技术标准垄断问题。目前，我国企业面临的技术标准垄断的重点主要是国外企业对我国企业实施的垄断，既包括国外企业到我国领土上索要许可费等垄断行为，也包括我国企业产品出口到国外，从而被国外企业提起侵权控诉以及寻求禁令，甚至还出现被没收、扣押等行为。这些都极大地打击了我国企业对外贸易的积极性，以及对我国国内产业造成严重的影响。就我国反垄断法的立法和执法来看，现有反垄断法将为外国企业在我国境内对我国企业实施垄断提供较充分的救济，我国的执法经验也在不断丰富，华为诉IDC案就是很好的例证。但是，如果国外企业在国外对我国出口的产品进行诉讼、拦截，并进一步实施垄断，那么我国企业能否向我国的反垄断法寻求救济，这便需要反垄断域外适用。随着国际贸易的发展，国际技术标准专利许可的矛盾也会不断升级，因此，强化我国反垄断法的域外效力，对于境外企业在国外对我国企业实施垄断侵害具有一定的威慑作用。

---

❶ 沈吉利、胡玉婷："美欧反垄断法的域外适用及其启示"，载《现代国际关系》2003年第6期，第50页。

❷ 沈吉利、胡玉婷："美欧反垄断法的域外适用及其启示"，载《现代国际关系》2003年第6期，第53页。

2. 反垄断域外适用原则在技术标准化垄断中的具体适用

"法律的生命不在于逻辑，而在于经验。"❶ 我国应充分借鉴国外成熟的经验，对技术标准垄断行为适用不同的原则。首先以效果原则为一般原则，其适用标准是判定技术标准中的垄断行为是否会对国内市场造成限制竞争的影响。例如，专利权人是国外企业，标准化组织也是境外的标准化组织，国外企业在标准制定过程中存在未披露或虚假承诺的行为，却对我国出口产品到国外的企业，在国外主张专利费或者寻求禁令。此种情况下，虽然实施垄断行为的专利权人是外国公司，但是该行为会对国内的竞争造成实质性的影响，因此，可考虑适用效果原则。再如，两家均在国外注册的公司合并，合并的主要内容涉及标准必要专利的转移，此合并若会影响到执行该标准的国内企业间的竞争，我国可以适用反垄断法进行规制。最典型的是微软和诺基亚的经营者集中案，之所以要接受我国商务部的审查，原因也是如此。因为该合并可能会对国内智能手机行业的竞争造成不良影响，商务部在经营者集中案中也是采用了效果原则。"单一经济体原则"主要是适用于一些通过国内子公司实施垄断的跨国公司。在国际技术标准中，很多专利权人是一些跨国性的公司，其自己本身不参与专利许可，而是将其专利授权或转移给其在境内的子公司实施，对于子公司所实施的限制竞争的行为，我国反垄断法执法机构便可以根据"经济一体化"原则对其国内外的母子公司一并实行反垄断规制，这种情形在前文所述的专利主张实体模式下更为常见。通过专利主张实体的运营模式，境外的专利权人并不会直接对境内企业实施垄断行为，如果没有规定反垄断域外效力，可能对其便无计可施。域外适用在一定程度上将会影响到其他国家的管辖权。因此，反垄断法在这方面的规定一定要符合国际上的通行原则和惯常做法，做到有理、有利、有节。❷

3. 建立我国与其他国家的反垄断执法合作机制

反垄断法的域外适用在本质上涉及另一国的管辖权。根据国际民事诉讼

---

❶ ［美］霍姆斯著，明辉译：《法律的生命在于经验——霍姆斯法学文集》，清华大学出版社 2007 年版，第 82 页。

❷ 漆多俊："中国反垄断立法问题研究"，载《法学评论》1997 年第 4 期，第 58 页。

法的管辖权原则，有属地管辖原则、属人管辖原则、专属管辖原则等。因此，对同一个垄断行为，可能几个国家都有管辖权，因而反垄断的域外适用其必然结果是导致国家之间管辖权的冲突。因此，我国反垄断执法机构要对境外的垄断行为实施管辖，就需要依靠国外政府相关机构的协助，例如，调查取证、互通信息等，否则反垄断的域外适用只是纸上谈兵。美国和欧盟于1991 年 9 月签订的《反垄断法执行的合作协定》可以说是迄今最引人注目的双边合作协定。❶ 目前，美国与德国、澳大利亚、欧盟、加拿大、巴西、以色列、日本、墨西哥、俄罗斯等许多国家和地区签订了双边合作协议。❷ 截至2013 年 7 月，我国已经与欧盟竞争执法机构、俄罗斯联邦反垄断局、巴西、韩国等 12 个国家签订了竞争执法领域的合作谅解备忘录，就反垄断执法展开合作。❸ 这标示着我国已经开始重视发挥反垄断法对域外垄断的规制，也是在新经济形势下，应对新兴的国际垄断的必然选择，这将为我国企业在未来的国际贸易中遭遇垄断侵害提供更加有效的帮助。而对于国际技术标准化领域中的垄断行为，更需要我国逐步推进这种合作，目前来看，与美国建立反垄断执法的合作关系将是未来的工作重心。

第二节　辅助路径：专利法与标准化法对技术标准化垄断行为的规制

一、建立禁止专利权滥用制度

1. 专利权滥用

（1）专利权滥用学说的含义及本质。

专利权滥用是指专利权人对专利的行使超出了其合法的权利范围。专利

---

❶　王晓晔：《欧共体竞争法》，中国法制出版社 2001 年版，第 469 页。

❷　刘彤："美国反垄断法域外适用的价值取向及对中国立法的思考"，载《北京工商大学学报（社会科学版）》2010 年第 5 期，第 105 页。

❸　"我国已与 12 个国家地区签反垄断合作协议"，载 http：//www.legaldaily.com.cn/index/content/2013-07/29/content_ 4708963. htm？node＝20908，2013 年 7 月 29 日。

权是法律赋予发明创造者的一种合法的垄断权，其目的是对专利权人的创新赋予足够的回报，如果专利权人行使权利时，存在不正当利用的情形，从而超过专利权合法的范围，所获得的价值超过该专利所能给社会带来的价值，则构成专利权滥用。专利权滥用最早出现在衡平法中，任何人未经专利权人同意，擅自使用其技术便构成侵权。但是，当专利权人提起侵权诉讼时，衡平法上认为，其前提应该是该权利人在专利行使中没有不正当的行为，如果其本身是不正当利用了该权利，便构成"不洁净"的手，被诉侵权人可以以此提出抗辩。❶ 因此，专利权滥用是一种抗辩理由，其效果是暂时中止专利权的不正当行使，待专利权滥用行为彻底放弃以及滥用的影响彻底消除后，专利权人仍然可以行使其专利。因此，其本质是阻碍不当专利权人的继续实施，但是并不针对专利权行使涉嫌垄断的行为的指控，"在程序上，专利权滥用被认为是对一项专利侵权指控的正面抗辩，而违反反垄断法被认为是被控侵权者提出的反诉"。❷

国内学者对专利权滥用含义的界定主要有两种学说：一种是"超越界限说"，其代表者王先林教授认为，"专利权滥用是指专利权所有人或被授予专利权人超出了法律所允许的范围或正当的界限，损害他人利益或社会公共利益的情形"。❸ 另一种是"违反权利本旨说"，其代表者认为，"专利权人滥用是指专利权人在行使专利权过程中，违背了专利权创制的社会目的或精神，不正当损害社会利益和他人利益的行为"。❹ 前者是从专利权制度设置限制出发，专利权虽是一种垄断权，但专利法对其在时间、地域、权利范围上都设置了限制，专利权人只能在此范围之内实施权利，后者侧重的是专利制度的本身意义。社会进步需要技术创新，技术发明创造出来，很容易形成"公地悲剧"，为了维持发明创造者的持续创新的动力，需要授予专利权人在一定时期内的专有权。然而，技术创新在根本上也是为了增进社会整体福利，则不能无限制地让专利权人享有这种专有权，其在行使专有权的时候，

---

❶　United States Gypsum Co. v. National Gypsum Co.，352 U.S.457，465（1957）.

❷　[美] 贾尼丝·M.米勒：《专利法概论》，中信出版社 2003 年版，第 288 页。

❸　王先林：《知识产权滥用及其法律规制》，中国法制出版社 2008 年版，第 197 页。

❹　吴广海：《专利权行使的反垄断法规制》，知识产权出版社 2012 年版，第 28 页。

不能与社会利益和他人合法利益相抵触，否则专利权本身的意义便不存在。所以，任何人都可以就不正当的专利行使行为提出抗辩。笔者认为，这两种学说在本质上是一致的，即要保证专利权人的个人利益与社会利益的平衡。如冯晓青教授所言，"专利制度的实质在于专利权这种私权的保护和包括专利权人的竞争者在内的社会公众对以专利为基础的知识和信息接近的利益平衡。"❶ 因此，需要对这一权利做出适当限制。而在技术标准实施中，因为标准的准公共性、标准对社会的重大影响，标准中专利权人身上所肩负的社会责任更重，自然决定标准中专利权人在行使权利时，不能产生阻碍标准实施的影响。因此，技术标准中的专利权滥用是指标准专利权人在实施专利权时，超出了专利权的正当范围，损害了标准的实施，从而损害了技术的传播和经济的创新。如果存在这种情形，标准的实施者可以提出专利权滥用抗辩。标准化中滥用专利权的行为很多，刘淑华教授将其归纳为"标准专利行使中可能涉及的滥用行为有拒绝许可、不合理的专利许可使用费、捆绑销售、欺诈、乱发专利侵权警告"。❷ 笔者认为，前文所述的标准实施过程中的垄断行为以及专利转移行为都可能涉及专利权滥用。

（2）专利权滥用学说对标准化垄断行为进行规制的可能性。

专利权滥用是不正当地行使专利权，无论其具体表现形式如何，其最终都是为了获取更多的许可利润，其直接结果是损害被许可人的利益（被许可人因此要承受不应该支付的多余的许可费），最终结果是损害社会公共利益。但是，并不是每一个专利滥用行为都一定会破坏社会公平竞争，只有在不当行为发生时，产生限制竞争的影响，才构成垄断。所以，专利权行使中的垄断行为肯定是专利权滥用行为，其最佳的规制法律应该是反垄断法，但是在反垄断法相关规定还不完备的时候，能否适用专利权滥用抗辩学说呢？回答当然是肯定的，笔者认为，可以将其作为辅助的法律规制制度。

专利权抗辩对垄断行为规制时具有一定的优势。第一，反垄断法所遵循的合理原则分析方法本质上是一种经济学的分析方法，其规制的难点是如何

---

❶ 冯晓青：《知识产权法利益平衡理论》，中国政法大学出版社 2006 年版，第 420 页。

❷ 刘淑华："标准专利权滥用的法律限制"，载《知识产权》2006 年第 1 期，第 48 页。

比较某一行为对竞争带来的正负效果的差值，所以，对于一些复杂、难以取证的专利垄断行为，有时运用反垄断法进行规制比较困难。然而，在专利权滥用抗辩中，只需要证明有不正当行使专利权的行为即可，但是依据反垄断法，还必须要证明该专利权人具有市场支配力，以及产生了限制竞争的影响，可见，反垄断法中的举证要求更高。就技术标准化而言，目前在技术标准中，证明各垄断行为的构成要件本身就是一件难度很大的工作，如果选择专利权滥用学说来救济，或许相对会容易一些。第二，专利权滥用学说可以为更广的标准实施者提供救济。例如，标准必要专利权人将其专利转移给其他人，之后受让人不遵守 FRAND 义务，运用反垄断法规制是一个非常烦琐的过程，但是专利权滥用学说便可以为所有的标准采用者（现存的、未来的）提供救济，那么将可以增进人们对标准实施的信赖度。第三，标准实施中的垄断行为不仅直接侵害标准实施者的利益，还会阻碍标准的实施。因此，如何以最低的成本消除该垄断行为的影响，应纳入考虑范围，此时专利权滥用抗辩不乏为一种选择。因为专利权抗辩成功的直接结果是要求专利权人消除该不当行为的影响，那么对拒绝许可或者不合理许可价格之类行为时，可以促使专利权人进行许可或者重新给出一个许可费价格，这样在一定程度上可以促使标准的实施。综上，笔者认为，对于技术标准化中滥用专利权的行为，如果较容易证明其限制竞争的后果，便依据反垄断法进行规制；如果一些行为，原告存在举证困难的话，可以援用专利法中的专利权滥用制度辅以救济。

2. 处理好禁止专利权滥用制度与反垄断法适用的关系

我国《专利法》第 62 条规定了"不认为是专利侵权的行为"的情形以及第 48 条第 2 款规定了对专利权行使进行限制（如强制许可制度），但是专利法并没有明确确立禁止专利权滥用制度，这不得不说是《专利法》修改的一大遗憾。所以，需要明确确立禁止专利权滥用制度并规定其法律责任，而这一制度与专利滥用抗辩理论也有着本质不同。专利权滥用抗辩理论只是适用于专利权人在提出专利侵权时，被告进行抗辩的理由，并不能作为诉由提起，而"禁止专利滥用制度"可以为反垄断法规制不足时，提供另一种途径的救济。在专利法中确立"禁止专利权滥用制度"，即赋予专利被许可人对专利滥用行为提起诉讼的权利，由此取得打击专利权滥用行为的主动地位。那么，在标准化垄断行为发生时，标准实施者因为个人力量导致调查困难、取证不足的情形下，可以主动以专利权滥用为诉由，向法院提出诉讼。而对于判定为滥用专利权的行为，应该要求其承担民事侵权责任，包括停止滥用、消除影响、赔礼道歉等，如果造成损失，还应当赔偿损失，且赔偿额应包括为制止滥用行为所支付的合理费用。

二、明确专利默示许可制度

1. 专利默示许可和禁止反言理论

专利默示许可（Patent Implied License）是衡平法上禁止反言原则的具体体现。衡平法上的禁止反言（Equitable Estoppel）原则最早在美国判例法中产生，作为一项专利抗辩理由被广泛运用到专利侵权诉讼中，其含义是指"因专利权人先前之行为和主张与此种侵害之权利有所不符，而禁止专利权人主张专利权侵害，其目的在于防止因为专利权人不一致的行为而使被专利权人较早行为所误导的被告蒙受不公平的结果，即使被告确实实施了侵害行为"。❶ 该原则的基础是民法上的信赖理论和诚实信用原则。依据这些基础，即行为人事先做出了一个允诺，之后便不能违反该允诺。专利被许可人因为信赖了这一允诺，实施专利的行为便不构成侵权。这个允诺可以是明示的，也可以是默示的。一般而言，如果允诺是明示的，被诉侵权人主张抗辩相对容易，难以判定的便是默示的允诺。所谓专利默示许可"是指在一定情形之下，专利权人以其非明确许可的默示行为，让被控侵权人（专利使用人）产生了允许使用其专利的合理信赖，从而成立的专利许可形态"。❷ 关于默示许可的认定条件，德雷特勒教授认为"应视情况而定，例如当事人的合理期

---

❶ 浩然、王国柱："论信赖保护理论对知识产权默示许可制度的支撑"，载《河南财经政法大学学报》2013 年第 5 期，第 97 页。

❷ 袁真富："基于侵权抗辩之专利默示许可探究"，载《法学》2010 年第 12 期，第 109 页。

待、知识产权制度赖以建立的各种政策等"。❶ 袁真富教授认为"认定是否构成专利默示许可，包括两方面条件：专利权人默示形式的行为；该行为让被控侵权人产生了允许使用其专利的合理信赖"。❷ 其中默示的表示需排除任何书面、口头或其他表现形式等明示方式，沉默和积极主动表明其允许或不反对被控侵权人使用其专利都可以构成默示。至于信赖的判定需根据特定情形，也有学者认为，"权利人懈怠行使其权利"也可以构成默示。❸ 无论怎样，学界基本认同专利默示许可原则是专利侵权抗辩的正当理由，但如何认定，依然是一个众说纷纭的事情。在上述提到的几位学者的观点中，也基本认为，技术标准制定阶段专利权人隐瞒专利，或者宣称标准中不包含自己专利，事后却主张专利权利的行为，可以适用默示许可原则；此外，专利权人事先做出 FRAND 承诺，或者标准化组织要求成员做出此类承诺，事后专利权人却不遵守此类承诺，提起专利侵权诉讼，那么被诉人也可以依专利权人的默示许可进行抗辩。而在美国的几起典型的专利劫持案件中，如 Dell 案、Rambus 案、Qualcomm Inc. 案中都有涉及"禁止反言"的讨论，然而最终都没有采用该理论，这说明"禁止反言"或"默示许可"原则有处理专利劫持问题的可能性，但其同样存在一些不足，如关于"允诺""信赖"的确定，以及对垄断行为的规制效果非常有限，故只能作为一种辅助制度。

2. 默示许可制度在我国的法律实践

我国专利法没有规定禁止反言的制度，但实践中早已尝试这一制度，如"《最高人民法院关于朝阳兴诺公司按照建设部颁发的行业标准〈复合载体夯扩桩设计规程〉设计、施工而实施标准中专利的行为是否构成侵犯专利权问题的函》中明确规定：被告依据建筑业行业标准，使用原告的专利的行为

---

❶ ［美］小杰伊·德雷特勒著，王春燕等译：《知识产权许可（上）》，清华大学出版社 2003 年版，第 187 页。

❷ 袁真富："基于侵权抗辩之专利默示许可探究"，载《法学》2010 年第 12 期，第 114 页。

❸ 李建华、王国柱："论专利权默示许可的认定"，载《河南社会科学》2013 年第 12 期，第 44 页。

不构成侵权。"❶ 这是我国第一次正式将专利默示许可原则通过法律文书的方式确定下来。虽然法院强调这只是针对建筑行业的个案答复,其他适用时要具体问题具体分析,但是将专利默示许可制度与技术标准专利许可衔接起来。2009 年《专利法》修改,将专利默示许可制度正式体现出来,其具体体现在《专利法》第 12 条和第 69 条第(1)款。其中,《专利法》第 12 条的修改去掉了原《专利法》中要求的"订立实施的书面许可合同",也就意味着,专利权人与被许可人在口头、行为或沉默的情况下达成的许可协议,也是有效的,这是对默示许可的最直接的表现。国家知识产权局法条司对此条的解释是,"此举即是结合专利制度的特点,为实践中认定专利默示许可奠定法律基础,从而确保专利制度的正常运作,防止滥用专利权的行为。"❷第 69 条第(1)款则是对专利默示许可制度的实际运用,其规定:"专利产品或者依照专利方法直接获得的产品,由专利权人或者经其许可的单位、个人售出后,使用、许诺销售、销售、进口该产品的,不视为专利侵权。"该条一般被认为运用了"权利穷尽理论",其实际是专利权人在售出自己的专利产品后,知道专利产品还可能转售或运用到其他地方,但是其仍然愿意出售,说明其已经"默示"同意他人对该专利的使用。虽然条文中已经体现专利默示许可制度,但是专利法并没有直接将这一制度确定下来,无疑是一个遗憾。其实,专利默示许可原则其本质上就是民法上所要求的"诚实信用原则"的运用,专利权人不能就自己的许可行为反悔。而对于技术标准化中专利权人而言,无论是未尽披露义务还是作出许可承诺,事后却主张权利,都是对诚实信用原则的违反,因此,应该在专利法中进一步补充专利默示许可原则在技术标准垄断领域中的适用,以作为对反垄断法救济的补充,并实现与标准化相关法规的衔接。

3. 专利默示许可原则在技术标准化垄断中的具体运用路径

专利默示许可原则可以适用到技术标准化中的部分垄断行为,主要与专

---

❶ [2008]民三他字第 4 号。

❷ 国家知识产权局发条司:《专利法第三次修改导读》,知识产权出版社 2009 年版,第 41 页。

利权人的披露义务和许可义务有关。我国 2014 年施行的《国家标准涉及专利的管理规定（暂行）》中对国家标准制定和实施中参与标准制定的专利权人的披露义务和许可义务进行了规定。如该规定的第 5 条规定："参与标准制定的组织或者个人未按要求披露其拥有的专利，违反诚实信用原则的，应当承担相应的法律责任"；其第 9 条规定："国家标准在制修订过程中涉及专利的，全国专业标准化技术委员会或者归口单位应当及时要求专利权人或者专利申请人作出专利实施许可声明。"如此，标准专利权人应该如实披露与标准相关的专利并作出 FRAND 承诺，进行免费或收费许可。即如果专利权人事前披露了专利或者做出了许可，那么就无法适用"默示许可"原则。实践中，专利权人明知自己的标准将纳入国家标准，仍然不尽披露义务或者不作出专利实施许可声明的比比皆是。此时，针对该行为可解决的办法有三。

（1）如果在这些行为发生之后，专利权人进一步主张专利权利，并且能够被认定是欺骗行为以及对竞争造成了损害，则可以依据反垄断法进行规制。

（2）根据《标准涉及专利的管理规定》"承担相应的法律责任"或者"暂停标准实施"。对第一种未披露的情形，该条规定的是"承担相应的法律责任"，这里具体责任是什么？没有进一步的阐述。而对于纳入标准的专利权利人的未实施许可承诺的行为，第 12 条规定是"暂停实施该国家标准"，这虽然可以解决专利劫持的问题，但会增加标准制定和实施的成本，所以这两条是后续需要完善的。

（3）选择专利默示许可制度来处理，笔者认为是可行的。其一，对于专利权人在国家标准中的未披露行为，该条后半句明确规定"违反了诚实信用原则"，则意味着法律认为专利权人事先是有许可意愿的。那么，如果将其认定为默示许可，标准实施者便可以直接实施该专利，而不会招致侵权诉讼，即使遭遇了，也可以主张抗辩。其二，关于未做出许可实施声明，默示许可的效果是一样的，即标准实施者可以使用该专利。其较好的法律保障就是，对于此种情形下的专利权人的行为，一旦其主张专利侵权，法律或者专利行政管理机关不予受理。因此，建议在《专利法》中具体规定技术标准化中专利权人可能存在的"默示"行为。

第一种，法律或者标准制定组织明确规定标准制定参与者应该披露其专利，相关专利权人不披露或者声明放弃专利权利，那么其事后不能主张专利权利。例如，我国对国家标准的制定规定，专利权人必须披露。如果从事了相反的行为，意味着专利权人默认了他人行使专利的权利，便不能再提出专利侵权。因为标准制定出来肯定是要面向社会公开实施的，专利权人在决定愿意将专利纳入标准就应该预见到这一结果，其没有披露或者声明放弃，则表明其同意他人实施专利。此时的默示表现是沉默和积极主张不作为。

第二种，法律或标准化组织规定专利权人在专利纳入标准时，应该做出许可实施承诺，专利权人却没有做出此类声明，代表其同意对标准实施者采取合理或者免费许可。

第三种，当标准专利权人转让专利时，标准化组织或法律规定应该事先告知受让人该专利许可声明的内容，并保证受让人同意该许可声明的约束。此种情况下，受让人接受许可声明有可能通过两种方式，明示同意或者不提出反对意见，后者则暗含着受让人同意受到该约束的限制。那么，如果受让人对标准实施者主张专利权利时，便可以以专利默示许可抗辩。

标准化中的许可问题虽然常常涉及垄断，但其本质仍是一个专利法上的问题。如果反垄断违法构成要件难以满足的时候，在专利法中有相应的默示许可制度予以补充，将可以从另一角度维护标准实施者的权利。但是，正如袁真富教授所说的，专利默示许可只能在特定的情形下适用。而在国外运用专利默示许可对标准化中垄断予以救济的也不是很常见。建议我国专利法在适用这一制度时，只能将其限定在特定的情形，仍应根据具体案件来考虑，如双方之间是否有一个直接的法律关系。首先，对于技术标准化活动而言，这就要求标准制定组织在其知识产权政策中明确规定，"标准参与者的专利披露行为或许可声明行为，是对所有的标准实施者都有约束力"，且内容明确具体。其次，专利权人的默示表现使标准实施者产生了合理的信赖。最后，该行为对被许可人造成了损害。因此，我们不仅需要在法律中确立"专利默示许可"制度，实践中仍需要不断积累经验，适当运用这一制度。毕竟，专利权人和标准实施者两者利益的平衡才是法律规制的最终目的。

三、加快《标准化法实施细则》的修订工作

我国的《标准化法》于 1988 年制定，早已无法适应时代的要求，2018 年开始实施的修订后的《标准化法》在一定程度上适应了时代的发展，例如，将企业团体制定的标准纳入其中，对标准制定实施中的限制、排除竞争的行为也予以规定，然而，依然存在需进一步细化明确的地方，为了更好地发挥《标准化法》对标准活动的规范作用，与经济社会发展相同步，需要加快《标准化法实施细则》的修订工作。在《标准化法实施细则》修订中需要注意以下几点。

（1）将促进创新原则融入《标准化法实施细则》。1989 年《标准化法》制定时，"创新"一词对国人而言还非常陌生，所以即使是在与技术关系密切的《标准化法》的整个条文中，都没有出现"创新"二字，法律条文更不用说体现创新了。随着社会的发展，科技创新已成为一国发展的主要推动力，而科技创新必须依赖专利权人开创性、持续性的研发工作，因此在行使、利用专利的过程中必须要保证专利权人对社会创新的贡献得到合理的回报。在标准化活动中，同样需要体现这一原则。我国的《标准化法》是规范标准制定和实施的法律，在标准化制定和实施过程中，必须要保证专利权人与各方利益主体的合法利益，一项标准要能体现社会创新，其本身也离不开专利权人对标准制定的支持，所以必须要保证其利益。可喜的是，2018 年《标准化法》第 18 条规定："国家鼓励学会、协会、商会、联合会、产业技术联盟等社会团体协调相关市场主体共同制定满足市场和创新需要的团体标准，由本团体成员约定采用或者按照本团体的规定供社会自愿采用。"第 20 条规定："国家支持在重要行业、战略性新兴产业、关键共性技术等领域利用自主创新技术制定团体标准、企业标准。"这些条文均体现了国家支持制定能够促进社会创新的团体标准，且同样重视对专利权人的创新回报的保障。因此，在技术标准的制定中，需要将促进创新的原则融入实施细则的制定中，以推动我国标准化活动的快速发展。

（2）要体现适应全球标准化的发展趋势的原则。标准化活动既包括一国国内的活动，也包括全球性的标准制定和实施活动，而制定和采用国际性标准已成为必然的发展趋势，因此，《标准化法》的完善及《标准化法实施细则》的制定必须要体现国际化趋势。目前我国的标准化活动主要是政府主导型的标准化活动，行业协会和企业自身为主导的标准化活动并不是很多。在《标准化法实施细则》的制定中，首先要明确朝市场主导型标准化活动发展的大方向，要厘清国家标准与行业标准、企业标准化活动的关系。其次要积极地引导行业标准和企业标准的制定，发挥行业协会在标准制定及竞争中的作用，同时要对行业协会参与标准化工作的具体职能加以规范，避免其涉及价格商谈、限制竞争等行为，标准化法要积极引导和规范行业协会主导下的企业联合型技术标准的制定和实施。此外，《标准化法》及其实施细则要体现鼓励企业积极参与国际化标准制定的政策导向。

（3）在《标准化法实施细则》的制定中对技术标准化垄断行为予以明确规范，并确立相应的法律责任。2018 年修订的《标准化法》第 39 条第 3 款规定："违反本法第二十二条第二款规定，利用标准实施排除、限制市场竞争行为的，依照《中华人民共和国反垄断法》等法律、行政法规的规定处理。"这说明《标准化法》已经关注到技术标准化垄断行为且对其加以规制，然而该条款过于原则，且援引《反垄断法》予以处理，导致新修订的《标准化法》对技术标准化垄断并无实质性的规制作用。随着标准化战争的愈演愈烈，标准化中的侵权行为、不正当竞争行为、垄断行为将逐渐增多，建议在调查和研究的基础上，归纳标准化中可能涉嫌违法的行为类型，并分类确立对其的规制制度，加快制定《标准化法实施细则》。例如，针对标准化中的垄断行为，可以单独作为一章进行规定。在标准化过程中，标准专利权人涉嫌垄断的行为多与其披露义务和许可义务有关，标准制定组织为了保障标准的顺利制定和实施，一般不会直接规定违反这些义务的法律责任。因此，《标准化法》作为一国标准化活动的引导者，以及对违法行为进行适当的约束，有必要在《标准化法》及其实施细则中确定标准专利权人违反相关义务而导致垄断的法律责任。这样，既可以为标准专利权人参与标准制定活动提供正确的指引，也可以为技术标准化垄断提供多一层的法律救济。

四、完善《国家标准涉及专利的管理规定（暂行）》

除此之外，还需要完善《国家标准涉及专利的管理规定（暂行）》（以下简称《暂行规定》），在《标准化法》修订之前，该《暂行规定》是处理标准与专利关系的最直接的法律文件。虽然该《暂行规定》有许多进步之处，如其第1条就明确了标准化中涉及专利的管理，必须要"鼓励创新和技术进步"，这便为《暂行规定》的实施确立了总的原则：以创新为主旨。此外，该《暂行规定》详细规定了专利信息披露和专利实施许可的程序以及专利权人在未披露或未许可情形下的处理程序，同时该《暂行规定》还对强制性标准和国际标准做了简单的规定。分析该《暂行规定》的基本条文可知，操作性不强仍是其最大的缺点，建议相关部门进一步出台司法解释，对其完善、补充。笔者认为，目前主要需要从以下方面完善。

（1）第4条规定："国家标准中涉及的专利应当是必要专利，即实施该项标准所必不可少的专利。"该条的前半句明确了下列所约束的对象是"必要专利权利人"，但是法条中对"必要专利"的解释过于宽泛，过于原则性的判定将给实践带来很大的自由裁量权。因此，还是有必要对其做出一些界定，可结合前文所讨论的必要专利的界定标准，从技术、法律、商业三个方面予以解释。

（2）第5条规定："在国家标准制修订的任何阶段，参与标准制修订的组织或者个人应当尽早……披露其拥有和知悉的必要专利……未按要求披露其拥有的专利，违反诚实信用原则的，应当承担相应的法律责任。"这是关于标准专利权人的"必须披露"义务，但是未尽披露义务应承担的法律责任不明确。例如，可能会引起两种不同情形的理解：①不披露可能是故意也可能是疏忽。虽然没有披露，但是也不向专利权人提起权利主张，即没有违反诚实信用原则，不会引发法律纠纷。② 如果未披露，又违反了诚实信用原则，可以理解为，专利权人提起了专利许可收费或者侵权诉讼，此时便要承担相应的法律责任，即要禁止主张专利权利。此时后果可能有两个：一种是直接免费许可并不能主张专利侵权，不能再征收许可费，作为对其违反诚实信用原则的惩罚；另一种是可以收取一定的许可费，但是不能主张标准实施者专利侵权。那么，究竟该承担何种责任，则需交给专利行政部门和法院自由裁量。所以，建议在司法解释中进一步明晰化。

（3）第 11 条规定："涉及专利的国家标准草案报批时，全国专业标准化技术委员会或者归口单位应当同时向国家标准化管理委员会提交专利信息、证明材料和专利实施许可声明。除强制性国家标准外，涉及专利但未获得专利权人或者专利申请人根据第九条第一项或者第二项规定作出的专利实施许可声明的，国家标准草案不予批准发布。"第 12 条规定："国家标准发布后，发现标准涉及专利但没有专利实施许可声明的……国家标准化委员会可以视情况暂停实施该国家标准……或归口单位修订该标准。"这两条看上去非常合理，"不予批准发布"和"暂停实施该国家标准"可以及时阻止标准专利权人未有 FRAND 或者免费许可承诺的情况下，发生专利劫持的现象。但是，这仅仅是一个暂时性的救济措施，原因如下：其一，造成社会总成本的损失。标准的制定是一个漫长的过程，当万事俱备、只待发布甚至已经发布后，因为发现标准专利权人没有做出许可承诺，就停止该标准的实施，将造成前期投入成本的流失，而且会降低公众对标准公信力的信赖。其二，对于未尽声明义务的专利权人而言，却没有任何不良影响，也没有任何惩罚，不足以对其产生警示，以后难免其再犯。建议法规中第 9 条明确要求"专利权人或申请人应该及时做出许可声明"，使其成为标准专利权人的一项法定义务，未尽到该义务，同样需要承担法律责任。因此，笔者建议，在司法解释中应该对未尽声明义务的专利权人规定如下法律责任："一，标准草案报批前，发现专利权人未尽声明义务的，督促其立即依据第 9 条（1）（2）款做出声明，如果依然拒不履行，则在标准实施后视为免费许可。二，在标准实施后，发现有未尽披露义务的，直接视为免费许可（之所以免费许可，是作为对其未尽其法定义务的惩罚）。同时，通知专利行政部门，禁止其指控标准实施者专利侵权，从而对标准专利权人造成威慑。"

（4）第 13 条规定："对于已经向全国专业标准化委员会……应当事先告

知受让人该专利实施许可声明的内容，并保证受让人同意该专利实施许可声明的约束。"该条文考虑了专利转移之后，专利权人许可声明义务附随转移的问题。但是，缺乏对该条中转让人、受让人违反规定的法律责任。首先，要明确转让人的责任。如果专利权人没有尽到告知义务，该如何处理？专利权已转移到受让人处，其完全可以任意索要许可费，此时给标准实施者造成的损失该由谁承担？因此，需要明确规定转让人的责任，督促其必须尽到事先告知义务。其次，明确受让人责任。转让人已经尽到相应义务，受让人也知晓了，事后受让人却不遵守该许可义务，该如何处理？美国的 Data 案根据反垄断法判定了受让人的垄断责任，而转让人不需要再承担法律责任。但在我国目前反垄断法还未有此类规定的情形下，第 13 条中特别强调转让人"保证受让人同意……"，那么，一旦受让人接受转让之后，转让人是否还需要对受让人的行为承担连带责任？笔者认为，依据我国民法中对"保证"的理解，应可以规定为"专利权人应对受让人违反许可声明义务的行为承担连带责任"。

（5）第 17 条规定："国家标准中所涉及专利的实施许可及许可使用费问题，由标准使用人与专利权人或者专利申请人根据专利权人或者专利申请人做出的专利实施许可声明协商处理。"这一条是关于专利许可使用费的问题，其含义为若专利权人履行了披露义务或做出了许可声明，标准使用人应该要支付合理的许可费，而许可费的具体内容由双方协商确定。但是，若双方许可不成，或者是专利权人认为自己是依据公平合理无歧视的原则，而标准使用人觉得该许可费违背了这一原则，则出现双方意见不一致的情形。因此，建议在司法解释中进一步规定：若双方协商不成可以采取诉讼或者仲裁的方式解决，一旦判决或裁决，双方便必须遵守。

整体而言，《标准化法》的修改以及《暂行规定》的完善，能够在一定程度上规范国内的标准制定和实施过程，为我国标准化活动跟上国际步伐提供法律指引。此外，有助于培养国内企业参与标准制定中自觉遵守其义务的良好习惯。这些法律的完善将有助于我国企业理解国际标准化活动的规则，并尽量避免涉及垄断等违法行为。然而，目前标准化相关法律对于国际标准专利权人在国内的垄断行为并没有约束力，因此，需要进一步加快这一方面的标准立法，以更好地约束国际标准化活动。

第三节　预防路径：标准制定组织相关政策
对技术标准化垄断行为的预防

反垄断法是典型的事后规制的法律，当垄断侵害发生后，为垄断行为的受侵害者提供法律救济，专利法和标准化相关法律既发挥着事后救济的作用，也发挥着一定的事前指引的作用，因此对于垄断行为给予必要的规制和救济是非常必要的。然而，如果能够在事先有效预防这些垄断行为的发生，将可以节省更多的社会成本，也更加有利于标准的实施。根据国外学者的研究，标准化组织的知识产权政策的模糊性是导致目前标准化中垄断问题产生的主要原因之一。标准化组织的知识产权政策主要是体现在其专利政策中，具体为规定专利权人的披露义务和许可义务。通过前文垄断案例的介绍、分析以及对国内相关法律的梳理发现，现阶段标准化中大多数垄断行为均与专利权人的披露义务和许可义务相关，因此，完善标准化组织的专利政策将是构建垄断行为事前预防措施的主要工作。虽然现阶段我国标准化组织发展的并不是很完善，但是朝着国际标准化制度和程序靠拢是未来的主流发展方向，建议主要从下述方面完善标准化组织的专利政策及管理政策。

一、健全标准制定组织的专利披露制度

专利权人信息披露制度是指在标准制定过程中，标准制定组织要求其成员披露与拟采纳的标准相关的专利的信息，这也是国际上大多数标准制定组织的知识产权政策中一个重要内容。该制度有利于标准制定组织作出准确的判断，选择最具性价比的技术，增进消费者福利；有利于标准的稳定，增加标准制定组织以及标准使用者的信心；为将来的专利诉讼及反垄断诉讼，提供明确的事实依据，从而有助于争议的尽快解决。如在 2003 年 Rambus 诉 Infineon 案中，被告指控原告 Rambus 没有在标准制定过程中披露信息。但美

国联邦巡回法院认为，联合电子设备工程联合委员会（Joint Electron Device Engineering Council，JEDEC）（Rambus 是该标准制定组织制定的同步动态随机存取记忆体，Synchronous Dynamic random access memory，SDRAM 标准的参与者）的政策只是要求披露核心专利，不适用正在申请中的知识产权，而 Rambus 被选入的专利并不是该标准的核心专利。法院还指责 JEDEC 的披露政策不够明确，致使知识产权所有人无法清楚地理解他们所承担的披露责任。❶ 在博通诉高通公司案中，一审法官认为联合视频工作组（JointVideo-Team，JVT）的书面政策没有对于非提案者（该案中，高通公司是一个非提案者）披露义务的明确规定，高通认为，书面政策中明确指出"鼓励"披露，但是二审法院指出，该书面政策是鼓励"尽早披露"，"尽早"的措辞是披露义务存在的佐证。❷ 然而，过宽、过早地披露，都可能使得标准制定活动中专利权人的利益失衡，阻碍专利权人的创新动力，极大地影响专利权人参加标准制定的积极性。如 VITA 率先采用的强制性事前披露制度，就遭到美国产业界持有大量专利技术的公司如高通、微软、摩托罗拉等公司的质疑。高通甚至明确提出如此严格的专利政策只会迫使高通公司为确保自身的投资回报而脱离标准的制定工作。❸ 此外，过早的专利信息的披露，特别是在事前披露原则下，披露的内容包括专利的存在，还需要披露许可的有关条件，如最高的许可费。在标准颁布之前披露这些敏感信息，便于竞争者之间形成价格卡特尔，进而触发反垄断违法，如美司法部在对 VITA 专利政策的反垄断审查函中指出，"任何使用披露程序掩护产品联合定价、阻碍竞争的行为都构成对谢尔曼法第 1 条的本身违法"，❹ 而事先披露许可条件还可能导致另一个极端，即非专利权人的成员（如产品制造商）可能会借助价格讨

---

❶　史少华："披露与许可——困扰标准化工作的两大难题"，载《标准与知识产权》2007 年第 2 期，第 64 页。

❷　刘晓春："标准化组织专利披露政策相关规则在美国的新发展——解读高通诉博通案"，载《电子知识产权》2009 年第 2 期，第 31 页。

❸　周春慧："我国信息技术标准制定中专利信息披露制度的构建"，载《电子知识产权》2009 年第 2 期，第 23 页。

❹　转引自：王鑫："标准化组织专利政策采用事先披露原则的利弊分析及改进模式探讨"，载《标准科学》2009 年第 8 期，第 56 页。

论的机会，形成所谓的买方卡特尔，共同抑制专利权人的许可费，以谋取不当利益。❶ 可见，在很长的一段时间内，专利披露制度仍然是各标准制定组织积极探索的方向，主要应该在披露主体、披露范围、披露时间、披露方式上进行完善。

（1）关于披露主体。根据马海生博士对 29 家国际性标准化组织的实证调查，有 6 家标准化组织没有任何的披露要求，只有国际互联网工程任务组（the Internet Engineering Task Force，IETF）、OpenGroup、VITA 要求强制性披露。❷ 而关于披露主体，各标准化组织的规定各不相同，规定范围最小的是电气和电子工程师学会（IEEE）、VITA，只要"标准制定的参与者"披露；范围最广的是国际电联（ITU），将其包括为参与者、其他任何人、任何主体均可，SSOs 没有规定披露主体。国内学者认为，无论是否为标准提案人、标准起草者和标准参与者，与其有关的专利权人也应该负有信息披露义务。❸ 我国的《国家标准涉及专利的管理规定（暂行）》第 5～6 条规定，参与标准制修订的组织和个人负有"应当"披露义务，而没有参与国家标准制修订的组织或个人是"鼓励"披露，这表明，在我国只要与标准有关的专利权人都负有披露义务，同时区别对待，采取"强制披露"与"鼓励披露"相结合的政策。笔者认为，这种方法可供国内外标准制定组织借鉴。强制披露范围过广，会打击专利权人参与标准制定的积极性，延长标准的制定过程；范围过窄，如均实施"鼓励性披露"政策，对预防隐瞒专利现象无任何作用，所以需要适当地平衡。标准专利披露原则，其主要目的是防止专利权人借标准作用在事后索要超过专利本身价值的许可费，所以该披露原则的最低限度应该是：对于那些涉及将自身技术方案提交给标准化组织制定委员会的参与者而言，是强制性披露义务。因为其将技术方案提交给标准化组织，

---

❶ Carl Shapiro，"Setting Compatibility Standards：Cooperation or Collusion?"，in *Expanding the Boundaries of Intellectual Property：Innovation Policy for the Knowledge Society*（Rochelle Cooper Dreyfuss，Diane Leenheer Zimmerman，et al. eds. ），Oxford University Press（2001），pp. 81-93. https：//mckinneylaw. iu. edu/ilr/pdf/vol40p351. pdf.

❷ 马海生：《专利许可的原则——公平、合理、非歧视许可研究》，法律出版社 2010 年版，第 98～103 页。

❸ 吴太轩：《技术标准化的反垄断法规制》，法律出版社 2011 年，第 171 页。

其专利就极有可能被选入标准，因此他们应该遵守相应的披露义务。而对于那些虽然参与标准制定过程，但并不涉及自己的技术方案，则应采取鼓励性政策。

（2）关于披露范围。关于披露专利的范围，一般是要求披露已授权的专利，但是也有少数标准制定组织还要求披露已公开的专利申请，如国际电信联盟 ITU - T 制定的标准：异步传输模式（Asynchronous Transfer Mode，ATM）。而欧洲电信标准协会（European Telecommunication Standards Institute，ETSI）除要求披露已授权的专利和已公开的专利申请之外，还要求披露未公开的专利申请。万维网同盟（W3C）只有当申请要求是基于从 W3C 工作组或文件中获得信息的时候，才要求披露未公开的专利信息。关于披露专利的性质也有所不同，如电子工程设计发展联合会议（JEDEC）只要求披露核心专利。但"核心专利"和"必要专利"这些概念本身就是一个模糊不清的问题。因此，各标准制定组织都积极探索和创新更加合理科学的披露制度，尽量减少因披露问题引起的法律纠纷。2007 年，VITA 在其强制性的事先披露原则中要求成员披露专利和专利申请，还要求披露最高许可费和最严格的许可条款。随后电子电器工程学会（IEEE）也修改了其知识产权政策，鼓励双边公开关于授权费用的内容，要求专利权人提供专利存在的声明，且规定了一定的惩罚措施。之后，欧洲电信标准协会（ETSI）也采取了自愿性事先披露原则，但是对不完整的披露没有规定惩罚措施。可见，披露范围逐渐变宽是一个整体的趋势，而事前披露原则不仅要求披露专利信息，还要求披露一定的专利许可条件。事先披露原则可能会逐渐得到各标准制定组织的认可。

披露规则的范围有很多方面，一般情况下，要求披露与标准相关的已授权的专利。然而，关于未披露的专利申请是否需要披露，存在的争议很大，这也是 Dell 案、Rambus 案争论的焦点。笔者认为，适当的披露范围应该包括已授权的专利和专利申请。首先，事实上，已经有一些国际性的标准制定组织要求披露未公开的专利申请，如 JEDEC 要求披露任何专利（包括授权的和未授权的），EIST（欧洲电信联盟）的知识产权政策中明确规定要披露专利申请。其次，为了减少标准的不确定性，防止"专利劫持"现象的发生，尽可能放宽披露范围。很多人担心披露未决专利，会导致专利权人的利益受损，甚至影响专利权人的专利政策，这种担心不无可能。但是，笔者认为，只要不泄露专利权人待申请的专利的关键部分及核心信息，对专利权人也不会造成太大的损失，毕竟竞争者进行研发也需要一定的时间。因此，笔者认为，适当的披露范围应该包括未决的专利申请，但是有关专利的核心技术可以不予披露。此外，要求披露的专利范围不宜过广，只限于必要专利。

（3）关于披露时间。何时披露必要专利，一直是司法实践和标准制定中的难题。披露过早，会导致专利信息的不必要的外露；披露过晚，又无法实现披露的目的。欧共体委员会竞争总局要求欧洲电信标准协会（ETSI）在其披露政策中详细阐述"及时地"的含义，指出"标准制定组织制定能够确保公正、透明的程序的规则，以及相关知识产权的早期披露，是至关重要的"。● 又如电子和电气工程师协会（IEEE）要求专利披露"不得迟于标准披露"，并进一步指示其工作组主席，在每一次专利会议上提醒参与者的披露义务。而电子工程设计发展联合会议（JEDEC）的做法相当特别，在选票上就附带印刷了一个披露要求，以保证专利披露时间与其投票时间一致。笔者认为，这种做法较为科学，参与者一旦表决某一标准时，则同时接受了披露的限制。当然，如果能够像 IEEE 那样，经常有人提醒也可以帮助减少未披露的情况发生。而目前我国《标准涉及专利的管理规定（暂行）》第 5 条规定，"在标准制修订的任何阶段……应当尽早……"，这说明任何阶段均可，但是提倡"尽早"披露，这依然过于模糊，建议划定一个最后期限，即披露时间最迟不得晚于标准发布。

二、细化标准制定组织的 FRAND 许可政策

标准化组织要求专利权人在标准制定时，做出 FRAND 许可或 RAND 许

● Press Release, European Commission, Competition: Commission Welcomes Changes in ETSI IPR Rules to Prevent "Patent Ambush" （Dec. 12, 2005），available at http://europa. eu/rapid/pressReleasesAction. do? reference = IP/05/1565&type = HTML&aged = 0&language = EN&gui Language = EN.

可承诺，这基本已成为标准制定组织的基本共识。关于 FRAND 许可政策的作用不再赘述。然而，现实表明，尽管大多数标准制定组织都要求成员作出 FRAND 许可承诺，标准专利权人与标准实施者之间的纠纷依旧不断，双方争执的焦点便是专利权人多是主张自己是依照 FRAND 承诺来索要的许可费，但是被许可人多主张许可费过高或者许可费不公平，从而闹上法院。尤其是近年来，在智能手机领域中的标准必要专利许可费纠纷层出不穷，苹果、三星、摩托罗拉等一些通信领域的巨头企业每天都忙于应付专利许可诉讼，这些纠纷中有些是提起专利侵权诉讼，有些是提起反垄断诉讼，但中心问题都是一个：标准必要专利的许可费问题，或者说究竟什么样的许可费才是 FRAND 许可费。所以，FRAND 许可费问题已经成为当前标准实施中最大的问题。要解决这个问题，需要在一定程度上完善标准化组织的 FRAND 许可政策，以及充分借鉴国内外经验，尽可能明确 FRAND 许可费的确定原则和考察因素。

1. 确立标准制定组织的 FRAND 许可政策的基本原则

在标准制定组织的传统做法中，标准制定组织并不明确规定 FRAND 许可的具体含义和具体要求，只是简单地在知识产权政策中提到，据马海生博士调查的 29 家标准化组织，只有 4 家对 FRAND 的含义做了解释，其余的标准化组织都是在其政策中抽象规定，而是留给专利许可的未来当事人自行协商或留给法院解决，而且 29 家标准化组织都不允许在标准制定活动中具体讨论 FRAND 的条款，以避免涉及共谋。[1] 实践中，1970 年 Georgia-Pacific Corp. v. U. S. Plywood-Champion Papers, Inc. 案确定的 15 因素测试法（太平洋 15 因素），被多次运用到 FRAND 许可费的确定中，如在 2007 年博通诉高通案判决中提到："法院通常采用 Georgia-Pacific 15 因素测试法来考察许可费的合理性……一些法院已经在 FRAND 语境中使用了该方法"。[2] 该测试方法对司法实践起到了重要的指示作用，然而，这些因素内在是模糊的，而且

---

[1] 马海生：《专利许可的原则——公平、合理、无歧视许可研究》，法律出版社 2010 年版，第 80~81 页。
[2] 张吉豫："美国 'Microsoft Corp. v. Motorola Inc.' 案的启示"，载《知识产权》2013 年第 8 期，第 29~30 页。

大量的司法判决也没有为清晰度提供帮助。进一步，标准制定组织成员可能不知道一项标准将会获得的真正价值，"因为消费者的偏好、竞争性产品和服务的可获得性，甚至是标准的全部的功能，都只可能在商业化之后才能显现出来"。[1] 而有些法院甚至认为 FRAND 毫无意义，如在 Townshend 案中，法院陈述到："考虑到一个专利权人根据反托拉斯法，被允许去完全排除其他人实施专利，法院认定 3Com 公司提交的建议的许可形式，不会产生反托拉斯违法。"[2] 这意味着专利权人可以在事后索要任何许可费，此类观点将使得 FRAND 形同虚设。"事实上，人们普遍承认，不存在普遍一致的测试去判定一个特定的许可是否满足一个 RAND 承诺"。[3] 但是，如果标准化组织能够事先就 FRAND 政策规定一些基本原则，将为以后的标准双方当事人许可谈判设定一些框架，可能起到减少纠纷的作用。其基本原则如下。

第一，标准制定组织在其专利政策中明确规定 FRAND 义务是强制性义务，这是参加标准化组织制定活动的前提条件。作为标准制定活动的参与者，则意味着非常清楚自己的专利有可能在将来被纳入标准中，那么应该对自己未来的许可行为负责任。在其专利政策中将这项义务规定为一项强制性的义务特别强调出来，可以为后续发生不遵守 FRAND 承诺的行为提供法律依据。因为如果标准制定组织没有强制性规定，或者说是自愿性许可承诺，当事人在标准实施后完全可以自由地索要许可费。既然将其设定为一项强制性义务，在标准化组织内部机制中，对成员设定一定的惩罚措施便有了法律依据。

第二，FRAND 政策要明确许可承诺的内容，要体现在专利权人和未来的被许可人之间形成合同关系。目前关于 FRAND 许可承诺的性质的观点很不一致，学者的观点主要是根据司法判决得出的，例如，在 N-data 案中，

---

[1] Damien Geradin et al., The Complements Problem Within Standard Setting: Assessing The Evidence on Royalty Stacking, 14 *B. U. J. SCI. & TECH. L.* (2008), p. 172.

[2] Townshend v. Rockwell Int'l Corp., 55 U. S. P. Q. 2d (BNA) 1011, 1018 (N. D. Cal. Mar. 28, 2000).

[3] Daniel G. Swanson & William J. Baumol, Reasonable and Nondiscriminatory (RAND) Royalties, Standards Selection, and Control of Market Power, 73*Antitrust L. J.* (2005) p. 1, 5.

许可承诺被视为要约；在华为诉 IDC 案中，许可承诺被视为合同；而在美国的 "微软诉摩托罗拉" 案中将其视为第三人设定的一个义务。❶ 而笔者在前文的观点是许可承诺的性质应该由其所包含的内容来确定，如果其许可对象是特定的，其许可承诺中的内容也是非常具体的，可以视为一个确定合同。然而反托拉斯实践告诉我们标准制定中应尽量避免涉及具体的许可费条件，毕竟专利对标准的价值是索要许可费的基础之一，必须在标准实施之后才能体现出来。所以，FRAND 中直接将许可费确定下来，法律上不允许，经济上也不可行。但是，尽管不能确定 FRAND 许可的非常具体的许可条件，但仍需要确定专利权人与被许可人之间存在一个合同关系。

第三，FRAND 许可政策可明确未来标准专利许可费的确定程序。FRAND 许可政策的目的之一是防止将来的专利劫持等不良影响，也为了更快地确定未来的许可当事人之间的许可费。在双方产生许可费纠纷之后诉至法院之前，双方之间应该起码进行一次善意的许可费谈判，除非这种机制下谈判仍然破裂，才可以寻求诉讼或仲裁。这样可以在一定程度上对专利权人运用专利侵权诉讼或者禁令来对专利被许可人产生威胁。所以，当双方就专利许可纠纷到法院提起侵权诉讼时，要确保双方之间已进行过有诚意的许可协商。因此，在 FRAND 专利政策中有必要设置一些程序制度。如美国的反托拉斯协会在 2013 年 5 月向美国司法部和联邦贸易委员会提出了一个请求，即希望他们为 SSOs 的专利政策提供一些执法指南。❷ 对此，可以借鉴 FTC-Google 案中，依据 Google 的和解承诺，FTC 发出的同意令中规定了确定合理许可费的程序，包括：（1）如果许可协议没有达成，谷歌必须在一个不少于 6 个月的时间内进行协商；（2）谷歌必须发出一个有约束力的许可要约，如果是根据他们的自由裁量或者是在潜在的被许可人要求的 60 天内来实施

---

❶ 张吉豫："美国 'Microsoft Corp. v. Motorola Inc.' 案的启示"，载《知识产权》2013 年第 8 期，第 29~30 页。

❷ Am. Antitrust Institute, Request for Joint Enforcement Guidelines on the Patent Policies of Standard Setting Organizations（May 23, 2013），available at http: //www. antitrustinstitute. org/ sites/default/files/Request% 20for% 20Joint% 20Enforcement% 20Guidelines% 20on% 20the% 20Patent% 20Policies% 20of% 20Standard% 20Setting% 20Organizations. pdf.

的；（3）潜在的被许可人必须要么是接受提议的许可协议，或者是指出建议中所有与谷歌的 FRAND 承诺不相一致的地方，并且选择在美国联邦地区法院或者通过有约束力的仲裁来解决争议的形式；（4）无论是地区法院的诉讼还是有约束力的仲裁所得出的结果，都必须是一个有约束力的许可协议。❶由于这是 FTC 发布的同意令，只对该案中摩托罗拉发生作用，但这个程序规定可供我们借鉴，笔者认为，可以在 FRAND 许可政策中做出相应的确定许可费的程序规定。

在双方对 FRAND 存在分歧时，首先，专利权人与潜在的被许可人应该进行一个不少于 6 个月的许可协商阶段；其次，专利权人必须向被许可人发出一个有约束力的要约，然后，被许可人有两种选择，接受或者不接受，若是后者，需要指出哪些条件不符合 FRAND 原则，并且双方同意通过诉讼或仲裁的方式解决；最后，双方必须接受法院或仲裁机构的最终裁决。通过前面几个步骤，可以促使双方之间进行善意的协商，而且专利权人也无法轻易提出侵权主张，有助于双方许可费的确定。该程序可以尽可能增加双方协商的可能性，而且尽可能约束双方在善意的环境下进行协商，尽可能避免许可纠纷的司法解决。

2. FRAND 许可费的确定——对国内外确定 FRAND 许可费的典型案例的介绍及思考

FRAND 许可费的具体确定始终是司法实践中的难题，在过去的很多年中，学界和司法界都在不断努力探索 FRAND 许可费的确定方法，尤以美国的研究为代表，我国在 2013 年的华为诉 IDC 公司案，也首次涉及了 FRAND 许可费的问题。这里将先介绍一下国内外确定 FRAND 许可费的成果。

【美国实践】Microsoft Corp. v. Motorola Inc. 案

美国学界对判定 FRAND 许可费的典型方法有夏皮罗和瓦里安提出的"事前—事后许可价格比较法"，以及斯旺森和鲍莫尔提出"必要专利技术与替代技术的许可费比较法"。这两种方法在前面已经评述。在司法实践中，

---

❶ Motorola Mobility, LLC, FTC File No. 121-0120, 8-9（July 23, 2013）（Decision and Order）.

法院一直都是参考"太平洋 15 因素"来确定许可费。这些因素主要考虑了下列方面：类似技术在相同情况下的许可费；许可范围，包括性质、范围和期限；专利许可当事人之间是否存在竞争关系，专利对标准的价值。❶ 2013年 8 月 25 日在华盛顿地区法院对 Microsoft Corp. v. Motorola Inc. 案做出的判决中，罗伯特法官首先确立了五个"基本的原则"来评估 RAND 形式。第一，RAND 许可费必须与 SSO 旨在促进在世界范围内采用其标准的目标保持一致。第二，在判定一个既定的许可费是否是 RAND，应该认识到并努力去减轻 RAND 承诺旨在避免专利劫持的风险的目标。第三，RAND 许可费应该减轻许可费叠加的风险，如果其他的标准必要专利的专利权人对标准实施者也主张专利费，要考虑到总聚合的许可费也应是合理的。第四，RAND 承诺必须保证专利权人能够对其有价值的知识产权获得合理的许可费回报，目的是将"能创造有价值的标准"的技术都纳入其中。第五，一个 RAND 承诺应该被解释为，"专利权人得到一个合理的许可费，是基于它的专利技术自身的经济的价值，与专利技术纳入标准之后的价值要区别开来"。❷ 然后，罗伯特法官对"太平洋因素"做出了 12 个方面的修正，修正时主要考虑的因素有：类似 FRAND 许可协商的情形下，专利权人收取的许可费或被许可人支付的许可费；专利自身的技术价值；标准制定时替代技术可能收取的许可费；专利发明对标准及标准实施者生产的产品的技术贡献；许可费应在实际的商业环境下考察；许可费应该体现标准的目的，如避免专利劫持或专利堆积，标准的广泛实施所增进的社会公共利益。❸

罗伯特法官针对"技术标准中必要专利的 RAND 许可费"的观点在美国司法实践中是前所未有的。技术标准的实施者迫切需要一个明确的司法判决来解释 RAND 许可承诺的基本原则。该判决的重要性体现在多方面，它不仅

---

❶ 马海生：《专利许可的原则——公平、合理、无歧视许可研究》，法律出版社 2010 年版，第 52~53 页。

❷ Microsoft Corp. v. Motorola Inc., No. C10 - 1823JLR, 2013 WL 2111217, 12 - 20（W. D. Wash. Apr. 25, 2013）.

❸ 张吉豫："美国'Microsoft Corp. v. Motorola Inc.'案的启示"，载《知识产权》2013年第 8 期，第 29~30 页。

解决了微软或摩托罗拉之间很多有争议的问题，而且为将来分析 RAND 许可纠纷提供了一个更普遍的框架。本质上，罗伯特法官使用了"太平洋因素"分析方法展开分析，又对该"太平洋因素"分析法进行了修正。在罗伯特法官确立的基本原则和考察的因素中，重点考察因素表现在：第一，FRAND 许可费要保证标准化带来的广泛的行业利益以及社会公共利益。如在其修正的因素 15 中，罗伯特强调了标准化的目的及带来的利益，如强调 RAND 承诺旨在促进标准的"广泛的使用"。罗伯特认为，标准具有公共利益性，必须要保证标准化的许可费能够保障标准在更广的范围内实施。因此，标准必要专利的许可费协商便不再是专利许可双方当事人私底下协商的事情，需要体现更多的公共利益。第二，要阻止许可费叠加现象的发生。由于标准通常由大量的专利所组成，那么所有的专利权人收取的合计的许可费，将使得标准实施者不能承受，这种"许可费叠加"问题对标准的实施是极为不利的。在该判决中，罗伯特特别强调到，微软支付给摩托罗拉的许可费，还必须考虑到微软需要支付给其他人的许可费。因此，合理的许可费应考虑到专利权人需要支付的许可费的总和，应该在被许可人的承受范围之内。第三，专利技术的相对价值。在考察的第 6 项、第 8 项、第 10 项、第 12 项因素中都有体现。罗伯特认为摩托罗拉的专利技术对标准的贡献很小，以及为微软的产品增加的价值也很小。因此，一个特定专利的许可费，必须与整个标准或者标准产品的实质价值相适应，这在本质上仍是强调专利技术本身的价值，该技术在标准中的贡献大，标准实施者从该技术中获得的利益便多，专利权人应该获得的回报便要多；技术在标准中的贡献小，该技术为专利权人创造的商业价值也小，专利权人可获得的许可报酬便要低。

【中国实践】华为诉 IDC 案

该案案情在前面已经详细介绍。这里主要讨论案件中的"公平、合理、非歧视"。在该案中，华为指控 IDC 索要了超高许可费和不公平许可费。因此，法院就许可费是否超高和是否存在歧视进行了讨论。第一，关于"公平"。在华为与 IDC 的专利许可谈判过程中，IDC 突然向美国法院和国际贸易委员会提出诉讼和申请，其根本目的并不是真的认为华为专利侵权，也不是不想将专利许可给华为，其目的只是希望通过这些诉讼和调查，迫使华为接受其高额许可费的条件，此为不公平。第二，关于"合理"。前文已分析，IDC 的许可费不符合我国企业的工业成本，超出了华为的承受范围，存在"不合理"。第三，关于"歧视"。IDC 的歧视是显而易见的。IDC 给予三家公司的报价是明显有差距的，给华为的许可费几乎是其给予三星或苹果的 10 倍以上。在标准化组织中，所有成员的地位是平等的，那么他们享受的许可价格也应该是平等的。非歧视通常以给予其他同等条件的被许可人的价格作为参照，除非专利权人与其他被许可人存在交叉许可的情形，如果高于给予其他任何一个被许可人的价格，则是歧视。最终，法院判定 IDC 只能收取每一件产品的销售量的 0.019% 的许可费，关于这个数字的得出法官并没有做出解释。根据广东省高院公布的资料可知，其考虑的四个因素主要从被许可人的许可利润、标准专利的创新价值、与同行业公司的许可费差异、许可的适用范围，加以分析。❶

【借鉴与思考】

华为诉 IDC 案在我国是首创性针对 FRAND 许可费的判决，虽然我国法院考察的因素没有美国法院那么详尽，但是双方考察的最核心的因素完全一致：专利技术的自身技术价值以及该专利对标准的贡献。这也正是印证了反垄断法对技术标准中专利权人的垄断行为规制的基本原则，即标准专利权人与标准实施者的利益平衡原则。只有坚持这一基本原则，FRAND 许可费才能是真正的"公平、合理、非歧视"，这一点也是专利必要专利权人与标准实施者利益平衡的重要保证。当然，从这里也可以看出，我国在标准必要专利许可方面与美国还存在不小差距，需要进一步努力。

最后，结合上述中美判例中考察的因素，笔者认为，"公平"应指专利权人给予各许可人的条件应该基于专利的本身价值，在进行许可时，不附加其他不合理的条件或者采取其他一些不合理的措施，以抬高价格。"合理"

---

❶ 叶若思、祝建军、陈文全："标准必要专利使用费纠纷中 FRAND 规则纠纷中 FRAND 规则的司法适用——评华为公司诉美国 IDC 公司标准必要专利使用费纠纷案"，载《电子知识产权》2013 年第 4 期，第 61 页。

指专利权人提出的许可费用不会过分高于必要专利权利人许可给其他人的价格，而且不能超出被许可人的正常承受范围。"非歧视"是指专利权人给予处于同一环境下的被许可人的条件是相同的。如杰伊·德拉特勒（Jay Dratler）教授认为，ND 在 RAND 承诺中，应该焦点放在许可的事实的形式，与许可人的成本相对，为了阻止专利权人对"处于类似地位的"被许可人提供不同的许可形式，或者"对不同地位的"被许可人提供同样的许可条件。❶在实践中，FRAND 许可要保证对专利权人的发明创造以合理回报作为补偿，但是同时对其也应有适当的激励，目的是促使其进一步创新。所以，标准专利权人在专利纳入标准前后所收取的许可费用的差额要区别看待，此差额则是标准对专利权人带来的增值价值。若增值不多，那是该专利在标准制定过程中对其竞争取胜、纳入标准的小额奖励；如果增值很多，可见标准对该专利发挥了很大的作用，极有可能是专利权人借标准获得了竞争优势，并运用了这种优势，则为不合理。总之，合理的许可费评估还应该根据标准产生之前的竞争性环境的评估。至于判定事前竞争下可能索要什么样的许可费，法院可能需进一步考虑以下因素：可行性的替代技术的许可价格；类似技术标准中，其他可比性技术的许可费；在没有标准或 FRAND 承诺的行业中，可比性技术的许可费用等。

三、优化标准制定组织管理政策

对标准化组织的专利披露政策和 FRAND 许可政策尽可能完善，毫无疑问是对标准实施后出现专利劫持现象的最重要的预防措施。然而，技术标准化活动是一项准公共性质的活动，随着标准化活动的国际化趋势，主权国家对技术标准化活动并无太多的干涉权利，而且从现在的发展趋势来看，标准化活动必须是以企业为主导，而不能是以国家政府为主导，这也是未来标准化组织的发展趋势。纵观国外的一些著名的标准化组织，都没有隶属于某一个政府，所以标准化组织有自由权利决定自己实施什么样的知识产权政策，在很多情况下，标准化组织本身或许也希望采用严格、具体的专利政策，但

---

❶ Jay Dratler, Jr. & Stephen M. McJohn, Licensing of Intellectual Property 980-85 (2011).

是也会担心挫伤专利权人的积极性以及甚至可能涉及反垄断违法，可以预见，标准化组织的专利政策的真正完善还有着很长的一段时间。与此同时，为尽可能减少因标准化组织自身原因导致的垄断行为的发生，可以从管理政策上逐步完善，以期待能发生一定的约束作用。

第一，完善标准必要专利遴选机制。

必要专利是标准化中最核心的概念。必要专利的认定是技术标准实质的要求，是确定技术标准中的专利是否具有不可替代性、不可或缺的环节，并能减少专利权利滥用及垄断等违法行为。❶ 如前所述，美欧都没有对其做出精确的界定，本书也只是建议在具体案情的环境下，对其从技术、法律、经济、时效等方面进行考虑。对于标准必要专利权人而言，必要专利是其获得许可费的基础。因此，大多数的标准化组织也要求纳入标准的专利必须是必要专利，因此，各标准化组织在其管理政策中，都设立了标准必要专利遴选机制。较通常的做法是聘请"独立"的专家对各权利人递交的专利统一进行必要性审查。如 MPEG 2 便成立了独立专利管理机构 MPEG LA 组织负责专家评估，而且在程序上为专家的独立性做出了一些保障，采取了一些有效措施来保证专家的独立性，如关于专家的继任，与其对必要专利的决定是没有关联的，此外，专家的报酬根据其评估专利所花费的时间计算。然而，毕竟这些专家是由这个集体直接聘请的，在利益的推动下，难免有徇私之嫌。而大多数的标准化组织并不直接选定对必要专利，主要原因是标准化组织受到标准制定参与者的干涉较多，而标准化组织中多是技术工程人员为主。那么，标准必要专利究竟由谁遴选较为合适呢？

宽带码分多址（Wideband Code Division Multiple Access，WCDMA）联盟确定由"第三方专利评估机构"来认定必要专利的做法可供我们借鉴。WC-DMA 联盟对必要专利的认定包含两个阶段：第一阶段是专家评估，由独立的第三方专利评估机构国际专利评估联盟（International Patent Evaluation Consortium，IPEC）实施；第二阶段是授权人的异议阶段，其他专利权人可

---

❶ 王学先、杨昇："技术标准中必要专利的认定"，载《沈阳农业大学学报（社会科学版）》2014年第4期，第504页。

以对专家评估出的必要专利提出异议，顺利通过两阶段评估程序的必要专利才能进入专利池。❶ 笔者完全赞同这种第三方评估机构，但同时认为这些程序还可以细化。第一，第三方专利评估机构的选定。随着标准评估工作的重要性被认识，越来越多的专业性的专利评估机构出现。这些评估机构良莠不齐，而且专利评估不仅涉及专利权人利益，也涉及技术标准实施者的利益。因此，该第三方评估机构的选择应该由专利权人、标准化组织以及标准未来实施者的代表企业共同选定。一般情况下，尽量选择国际性的专利评估机构。第二，选定的第三方专利评估机构应该具有严格的资质认证，必须由技术专家和法律专家组成，而且该标准将要推广的地区内都应该有专家代表。

关于必要专利评估的程序，首先，由标准专利权人自行提交必要专利认定申请，其材料要从技术、法律、经济等角度详细阐述该专利纳入标准的必要性，并保证其真实性。毕竟评估机构专家并不一定对每一项技术都很熟悉，更不可能就专利权人提交的申请材料去进行深入调查，所以，要求专利权人在其提交的材料中要充分展示其必要性。其次，由第三方评估机构进行专业评估，做出评估报告。然后，设置评估上诉程序。专利权人可以就专利评估报告提出异议，如果其认为自己的专利是必要的却被评估机构排除在必要专利之外，或者专利权人认为其他专利并不构成必要专利被纳入范围之内，可以提出异议。在异议材料中，异议人必须要说明异议理由并加以佐证。

第二，尝试建立解决标准专利许可纠纷的专业性仲裁机构。

随着国际标准化专利许可纠纷越来越多，特别是近几年在移动智能手机领域，专利侵权纠纷、许可费纠纷层出不穷，各大企业把大量的精力、物力耗费在诉讼中。专利诉讼成本高昂且耗费时间，较一般诉讼案件而言，专利诉讼技术性、专业性较高，诉讼持续时间长，烦琐的举证过程和调查过程可能使得一起案件持续好几年。而在国际专利许可诉讼中，可能还涉及判决的承认和执行问题。所以，在有关 FRAND 纠纷中，如美国联邦贸易委员会与谷歌的和解案中，欧美对三星、摩托罗拉滥用支配地位的决定中，涉及未来

---

❶ 詹映：《专利池的形成：理论与实证研究》，华中科技大学博士学位论文 2007 年。

标准必要专利的许可，都提倡采用仲裁的方式。如 FTC 发布的同意令裁定，如果谷歌与未来的被许可人仍然无法就许可费达成协议，"选择要么在美国联邦地区法院，要么通过有约束力的仲裁来解决争议"，可见，仲裁已经成为未来专利许可费的解决途径之一。在笔者看来，关于标准专利许可费纠纷，采用仲裁的方式更为优越，而且仲裁方式可能更有利于双方接受。其一，仲裁更为体现许可双方的自愿。因为专利许可中双方本身无本质冲突，只是被许可人不能够接受专利权人发出的许可要约，或者认为其不符合 FRAND 原则，而仲裁的方式下，仲裁员均由双方当事人选定，因此，出于对仲裁员的信赖更易于接受裁决结果，而且不会影响以后的合作。其二，仲裁人员的组成可以更加专业，有利于 FRAND 许可费的确定。仲裁员可以由技术、法律或商业领域的专家共同组成，相比法官而言，采用仲裁的方式可以为双方当事人的纠纷"定制"仲裁庭，法院的法官可能精通法律，但是不一定精通技术和经济。而在标准必要专利许可中，涉及大量的技术问题、经济问题以及法律问题，并不是一般的法官所能够胜任的。所以，仲裁裁定的许可费可能更加精确、易于接受，有利于纠纷的解决，以及促进标准的实施。

标准必要专利许可的仲裁由于涉及大量的技术问题，且与标准化组织的活动紧密相关，而作为标准化组织职责之一是负责推动标准化过程的顺利实施，当标准专利许可发生纠纷时，最好由一个专业化的仲裁机构来处理此类纠纷更为便捷。因此，建议在标准化组织下设一个 FRAND 许可纠纷仲裁机构。如在我国，一般的仲裁机构和法院或许都无法像深圳市中院那样清楚地界定许可费。因此，建议在我国设立专业性的仲裁机构，该仲裁机构可以下设在标准化委员会，接受标准化委员会的指导，而仲裁员来自技术、法律、会计、经济等领域的专家。这样既可以减轻一般法院和仲裁机构的负担，而且便于纠纷的顺利解决，再者由于是标准化组织下设的机构，对专利权人也更有威慑力。

第三，建立不遵守相关专利政策的惩罚机制。

标准专利权人在标准制定过程中会获得一定的垄断力，"当专利权人不用担心在市场中生产产品或者不担心能否参加下一代的标准制定时，他们将会滥用标准所赋予的市场力，因为不用担心将来的报复"。❶ 因此，在标准制定和实施中，如果专利权人不从事产品生产，仅仅以专利许可为收入，即它不需要获得别人的专利许可，也就不会受到其他专利权人如专利主张实体的要挟。或者由于标准化组织对其并没有约束机制，专利权人在专利纳入标准后，不会担心标准的更新迭代问题，标准专利权人即使不披露专利、不尽许可义务，肆意索要许可费，在标准化组织内部也不受任何惩罚。目前标准化组织很少有涉及对专利权人不遵守相关专利政策的惩罚机制，这在一定程度上也纵容了专利权人。因此，标准化组织为了保证自己标准实施的公信力，为了更好地实现公共利益，标准化组织应该制定一定的惩罚机制，起码是必要的约束机制。目前标准化组织将标准化中产生的所有法律问题全部留给法院，而专利诉讼的复杂烦琐以及专利权人的有利地位，势必造成必要专利权人有恃无恐。建议标准化组织应该在其知识产权政策中设置一定的约束机制以及惩罚机制，如可以在标准化组织的知识产权政策中设置淘汰机制，如果发现某一必要专利权利人没有遵守标准专利政策或者涉及垄断，将在下一轮的标准制定中，不再采用其技术。这对于一些仍然存在替代技术的专利权人而言，相当具有威慑力。标准所能带来的整体利益是远远超出某一笔许可费的，对于任何一个专利权人而言，其也不会愿意专利纠纷而导致整个标准搁置，这样只是一种全盘皆输的结果。当然，在现代标准的发展中，很多标准已经完全绕不开基础专利，即使这些基础专利权人不配合，也无法暂停标准实施。但是，如果其行为被判决违法，而且被判决赔偿标准实施者的损失，标准化组织可以对其施以同样的罚款，虽不足以杜绝不遵守 FRAND 义务的行为，仍可以发挥一定的威慑作用。

---

❶ Dan O'Connor, Standard-Essential Patents in Context: Just a Small Piece of the Smartphone War Puzzle, Mar 05, 2013. available at http://www.patentprogress.org/2013/03/05/standard-essential-patents-in-context-just-a-small-piece-of-the-smartphone-war-puzzle/.

结　　语

　　知识经济时代，技术标准已经嬗变为竞争的工具，技术标准相关主体之间的利益之争，使得我们必须要正确认识技术标准的本质，以及对其做出正确的社会定位。技术标准化对竞争是一柄双刃剑，既有其积极的一面，也有着对竞争的消极影响，其典型的消极影响便是技术标准化垄断。技术标准化中出现垄断，其根本原因是专利权人对高额利润的过度追求，期望获得超出其应该所得的动机推动。而要实现这种目标，需要内外因素的结合。从该种现象的内在原因来看，是专利私权借技术标准这种公共产品，实现权利的扩张，以获得超出其专利本身价值的回报。从外在原因来看，技术标准化中的垄断行为也是特定时代的产物。人类社会的发展，知识经济时代对技术和知识的重视，使得专利权人的地位得以提升，技术标准本身竞争的加强以及技术标准在核心技术上的沿袭性，标准锁定效应的放大，这使得技术标准更加依赖于专利，同时也增加了专利权人的筹码，为其实施垄断提供了"资本"和"激励"。虽然技术标准中的专利权人有垄断的倾向，但是如果有科学且合理的制度对其进行约束，便可以在一定程度上遏制这种行为的发生。可惜的是，技术标准化组织由于管理和制度上的疏漏，比如，其专利政策的不完善、标准必要专利选择程序的不科学、标准化组织对专利许可具体问题和纠纷的回避、缺乏必要的约束和惩罚机制，这在一定程度上放任了专利权人行使垄断的可能。上述原因，是我们所探究的技术标准化中垄断行为发生的根源。

　　技术标准化垄断不仅构成对自由、平等的竞争秩序的破坏，还以非直接的方式侵犯消费者权益，从而违背了反垄断法的价值目标。在技术标准制定阶段，标准化组织成员可能实施共谋、限制竞争行为，或者将专利纳入标准时企图垄断或滥用垄断行为。实施垄断者试图不正当地获取标准所能带来的垄断力，从而使专利获得非正常增值，这个过程会造成对标准制定阶段技术之间的竞争以及排挤其他竞争者；技术标准实施中，必要专利人在利润的激励下，更容易滥用标准垄断力，对标准产品市场以及专利权人自己从事经营的其他市场，以及类似技术市场等造成各种各样的损害。此外，标准实施中必要专利权人还可能通过专利转移的方式，逃避其对标准化组织的承诺，甚至实施其他的垄断。而这些阶段行为的最终目的都是获取更多的利润，从而转嫁到消费者身上，减损消费者福利。因此，对技术标准化垄断进行规制存在理论正当性。在进行反垄断判定之前，有几个关键概念需要厘清：标准必要专利、相关市场、市场力。最后，专利转让和许可中处处受到 FRAND 许可声明的限制。FRAND 专利许可声明的法律性质究竟为何，也是反垄断判定中的关键。

　　确定技术标准化中垄断行为的违法构成要件通常是反垄断分析中的难点，也是本书的重点之一。通过介绍、分析和借鉴与技术标准有关的反垄断法规和执法实践，以欧美实践为主，采用效果分析原则作为技术标准化反垄断法规制的基本规则，即对技术标准促进其创新的效果和限制竞争的效果，进行综合衡量。以是否在创新和竞争之间实现平衡，作为反垄断规制的基本标准。在技术标准专利权人的滥用行为中，专利权人是否利用标准化过程获得了超出标准专利本身的价值，从而获得垄断利润，这是判断其违法的一个重要指标。具体而言，判定技术标准制定阶段的垄断行为，如果标准制定组织成员通过占用标准的排他性力量，阻碍了竞争性的替代品，专利权人因此获得超出其专利本身所拥有的价值，将对竞争构成重大危险，则构成反垄断违法，反之则是合法的。而判定技术标准实施阶段的专利许可行为，主要运用滥用市场支配地位的分析思路来判定。第一，标准必要专利权人的垄断力。在界定标准专利权人的产品市场、技术市场、标准市场之后，由于标准必要专利权人所持有的专利对于任何一个标准实施者而言，都是独一无二的，因此，标准专利权人在相关技术、产品市场上拥有 100% 的市场力。进一步来说，如果该技术标准也是领域内唯一的或者具有重大的市场份额，通常可以判定标准必要专利权人具有垄断力。第二，标准必要专利权人滥用了这种垄断力并限制了竞争。即专利权人是否滥用了标准赋予其的垄断力，从而获得超出专利本身的价值，并限制了竞争。第三，标准专利权人实施这种行为有无正当理由。这是进行反垄断规制的基本要件。当然，垄断行为的违法分析本身就是一件相当复杂的事情，针对每一起案件，仍需具体问题具体分析。而每一种具体的垄断行为由于其表现形式的不同，具体违法要件也有差异。而针对技术标准实施中的专利转移行为，首先需要界定这些转移的目的，然后根据专利转移主体从事的具体的垄断行为进行分析。

　　介绍完技术标准化垄断判定的基本理论，需要回到中国问题。当前中国尚处于市场经济转型时期，在国际技术标准化大潮中，我国企业频频遭受国外标准专利权人的垄断侵害。转型时期，企业尚未适应标准竞争新模式；企业专利运用与预警能力薄弱；科研创新发展缓慢，欠缺合作与发展，企业核心专利处于竞争劣势。这些都导致国外专利权人"敢"欺负国内企业，而且"有能力"欺负国内企业。企业自身提升国际竞争力以及加强对技术标准化垄断的防范意识和必要的诉讼技巧，在一定程度上可以缓解企业目前所遇到的困境，但这毕竟是一个长期的工作。国外专利权人之所以"可以有恃无恐、毫无畏惧"地对国内企业实施垄断，更主要原因在于转型中国在技术标准化方面的法律缺位，而导致法律保护乏力。就现阶段而言，我国法律对外无法有效地规制技术标准化垄断侵害，对内无法为企业提供指引、保护和支撑。因此，笔者提出，针对技术标准化垄断行为，我国应采取事后规制和事前预防相结合的法律路径，事后规制要求在我国建立以反垄断法规制为主，标准化法和专利法规制为辅的三位一体的规制体系。

　　反垄断法一向被誉为"经济宪法"，其对垄断行为的打击力度以及对市场竞争秩序的保护，起着非常重要的作用，应该将反垄断法作为规制技术标准化垄断行为的基本法律。首先，以第三章对各种垄断行为的违法分析为基础，对垄断违法行为进行初步认定，为反垄断执法提供依据。其次，完善减轻或消除垄断行为限制竞争影响的措施，既保证反垄断行政执法或民事措施切实可行，还要尽量快速解决这些纠纷，甚至能促使国外专利权人不再实施类似的垄断行为，是当前我国技术标准化中垄断亟须解决的问题。因此，可通过完善经营者承诺制度、健全强制许可制度、建立标准必要专利滥用支配地位的"安全港"制度以及 FRAND 许可费仲裁制度来实现这一目的，最后，强化反垄断法的域外适用，是规制国外专利权人垄断行为的必需保障。

专利法、标准化法等与技术标准化垄断有关的其他法律法规的完善，是反垄断法规制遇到瓶颈时的必要补充。因为反垄断规制主要是通过经济学的分析方法，而很多时候，一些反垄断违法要件难以判定，所以需要一些其他的法律予以适当补充。我国 2009 年修订的《专利法》也规定了专利权人行使权利的一些制度，然而仍有不足。因此，有必要完善专利法相关制度，作为标准垄断规制的必要法律补充。具体可以通过明确禁止专利权滥用制度，处理好其与反垄断法适用的关系；建立专利默示许可制度，作为反垄断救济的必要补充。在标准化法方面，尽快完善《标准化法》，加快修订《标准化法实施细则》并完善《国家标准涉及专利的管理规定（暂行）》的相关内容。修订《标准化法实施细则》，要将促进创新的原则融入其中；要体现适应全球标准化的发展趋势的原则；通过《标准化法实施细则》将《标准化法》中规定的利用标准排除限制竞争的行为予以进一步细化，并确立相应的法律责任。《国家标准涉及专利的管理规定（暂行）》是目前处理标准与专利关系的最直接法律文件，但是该规定仍然比较原则，缺乏一定的可操作性。需要出台进一步的司法解释，对其进行完善、补充，重点是针对与技术标准垄断有关的第 4 条、第 5 条、第 11 条、第 13 条、第 17 条加以完善。

完善标准化组织的专利政策和管理政策可以起到较好的事前预防作用。反垄断事后救济固然重要，可以为垄断行为的受侵害者提供法律救济。然而，如果能够在事先有效地预防这些垄断行为的发生，将可以节省更多的社会成本，也更加有利于标准的实施。技术标准化中垄断行为产生的重要原因之一也是由于专利政策的模糊性和管理政策的不完善，因此，应尽量防患于未然。首先，需要完善专利披露制度，具体在披露主体、披露范围和披露时间方面进一步完善。其次，在专利政策中确立

FRAND 许可的基本原则，如明确专利权人的许可声明的法律效力和适用
范围。而由于 FRAND 许可声明中许可双方当事人常常对 FRAND 理解的
不一致，需对公平、合理、非歧视的含义进行一定的解释。最后，完善
标准化组织的必要专利遴选制度、专利权人不遵守专利政策的惩罚措施
等。通过完善这些制度，可以为我国企业参与标准化活动提供一定的指
导，规范他们的行为，及时防止垄断行为的发生。

　　本书主要是以国际技术标准化中的垄断行为作为研究对象，而且主要考
察了信息技术领域中的一些典型行为，以解决目前我国企业已经遇到的技术
标准中的垄断问题。因此，书中所提到的垄断行为并不可能穷尽未来可能发
生的所有类型，但书中所提出的一些规制方法和思路应该还是可以借鉴的。
当然，笔者也会继续密切关注技术标准化中垄断行为的最新发展动态，例
如，专利主张实体运营模式下的垄断可能还仅仅出现苗头并未成型，而美
国、欧盟以及我国反垄断执法机构在技术标准化领域中的执法实践也逐渐增
多，相关理论也在不断地完善中，所以仍需进一步关注。

　　此外，笔者尝试尽可能厘清技术标准化中各种垄断行为的违法判定要
件，毕竟反垄断分析主要遵循个案分析法，书中所提出的各种垄断行为的违
法判定最终依然是一个大致框架，虽不能与每一起垄断案件对号入座，但希
望可以为同类型的垄断行为提供判定思路。

　　最后，本书对技术标准化垄断行为提出的法律规制建议，是否切实可行
还需要实践的进一步验证。笔者才疏学浅，所提出的完善建议可能本身也还
不是很完善，而有些也可能需要与其他制度的共同建设，比如，加强反垄断
法的域外效力，需要其他的配套制度，更多的是取决于国家间的政治合作，
而鉴于篇幅，书中也没有再进一步铺开。这有待另文研究。此外，由于写作
时间仓促、资料有限和笔者研究能力的限制，有些要件判定分析可能也并不
是尽善尽美。书中不足之处，还请同行和读者批评指正和给予包涵。运用经
济学分析方法是近年来反垄断学界对垄断行为分析的新趋势，书中虽有些许
提及，但不够深入，这也是笔者下一步要努力的方向。

　　总之，技术标准化垄断绝不仅限于本书中所讨论，而其他技术标准

领域中垄断行为也会带有特定行业的特色，但是反垄断法规制永远遵循的是具体问题具体分析的思路，对于反垄断与知识产权的交叉研究，还需要同时兼顾运用其他法律。总之，完善各种法律制度来解决技术标准化中的垄断问题，其宗旨是共同的，即必须保障技术标准中专利权人和标准实施者之间利益的平衡，达到创新与竞争平衡的目的，这样才能真正实现社会整体福利。

参考文献

中文类：

［1］［美］约瑟夫·熊彼特．创新发展理论．何畏译．北京：商务印书馆，1990．

［2］王先林．知识产权与反垄断法．北京：法律出版社，2001．

［3］张平，马晓．标准化与知识产权战略．北京：知识产权出版社，2002．

［4］曹艳梅．技术性贸易壁垒发展的新趋势——技术标准与知识产权相结合．世界标准化与质量管理，2008（2）．

［5］张海东．技术标准与知识产权的融合动因与模式研究——基于网络效应的视角．财贸经济，2008（6）．

［6］蒲芳．技术标准和知识产权的结合．商场现代化，2009（2）．

［7］宋河发，穆荣平，曹鸿星．技术标准与知识产权关联及其检验方法研究．科学学研究，2009，27（2）．

［8］徐元．知识产权与技术标准相结合的趋势、法律问题与解决途径．当代经济管理，2010，32（10）．

［9］彭志刚．技术标准的功能评析——以知识产权许可为例．科技与法律，2006（2）．

［10］杨帆．技术标准中的专利问题研究．北京：中国政法大学，2006．

［11］徐曾沧．WTO背景下技术标准中专利并入的法律问题研究．上海：华东政法大学，2008．

［12］郭济环．标准与专利的融合、冲突与协调．北京：中国政法大学，2011．

[13] 李嘉.国际贸易中的专利标准化问题及其法律规制.上海：华东政法大学，2012.

[14] 朱晓薇，朱雪忠.专利与技术标准的冲突及对策.科研管理，2003，24（1）.

[15] 郭炬，陈为旭.专利与技术标准相互渗透对技术创新的影响.福建教育学院学报，2011（2）.

[16] 杨昇，王学先.技术标准中专利许可的法律问题研究.学术论坛，2010（10）.

[17] 刘利.国际标准下的专利许可特性分析.科学学与科学技术管理，2010（6）.

[18] 宁立志，陈珊.回馈授权的竞争法分析.法学评论，2007（6）.

[19] 宁立志，李文谦.不争执条款的反垄断法分析.法学研究，2007（6）.

[20] 宁立志.专利搭售许可的反垄断法分析.上海交通大学学报（哲学社会科学版），2010（4）.

[21] 宁立志，胡贞珍.从美国法例看专利联营的反垄断法规制.环球法律评论，2006（4）.

[22] 江清云，单晓光.欧美知识产权领域中的反垄断诉讼及其经济分析.比较法研究，2008（2）.

[23] 何隽.技术标准中必要专利的独立评估机制.科技与法律，2011（3）.

[24] 王学先，杨昇.技术标准中必要专利的认定.沈阳农业大学学报（社会科学版），2010（4）.

[25] 马海生.技术标准中的"必要专利"问题研究.知识产权，2009（2）.

[26] 那英.技术标准中的必要专利研究.知识产权，2010（6）.

[27] 何隽.技术标准中必要专利问题再研究.知识产权，2011（2）.

[28] 鲁篱.行业协会经济自治权研究.北京：法律出版社，2003.

[29] 王为农."技术标准化"引发的垄断与反垄断法律问题.中南大学学报（社会科学版），2004，10（1）.

[30] 王为农，黄芳.企业联合组织滥用技术标准的反垄断规制问题.浙江

社会科学，2005（3）.

［31］吕明瑜．技术标准垄断的法律控制．法学家，2009（1）.

［32］黄勇，李慧颖．技术标准制定及实施中的反垄断法问题分析．信息技术与标准化，2009（3）.

［33］丁道勤，杨晓娇．标准化中的专利挟持问题研究．法律科学，2011（4）.

［34］王记恒．技术标准中专利信息不披露行为的反垄断法规制．科技与法律，2010（4）.

［35］罗静．技术标准制定过程中的信息披露行为及法律规制——以竞争法为视角．财经理论与实践，2008（5）.

［36］王晓晔．技术标准、知识产权与反垄断法．电子知识产权，2011（4）.

［37］袁小荣．技术标准反垄断的特征及其对我国的启示——从微软垄断案说起．广西政法管理干部学院学报，2007，22（5）.

［38］王睿，韩颖梅．论技术标准在我国的反垄断法规制．黑龙江政法干部管理学院学报，2012（4）.

［39］汪莉．标准化中专利权滥用行为的法律规制．知识产权，2011（6）.

［40］刘淑华．标准专利权滥用的法律限制．知识产权，2006（1）.

［41］吴太轩．技术标准化的反垄断法规制．北京：法律出版社，2011.

［42］季任天，王明卓．技术标准中的专利披露原则．法治研究，2008（12）.

［43］丁蔚．标准化中知识产权的"事前披露"政策．电子知识产权，2007（10）.

［44］刘强．技术标准专利许可中的合理非歧视原则．中南大学学报（社会科学版），2011（2）.

［45］马海生．标准化组织的FRAND许可政策实证分析．电子知识产权，2009（2）.

［46］蒋洋．技术标准的建立与专利套牢问题探析．电子知识产权，2012（6）.

［47］牛晓培．技术标准中的知识产权垄断和反垄断问题．标准科学，2009（1）.

［48］王晓晔．与技术标准相关的知识产权强制许可．当代法学，2008，22（5）.

［49］毕勋磊．技术标准的影响与形成的述评．技术经济与管理研究，2013（1）.

[50] 张建华，吴立建．关于技术标准的法律思考．山西大学学报（哲学社会科学版），2004，27（3）．

[51] 罗海林．论产品标准制定的消费者参与机制——兼谈《标准化法》的修改．绵阳师范学院学报，2009（3）．

[52] 世界经济合作与发展组织（OECD）编．以知识为基础的经济．杨宏进，薛澜译．北京：机械工业出版社，1997．

[53] 罗玉中主编．知识经济与法律．北京：北京大学出版社，2001．

[54] 鲜于波，梅琳．网络外部性下的标准博弈——标准扩散和竞争理论综述．产业经济评论，2006，5（2）．

[55] 张平，马骁．技术标准与知识产权的关系．科技与法律，2003（2）．

[56] 张平，赵启斌．冲突与共赢：技术标准中的私权保护．北京：北京大学出版社，2011．

[57] 梁志文，李卫军．钢丝绳上的平衡——论事实标准和知识产权．电子知识产权，2004（1）．

[58] 吴志刚．电子信息领域国际标准化发展趋势．信息技术与标准化，2012（8）．

[59] 张平，马骁．标准化组织的知识产权政策．信息技术与标准化，2004（3）．

[60] 张莹，陈尚瑜．对技术标准与专利技术融合的相关政策分析．认证技术，2012（7）．

[61] ［英］亚当·斯密．国民财富的性质和原因．郭大力，王亚南译．北京：商务印书馆，1974．

[62] 罗蓉蓉．美国反托拉斯法对行业协会限制竞争行为的规制研究．长沙：中南大学，2006．

[63] 冯晓青．企业知识产权战略．北京：知识产权出版社，2006．

[64] 程恩富．现代马克思主义政治经济学的四大理论假设．中国社会科学，2007（1）．

[65] 魏政军．4G专利大户，高通遭反垄断调查．http：//tech.sina.com.cn/t/

2013-12-23/09569031632.shtml，2013-12-23.

[66] 高原．专利为王的时代．http：//finance. sina. com. cn/roll/20140402/025918684474. shtml，2014-04-02.

[67] 中国科学技术发展战略研究院．国家创新指数报告2013．北京：科学技术文献出版社，2014.

[68] 徐元．知识产权与技术标准相结合的趋势及原因分析．发展研究，2010（10）.

[69] 张平，马骁．技术标准与知识产权（上）．电子知识产权，2011（10）.

[70] 王秀梅．准公共产品中纳入私权——论标准中的知识产权问题．WTO经济导刊，2006（12）.

[71] 孙旭华．美国专利制度的历史发展．北京：中国政法大学，2007.

[72] 周枏．罗马法原论．北京：商务印书馆，1994.

[73] 吴汉东．关于知识产权私权属性的再认识——兼评"知识产权公权化"理论．社会科学，2005（10）.

[74] 吴汉东．知识产权本质的多维度解读．中国法学，2006（5）.

[75] 冯晓青，刘淑华．试论知识产权的私权属性及其公权化趋向．中国法学，2004（1）.

[76] 吕明瑜．知识产权垄断的法律控制．北京：法律出版社，2013.

[77] 陶爱萍，沙文兵．技术标准、锁定效应与技术创新．科技管理研究，2009（5）.

[78] 马海生．标准化组织的专利披露政策实证分析．电子知识产权，2009（6）.

[79] 漆多俊．市场、调节机制与法律的同步演变．漆多俊主编．经济法论丛（1），北京：中国方正出版社，1999.

[80] 颜运秋．反垄断法的终极目的及其司法保障．时代法学，2005（6）.

[81] 尚明主编．主要国家（地区）反垄断法律汇编．北京：法律出版社，2004.

[82] 许光耀主编．欧共体竞争立法．武汉：武汉大学出版社，2006.

［83］沈四宝，刘彤．美国反垄断法原理与典型案例研究．北京：法律出版社，2006．

［84］王晓晔，张素伦．SSNIP 测试法运用于互联网行业的思考．http：//www. legaldaily. com. cn/bm/content/2013－09/18/content＿ 4859086. htm？node＝20740，2013－09－18．

［85］［英］阿蒂亚．合同法概论．北京：法律出版社，1982．

［86］郑鹏程．美国反垄断法"本身违法"与"合理法则"的适用范围探讨．河北法学，2005，23（10）．

［87］于连超．欧盟横向合作协议指南"标准化协议"条款介评．标准科学，2012（3）．

［88］王飞跃，虚假诉讼研究．中南大学学报（社会科学版），2013（4）．

［89］彭志刚．知识产权拒绝许可反垄断法律问题研究．北京：法律出版社，2011．

［90］吴广海．专利权行使的反垄断法规制．北京：知识产权出版社，2012．

［91］王晓晔.与技术标准相关的知识产权强制许可.当代法学，2008，22（5）．

［92］文学国．滥用与规制——反垄断法对企业滥用市场优势地位行为之规制．北京：法律出版社，2003．

［93］王先林．知识产权与反垄断法——知识产权滥用的反垄断问题研究（修订版）．北京：法律出版社，2008．

［94］王先林．超高定价反垄断规制的难点与经营者承诺制度的适用．价格理论与实践，2014（1）．

［95］叶若思，祝建军，陈文全．标准必要专利使用费纠纷中 FRAND 规则纠纷中 FRAND 规则的司法适用——评华为公司诉美国 IDC 公司标准必要专利使用费纠纷案．电子知识产权，2013（4）．

［96］许光耀．欧共体竞争法通论．武汉：武汉大学出版社，2006．

［97］许光耀，王文君．对星巴克咖啡"价格歧视行为"的反垄断分析．价格理论与实践，2014（3）．

［98］许光耀．搭售行为的反垄断法分析．电子知识产权，2011（11）．

［99］李剑．从搭售构成到市场的关联性——对德先诉索尼案的思考．河北法学，2008，26（6）．

［100］和育东．美国专利侵权的禁令救济［J］．环球法律评论，2009（5）．

［101］许光耀，肖静．《谢尔曼法》第2条意义上的"垄断"．时代法学，2010，8（5）．

［102］罗蓉蓉．技术标准制定中垄断行为的规制及对策研究．法学杂志，2013（10）．

［103］陈云良．回到中国——转轨经济法的存在及其价值．法制与社会发展，2007（6）．

［104］马晓．从思科诉华为案谈发明、产业标准与知识产权．科技与法律，2003（1）．

［105］深圳市中院首次披露华为诉美国IDC公司案件审理过程（5），深圳特区报，http：//www.s1979.com/shenzhen/201401/14111978214_ 5.shtml.

［106］郭丽君．从跟随到领先的转变——中国通信企业的创新发展之路．http：//wo.gmw.cn/gmrb/html/2012－11/27/ content_ 110797.htm？div＝－1，2012－11－27.

［107］下一代DVD标准之争：中国将往何处走？．http：//www.ce.cn/cysc/zgjd/hyfx/200801/24/t20080124_ 14345396.shtml，2008－01－24.

［108］风扇行业标准之争谁统江湖？美的独占标准高地．http：//www.ce.cn/cysc/zgjd/kx/200903/16/t20090316_ 18510525.shtml，2009－03－16.

［109］蒋水林．标准之争何时休？．http：//www.cnii.com.cn/index/content/2010－12/22/content_ 823789.htm.

［110］龚艳萍，周亚杰．技术标准对产业国际竞争力的影响——基于中国电子信息产业的实证分析．国际经贸探索，2008（4）．

［111］刘宁，黄贤涛．海尔的专利与标准预警机制．中国发明与专利，2007（2）．

［112］殷继国．论欧盟经营者承诺制度及其实践．价格理论与实践，2013（4）．

[113] 焦海涛. 反垄断承诺制度适用的程序控制. 法学家, 2013 (1).

[114] 盛杰民. 完善反垄断实施之我见. 中国物价, 2013 (12).

[115] 焦海涛. 我国经营者承诺制度的适用与完善. 当代法学, 2012 (2).

[116] 黄勇, 赵栋. 经营者承诺制度研究. 价格理论与实践, 2012 (2).

[117] 黄勇. 经营者承诺制度的实施和展望. 中国工商管理研究, 2008 (4).

[118] 焦海涛. 反垄断法承诺制度的适用范围研究. 法商研究, 2013 (2).

[119] 叶兵兵. 我国反垄断法经营者承诺制度适用问题探析. 中国价格监督与反垄断, 2014 (3).

[120] 马海生. 专利许可的原则——公平、合理、无歧视许可研究. 北京: 法律出版社, 2010.

[121] 王晓晔. 美国反垄断法域外适用析评. 安徽大学法律评论, 安徽大学出版社, 2002.

[122] 王中美. 美国反托拉斯法域外管辖权研究. 美国研究, 2007 (4).

[123] 梁慧星. 民商法论丛 (第9卷). 北京: 法律出版社, 1998.

[124] 沈吉利, 胡玉婷. 美欧反垄断法的域外适用及其启示. 现代国际关系, 2003 (6).

[125] [美] 霍姆斯. 法律的生命在于经验——霍姆斯法学文集. 明辉译. 北京: 清华大学出版社, 2007.

[126] 漆多俊. 中国反垄断立法问题研究. 法学评论, 1997 (4).

[127] 王晓晔. 欧共体竞争法. 北京: 中国法制出版社, 2001.

[128] 冯晓青. 知识产权法利益平衡理论. 北京: 中国政法大学出版社, 2006.

[129] 刘淑华. 标准专利权滥用的法律限制. 知识产权, 2006 (1).

[130] 浩然, 王国柱. 论信赖保护理论对知识产权默示许可制度的支撑. 河南财经政法大学学报, 2013 (5).

[131] 袁真富. 基于侵权抗辩之专利默示许可探究. 法学, 2010 (12).

[132] [美] 小杰伊·德雷特勒. 知识产权许可 (上). 王春燕等译. 北京: 清华大学出版社, 2003.

［133］ 许光耀．价格歧视行为的反垄断法分析．法学杂志，2011（11）．

［134］ 李建华，王国柱．论专利权默示许可的认定．河南社会科学，2013，21（12）．

［135］ 国家知识产权局发条司．专利法第三次修改导读．北京：知识产权出版社，2009.

［136］ 张吉豫．美国"Microsoft Corp. v. Motorola Inc."案的启示．知识产权，2013（8）．

［137］ 詹映．专利池的形成：理论与实证研究．武汉：华中科技大学，2007.

［138］ 赫伯特·霍温坎普．联邦反托拉斯政策——竞争法律及其实践．许光耀，江山，王晨译．北京：法律出版社，2009.

［139］ 赵栋．美欧竞争执法对拒绝许可的态度差异及其原因探究．电子知识产权，2011（9）．

英文类：

［1］ Mark A. Lemley. Antitrust and the Internet Standardization Problem, 28 Conn. L. Rev（1996）.

［2］ Maureen A. O'Rourke. Striking a Delicate Balance：Intellectual Property, Antitrust, Contract, and Standardization in the Computer Industry, 12 Harv. J. Law & Tec（1998）.

［3］ Carl Shapiro, Hal R. Varian. Information Rules：A Strategic Guide to the Network Economy, Harvard Business Review Press（1999）.

［4］ Carl Shapiro. Setting Compatibility Standards：Cooperation or Collusion?, in Expanding the Bounds of Intellectual Property（Rochelle Dreyfuss, Diane L. Zimmerman & Harry First eds. , 2001）.

［5］ Mark A. Lemley. A New Balance Between IP and Antitrust, Sw. J. L. & Trade Am.（2007）.

［6］ Gerald F. Masoudi. Intellectual Property and Competition：Four Principles for Encouraging Innovation, Address Before the Digital Americas 2006 Meeting,

Intellectual Property and Innovation in the Digital World（Apr. 11，2006），available at http：//www. usdoj. gov/atr/public/speeches/215645. pdf.

[7] Joseph Farrell. Standard-Setting，Patents，and Hold-Up，ANTITRUST L. J. （2007）.

[8] George S. Cary，Mark W. Nelson，Steven J. Kaiser，Alex R. Sistla. The Case for Antitrust Law to Police the Patent Holdup Problem in Standard Setting，77 Antitrust L. J.（2011）.

[9] Robert A. Skitol，Kenneth M. Vorrasi. Patent Holdup in Standards Development：Life After Rambus V. FTC，23 Antitrust ABA（2009）.

[10] Damien Geradin，Miguel Rato. Can Standard-Setting Lead to Exploitative A-buse? A Dissonant View on Patent Hold-up，Royalty-Stacking and the Meaning of FRAND，EUR Competiton J（2007）.

[11] Mark A. Lemley. Intellectual Property Rights and Standard-Setting Organizations，90 CAL. L. REV（2002）.

[12] Mark Lemley，Carl Shapiro. Patent Holdup and Royalty Stacking，85 TEX. L. REV.（2007）.

[13] Damien Geradin. Standardization and Technological Innovation：Some Reflections on Ex-ante Licensing，FRAND，and the Proper Means to Reward Innovators，29 World Competition（2006）.

[14] Joseph Scott，Miller. Standard Setting，Patents，and Access Lock-In：Rand Licensing and the Theory of the Firm，Indiana Law Review，Vol. 40，（2006）.

[15] Luke Froeb，Bernhard Ganglmair. Gregory J. Werden. Patent Hold Up and Antitrust：How a Well-Intentioned Rule Could Retard Innovation，Vanderbilt Law and Economics Research Paper No. 11-3，December 3，2010.

[16] Janice M. Mueller. Patent Misuse Through the Capture of Industry Standards，Berkeley Technology Law Journal，Vol. 17，（2002）.

［17］ Daniel G. Swanson， William J. Baumol. Reasonable and Nondiscriminatory （RAND） Royalties， Standards Selection， and Control of Market Power， 73 Antitrust L. J （2005）.

［18］ Jorge L. Contreras. An Empirical Study of the Effects of Ex Ante Licensing Disclosure Policies on the Development of Voluntary Technical Standards National Institute of Standards and Technology， No. GCR 11-934， （2011）.

［19］ Jorge L. Contreras. Technical Standards and Ex Ante Disclosure： Results and Analysis of an Empirical Study， Jurimetrics， Vol. 53， No. 1 （2013）.

［20］ Anne Layne - Farrar， Gerard Llobet， A. Jorge Padilla. Preventing Patent Hold Up： An Economic Assessment of Ex Ante Licensing Negotiations in Standard Setting， 37 AIPLA Q. J. （2009）.

［21］ ISO/IEC Guide 2： 1996， definition 3. 2， http： //www. iso. org/iso/home/ standards. htm. Also See ISO/IEC. The consumer and standards： Guidance and principles for consumer participation in standards development. （2003）. http： //www. iso. org/iso/standardsandconsumer. pdf. http： //www. etsi. org/ standards/what-are-standards. 2014-03-25.

［22］ Herbert Hovenkamp. IP and Antitrust： An Analysis of Antitrust Principles Applied to Intellectual Property Law § 35. 1a， at 35-3 （2002 & Supp. 2009）， Theresa R. Stadheim， Rambus， N-Data， and the FTC： Creating efficient incentives in patent holders and optimizing consumer welfare in standards setting organizations， ALB. L. J. SCI. & TECH. Vol. 19. 2 （2009）.

［23］ Chiesa， V. ， Manzini， R. ， Toletti， G. . Standard-setting processes： Evidence from two case studies， R&D Management， 2002， 32 （5）.

［24］ U. S. Dep't of Justice & Fed. Trade Comm'n. Antitrust Enforcement and Intellectual Property Rights： Promoting Innovation and Competition （2007）， available at www. usdoj. gov/atr/public/hearings/ip/22265. pdf ［hereinafter DOJ/FTC Report］.

［25］ Federal Trade Commission/Office of the Secretary 600 Pennsylvania Ave. ， NW

Room H – 135 （Annex X）Washington, DC 20580, Re: Patent Standards Workshop, Project No. P11 – 1204 （June 21, 2011）, available at http: // www. ftc. gov/os/comments/patentstandardsworkshop/00029–60633. pdf.

[26] Letter from Joel I. Klein, Assistant Att'y Gen. , Antitrust Div. , Dep't of Justice, to Garrard R. Beeney, Esq, Sullivan & Cromwell （June 26, 1997）, available at http: //www. usdoj. gov/atr/public/busreview/ 215742. pdf.

[27] Letter from Joel I. Klein, Assistant Att'y Gen. , Antitrust Div. , Dep't of Justice, to Garrard R. Beeney, Esq, Sullivan & Cromwell （Dec. 16, 1998）, available at http: //www. usdoj. gov/atr/public/busreview/2121. pdf.

[28] Letter from Joel I. Klein, Assistant Att'y Gen. , Antitrust Div. , Dep't of Justice, to Carey R. Ramos, Esq. , Paul, Weiss, Rifkind, Wharton & Garrison （June 10, 1999）, available at http: //www. usdoj. gov/atr/pub-lic/busreview/2485. pdf ［hereinafter DVD–6C Letter］.

[29] Letter from JoelI.Klein, Assistant Att'y Gen., Antitrust Div.., Dep't of Justice, to Ky P.. Ewing, Esq. Vinson & Elkins, L.L.P （Nov. 12, 2002）, available at http: //www. usdoj. gov/atr/public/busreview/200455. pdf ［hereinafter 3G Letter］.

[30] Press Release, European Comm'n, Antitrust Clearance for Licensing of Patents for Third Generation Mobile Servs （Nov. 12, 2002） available at http: //europa. eu/rapid/pressReleasesAction. do? reference = IP/02/ 1651&format = HTML&aged = 0&language = EN&guiLanguage = en. 2011 – 8 – 23 visited.

[31] Mark S. Popofsky, Michael D. Laufert, Patent Assertion Entities and Anti-trust: Operating Company Patent Transfers, American Bar Association （ABA）: Antitrust Source （April, 2013） 12–4 Antitrust Src.

[32] 28 U. S. C. S. § 1781, Mar. 18, 1970 （ "Hague Evidence Convention" ）.

[33] Memorandum, March 6, 2012, Trueposition, Inc. v. LM Ericsson Telephone Company （Telefonaktiebolaget LM Ericsson）, Qualcomm, Inc. , Alcatel –

Lucent USA, Inc, European Telecommunications Standards Institute, and Third Generation Partnership Project a/k/a 3GPP, available at http: //www. paed.uscourts.gov/documents/opinions/12d0240p.pdf.

[34] Federal Trade Commission, 1983 Policy Statement on Deception, reprinted in 4 Trade Reg. Rep. (CCH) 13, 205 at 20, 911 – 912, found at http: //www. ftc. gov/bcp/policystmt/ad-decept. htm.

[35] Joseph Farrell, John Hayes, Carl Shapiro, Theresa Sullivan. Standard Setting, Patents, and Hold-Up, 74 Antitrust L. J (2007).

[36] Rambus, Inc., FTC Docket. No. 9302, Concurring Opinion of Commissioner Jon Leibowitz at 18, 21 (Aug.2, 2006), available at http: //www.ftc.gov/os/adjpro/d9302/060802rambusconcurringopinionofcommissionerlei – bowitz. pdf.

[37] Interview with J. Thomas Rosch, Federal Trade Commissioner, Antitrust, Spring 2009.

[38] John Temple Lang, Robert O'Donoghue. The Concept of an Exclusionary Abuse Under Article 82 EC, in GCLC Research Papers on Article 82 at 38, 39 (2005), available at http: //www. coleurope. eu/content/gclc/documents/GCLC%20Research%20Papers%20on%20Article%2082%20EC.pdf.

[39] Damien Geradin. Pricing Abuses by Essential Patent Holders in a Standard-Setting Context: A View from Europe, 76 Antitrust L. J. (2009).

[40] Shapiro C. Varian H. Information Rules: a Strategic Guide to t he Network Economy [M]. Boston: Harvard Business School Press. (1999).

[41] Daniel G. Swanson, William J. Baumol. Reasonable and Nondiscriminatory (RAND) Royalties, Standards Selection, and Control of Market Power, 73 Antitrust L. J. (2005).

[42] Damien Geradin, Anne Layne-Farrar. The Logic and Limits of Ex Ante Competition in a Standard-Setting Environment, 3 Competition POL'y INT'L, Spring 2007.

[43] Herbert Hovenkamp, Mark D. Janis, Mark A. Lemley. IP and Antitrust: An Analysis of Antitrust Principles Applied to Intellectual Property Law, Aspen Publishers, 2004.

[44] Joaquin Almunia. Introductory remarks on Motorola and Samsung decisions on standard essential patents, 29 April 2014, available at http://europa.eu/rapid/press-release_ SPEECH-14-345_ en. htm.

[45] FED. Trade Comm'n, the Evolving IP Marketplace: Aligning Patent Notice and Remedies With Competition [hereinafter 2011 FTC REPORT], available at http://www.ftc.gov/os/2011/03/110307patentreport.pdf.

[46] Damien Geradin. the Complements Problem within Standard Setting: Assessing the Evidence on Royalty Stacking, 14 B. U. J. SCI. & TECH. L. (2008).

[47] Michele K. Herman. Negotiating Standards-Related Patent Licenses: How the Deal is Done, Part 1, 3 No. 2 Landslide 31, 35 (2010).

[48] Daniel G. Swanson, William J. Baumol. Reasonable and Nondiscriminatory (RAND) Royalties, Standards Selection, and Control of Market Power, 73 Antitrust L. J. (2005).

[49] WalterW. Powel, Kaisa Snellman. THE Knoweledge Economy, http://web. stanford. edu/group/song/papers/powell_ snellman. pdf.

[50] Georgia-Pacific Corp. v. U. S. P lywood-Champion Papers Inc. , 446F 2d 295 (2nd Cir. 1971).

[51] Aspen Skiing Co. v. Aspen Highlands Skiing Corp. , 472 U. S. 585, 595-96 (1985).

[52] Microsoft v. Motorola, 904 F. Supp. 2d. at 1113.

[53] Allied Tube & Conduit Corp. v. Indian Head, Inc. , 486 U. S. 492, 500 (1988).

[54] TruePosition, Inc. v. LM Ericsson Telephone Co. , slip op. No. 2: 11 - cv - 4574-RK, 2012 WL 3584626 (E. D. Pa. August 21, 2012).

［55］In re Dell Computer Corp. , 121 F. T. C. 616, 623-25（1996）.

［56］Rambus Inc. v. FTC, 522 F. 3d 456, 459（D. C. Cir. 2008）.

［57］Broadcom Corp. v. Qualcomm, Inc. , 501 F. 3d 297（3d Cir. 2007）.

［58］Rambus at 36, quoting Aspen Skiing Co. v. Aspen Highlands Skiing Corp. , 472 U. S. 585, 605（1985）.

［59］CSIRO v. Buffalo Tech Inc 492 F Supp 2d 600（ED Tex, 2007）at 602.

［60］ Verizon Commc'ns Inc. v. Law Offices of Curtis V. Trinko, LLP, 540 U. S. 398, 407（2004）.

［61］U. S. Philips Corp. v. Princo Corp. , 173 Fed. Appx. 832（Fed. Cir. 2006）.

［62］ Uhited States v. Aluminum Co. of America, 148 F. 2d 416, 443（2d Cir. 1945）.

［63］ Timberlane Lumber Co. v. Bank of America, 549 F. 2d 597（9th cir. 1976）.

［64］Townshend v. Rockwell Int'l Corp. , 55 U. S. P. Q. 2d（BNA）1011, 1018（N. D. Cal. Mar. 28, 2000）.

致　谢

在本书完成之际，原以为自己会激动万分，没想到此时的心情却异常平静。回想十多年的学习工作生涯，在此谨向给予我指导、关心和帮助的各位老师、亲人和朋友致以我最真挚的感谢。

感谢我的硕士导师许光耀教授，是许老师将我带入竞争法的大门，让我初识竞争法的魅力并以此作为主要研究方向。感谢我的博士导师陈云良教授，犹记得 2010 年 10 月我去陈老师办公室表达想要报考博士的意愿，老师对我的支持与肯定，让我增加了攻读博士的信心和决心。老师对我的不嫌弃，让我能够有机会再进入母校中南大学进行学习，以实现自己攻读博士学位的愿望。在近 4 年的博士学习期间，老师在学习上对我们的严格要求、在学业上的细心指导、生活中的滴滴关心让我铭记一生。论文选题、开题、撰写、定稿，都得益于老师的精心指导。当初我苦于不知道如何开展研究，是老师高屋建瓴的指导，让我的研究目标和思路逐渐成形，并进而选定技术标准化中的垄断问题研究，使我得以在硕士阶段学习的基础上，又能结合时代要求进行深入研究。两位导师严谨的治学态度、深厚的专业知识、活跃的学术思想，深深地影响着我；而老师为人处世的谦恭有度，以及对人生的滴滴感悟，让我受益终生。在此向两位老师表达最衷心的感谢！

感谢漆多俊教授、颜运秋教授、刘继虎教授、李国海教授，感谢他们在我博士学习期间的耐心指导和不吝赐教。他们渊博的学识、执着的敬业精神、谦逊和蔼、宽容豁达的人格魅力是我学习的榜样。感谢武汉大学宁立志教授、安徽大学李胜利教授、常州大学田开友教授，他们对我的帮助与指点，铭记于心，在此表示衷心感谢。

　　感谢我的师弟胡国梁、曾威和黎娟在我查找资料期间的无私帮助，而和他们围坐一起的讨论，对本书的完成有着很大的帮助。感谢他们！

　　特别感谢我的父母！感谢父母的养育之恩，并在我需要的时候给予最无私的帮助。我的孩子从出生开始，就一直是父母帮忙照看，父母对孩子的精心照料，让我得以全身心地投入学习，母亲辛劳地白发丛生。父母吃苦耐劳、勤恳踏实的精神更是激励我不断前行！感谢我的先生胡春华教授，是他一如既往的指导、鼓励和鞭策，以及物质上的充足保障，让我没有后顾之忧！感谢我的女儿，她的乖巧，是妈妈贴心的小棉袄；她的天真，是妈妈枯燥、烦闷的学习中的一丝清泉。愿我的家人健康、快乐、幸福！

　　本书的出版，获得了湖南省高等学校"双一流"学科建设项目资助，在此表示感谢！知识产权出版社的刘睿主任和刘江编辑为本书的出版付出了辛勤的劳动，再次特别感谢！

罗蓉蓉

2018 年 11 月